Christa Farwick und Adam Riese

DAS MÜNSTER BUCH
Der Stadtführer

Daedalus Verlag

Benutzerhinweis:
Anschriften, Web-Adressen etc. unterliegen Änderungen.

Copyright © 2007 by Daedalus Verlag Joachim Herbst, Münster
www.daedalusbuch.de
Alle Rechte vorbehalten
Gesamtlayout: M4 Media, Münster (www.m4media.de)
Druck: Lonnemann GmbH, 59379 Selm
Printed in Germany
ISBN 978-3-89126-202-3

INHALT

Willkommen 9

UNTERWEGS IN MÜNSTER

Rundgang durch die Altstadt

Prinzipalmarkt und Rathaus 16
Salzstraße 24
Rund um die Lambertikirche 29
Kiepenkerlviertel 40
Domplatz 42
Rothenburg und Königsstraße 50
Ludgeristraße 54

Von der City zum Schloss

Vorbei an der Überwasserkirche
zur Promenade 58
Schloss Münster 65
Der Schlosspark 69

Das schicke Kreuzviertel

Der historische Stadtteil 72
Ein kleiner Spaziergang 75

Rein ins Vergnügen: Das Hafenviertel

Klein-Muffi und das Hansaviertel 83
Der Hafen am Dortmund-Ems-Kanal 87
Kleine Geschichte des Hafens 89
Ein Weg am Hafenbecken 91
Der Hawerkamp 95

Ausflüge und Freizeitvergnügen

Grüne Oasen 96
Ausflüge zum Stadtrand 101
Ziele außerhalb der Stadt 104
Sportfreunde 107

Freizeitadressen

Sportliches 112
Schwimmbäder 113
Ponyhöfe im Umland 114
Internetcafés 114
Verkehrsmittel – ganz zum Vergnügen 115

GESCHICHTE UND TRADITIONEN

Das hat Tradition!

Bräuche 118
Feste Termine 120

Frauen machen Geschichte

Weibliche Spuren in der Historie der Stadt 123
Amalie von Gallitzin (1748–1806) und der Kreis von Münster 126
Annette von Droste-Hülshoff (1797–1848) 128

Originale

Professor Landois (1835–1905) und der Zoologische Garten 131
Der Tolle Bomberg (1839–1897) und seine Streiche 133
Franz Essink (1801–1871) und sein Erbe 134
Felix Maria (1833–1900) und der Bierkrieg 135
Pinkus Müller (1899–1979) und das münstersche Bier 138

Maria Rohrbach und die Leiche
im Aasee ... 138

Das NS-Regime
Münster unter Nazi-Herrschaft ... 140
Verfolgung und Ermordung ... 141

Die Stadtgeschichte im Überblick ... 145

KUNST UND KULTUR
Europas Skulpturen-Hauptstadt
Künstlerelite entdeckt Münster ... 152
Westfälische Kunstbanausen ... 153
Kunst und Öffentlichkeit ... 155
Das Museumsufer am Aasee ... 159

Alte Meister und moderne Kunst: Museen und Galerien
Museen ... 163
Galerien ... 178
Weitere Schauräume ... 180

Filmstadt
Film ab! ... 182
Alle Jahre wieder ... 185
Clara Ratzka (1871–1928) ... 186
Die Filmwerkstatt ... 187
Kinos ... 188

Theater, Shows und Entertainment
Theater ... 189
Kleinkunst ... 194
Autorenlesungen ... 195

Musikszene Münster
Kleine Bands und große Bühne ... 196
Panikrock und Dauerbeat ... 197
Rock, Pop, Jazz und Ska ... 198

ZU GAST IN MÜNSTER
Essen und Trinken
Schlemmen à la Münsterland ... 204
Cafés ... 204
Restaurants ... 209

Nachtleben
Das Kuhviertel ... 221
Vom Amüsierbetrieb
zur Trend-Location ... 222
Partystimmung ... 225
Kneipen ... 22
Discotheken und Musikclubs ... 236

Einkaufen
Shoppen zwischen Bögen
und Arkaden ... 24
Mode und Accessoires ... 24
Spielwaren und Kinderkleidung ... 24
Bücher, CDs und DVDs ... 24
Schönes und Praktisches ... 24
Delikatessen ... 25
Schmuck ... 25
Antiquitäten und Möbel ... 25
Haut und Haare ... 25

Praktische Hinweise
Reise-Informationen ... 25
Günstige Unterkünfte ... 25
Hotels in mittlerer Preiskategorie ... 25
Luxushotels ... 25

Informieren über Münster 260
Karten-Vorverkauf 262
Mobil in Münster 264

ABSPANN

Die Autoren
Christa Farwick 266
Adam Riese 266
Danke! 267

Tipps zum Weiterlesen
Reiseliteratur 267
Sachbücher 267
Belletristik und Unterhaltung 268

Register ausgewählter Stichworte 269
Bildnachweise 275
Straßenregister und Stadtkarte 277

ADRESSEN IM ÜBERBLICK

Zu Ihrer Orientierung haben wir zahlreiche Adressen zusammengestellt, können aber nicht alle Einrichtungen nennen. In der Münster-Information im Stadthaus 1 bekommen Sie tagesaktuelle Informationen zu Freizeit, Sport, Kultur, Veranstaltungen und Ausstellungen. Lassen Sie sich einfach inspirieren.

Freizeit
Sportliches 112
Schwimmbäder 113
Ponyhöfe im Umland 114
Internetcafés 114

Verkehrsmittel – ganz zum Vergnügen 115

Kultur
Museen und Galerien 163
Kinos 188
Theater 189
Kleinkunstbühnen 194

Gastronomie und Nachtleben
Cafés 204
Restaurants 209
Kneipen 227
Discotheken und Musikclubs 236

Einkaufen
Mode und Accessoires 242
Spielwaren und Kinderkleidung 246
Bücher, CDs und DVDs 247
Schönes und Praktisches 249
Delikatessen 251
Schmuck 252
Antiquitäten und Möbel 253
Haut und Haare 254

Übernachten
Günstige Unterkünfte 257
Hotels in mittlerer Preiskategorie 257
Luxushotels 259

Stadtinformationen
Informieren über Münster 260
Karten-Vorverkauf 262

Mobil in Münster
Fahrrad, Auto, Bus und Bahn, Taxi 264

Willkommen

Es ist schon ein Phänomen. Ganz gleich, wohin Sie der Weg durch Münster auch führt – westfälische Idylle und urbanes Leben sind eine perfekte Symbiose eingegangen. Auf Schritt und Tritt erleben Sie diese Welten fast immer gleichzeitig. Wahrscheinlich ist es genau diese Mischung, die für die große Lebensqualität sorgt. Auch dem Weltenbummler wird ganz warm ums Herz, wenn die Glocken am späten Samstagnachmittag von allen Türmen läuten.

Das Zusammenspiel aus alten Traditionen und jugendlichem Schwung prägt das Lebensgefühl ebenso wie die Balance aus mittelalterlichen Giebelhäusern und avantgardistischer Architektur oder das Nebeneinander von Altbierschänke und Trend-Location. Wegen ihrer Silhouette mit den vielen Kirchtürmen wird die Stadt auch das „nordische Rom" genannt.

Aus einer Koexistenz der Welten zwischen Pumpernickel und Prinzipalmarkt, Forschung und Technologie, westfälischer Dickköpfigkeit und studentischer Offenheit ist ein dynamischer Prozess gegenseitiger Inspiration geworden. Der einstige Verhandlungsort des Westfälischen Friedens, der über Jahrhunderte von Kirche und Kaufmannschaft geprägt

Kirchturm ist Spitze. Das sahen die Münsterländer schon so, als sie noch Sachsen hießen. Seitdem bauten sie wuchtige oder steile Türme und statteten die Kirchen mit kostbaren Schätzen aus.

war, hat sich immer weiter zu einem weltoffenen, europäisch denkenden Münster entwickelt.

Die Westfalenmetropole ist seit Jahren preisverdächtig. Es regnete Auszeichnungen für Klimaschutz, Fahrrad- oder Kinderfreundlichkeit. Sogar bei einem weltweiten Wettbewerb um die höchste Lebensqualität siegte Münster und hängte Städte wie Seattle ab.

Das Flair der Stadt und die wirtschaftliche Entwicklung sind eng verbunden mit der Westfälischen Wilhelms-Universität, der drittgrößten Uni Deutschlands. Jeder siebte Münsteraner studiert oder arbeitet dort. 50 000 Studenten machen die Stadt jung, die Hälfte der knapp 280 000 Einwohner ist unter 35 Jahre alt. Die Universität, die Fachhochschulen, Akademien und Forschungseinrichtungen sorgen auch für einen Transfer der Wissenschaften in die Praxis. So hat sich Münster zu einem renommierten Standort für Nano- und Biotechnologie entwickelt.

Kunst und Kultur lassen sich in Münster genießen. Alle zehn Jahre trifft sich die internationale Szene zur weltweit gefeierten Ausstellung *Skulptur Projekte*. Die Künstlerinnen und Künstler sind eingeladen sich in ihren Werken mit Münster auseinanderzusetzen. Da plaudern schwedische und japanische Besucher vor Skulpturen und Installationen, Spanier und Amerikaner stärken sich am Reibekuchenstand für die Kunst. Galerien und Museen bereichern mit moderner Kunst und alten Meistern die Kulturlandschaft.

Mit Schwung und frischem Wind um die Nase geht es durch die Fahrradstadt Münster.

Auf dem Markt den Einkaufskorb füllen und dann den Latte Macchiato genießen

Die Theaterszene vom Boulevard bis zum Off-Theater mit hochkarätigem Gastspielprogramm internationaler Künstler ist einzigartig für eine Stadt dieser Größenordnung.

Auch im musikalischen Takt swingt Münster vom Frühling bis zum Winter live auf den Bühnen der Clubs, mit dem städtischen Sinfonieorchester, bei zahlreichen Konzerten drinnen und draußen.

Ausgehen in Münster macht einfach Spaß. Bei Tag und Nacht. In der bunten Kneipenszene, in Biergärten und Cafés, in Clubs oder Discos, in der Gastro-Meile am Hafen oder im Kuhviertel.

Es gibt fast doppelt so viele Fahrräder in der Stadt wie Einwohner, nämlich 500 000. Von der Studentin bis zur Firmenchefin, vom „grünen" Polizeipräsidenten bis zum Oberbürgermeister – mehr als hunderttausend Menschen in Münster schwingen sich täglich auf die Leeze, wie das Fahrrad in der alten Masematte-Sprache heißt. Zum Glück hatte der Universitätsgründer Franz von Fürstenberg vor ein paar Jahrhunderten die Idee, die Stadtmauer abzureißen und stattdessen eine Promenade rund um die Stadt anzulegen. Daraus ist einer der schönsten innerstädtischen Rad- und Spazierwege weit und breit geworden.

In Münster lässt sich's leben. In der City, im Kreuzviertel mit seinen Jugendstilfassaden oder im Stadtteil Klein-Muffi am Kanal. Im urbanen Rhythmus oder ganz naturnah.

Joggen im Park, Segeln auf dem Aasee, Rudern auf dem Kanal oder

Paddeln auf der Werse, ein Spaziergang um die Promenade oder durch den Schlossgarten: Aus fast jedem Stadtviertel sind es nur ein paar Meter, um Sport zu treiben. Zu einem größeren Ausflug laden die Wasserburgen und Kaffeewirtschaften im Umland ein.

Traditionell ist Münster Verwaltungszentrum einer Region mit anderthalb Millionen Menschen, der „Schreibtisch Westfalens". 80 Prozent der Beschäftigten arbeiten im Dienstleistungssektor. Neben Einrichtungen von Bund und Land – wie Regierungspräsidium, Verfassungsgerichtshof, Oberverwaltungsgericht und Polizei-Führungsakademie – sind es vor allem die privaten Dienstleister – wie Versicherungen, Rechenzentren, Banken oder WestLotto. Münster ist Boomtown für die Finanzwirtschaft. Außerdem haben hohe Verwaltungsinstanzen der Bundeswehr ihren Sitz in der früheren Garnisonsstadt.

Die ehemalige westfälische Provinzialhauptstadt ist Sitz des Landschaftsverbandes Westfalen-Lippe. Das Rückgrat der Industrie bilden Unternehmen wie der größte Autolackhersteller Europas, die *BASF Coatings AG*, der Farbenhersteller *Brillux*, der Energieversorger *Westfalen AG* und der Mineralfaser- und Kunststoffverarbeiter *Armstrong World Industries*.

Im Kirchenleben Deutschlands spielt Münster als Bischofssitz und drittgrößtes Bistum eine bedeutende Rolle. Niederrheiner, Oldenburger und Münsterländer: Mehr als zwei Millionen Katholiken gehören zu dieser Diözese.

Wie es in einer katholischen Gegend so Brauch ist, liegt das Oberbürgermeisteramt in konservativen Händen. Zum Schrecken mancher Münsteraner hatte das Amt eine Wahlperiode lang während der Koalition aus SPD und Grünen eine Frau inne. Und die war auch noch Protestantin! Mit den Kommunalwahlen 1999 wurde dem für das konservative Münster politischen Spuk ein Ende gesetzt. Seitdem führt die CDU die Geschicke der Stadt. Die Partei teilt sich die Regierungsverantwortung seit 200 mit der FDP.

Sie sehen, Münster steckt voller Überraschungen und wartet nu darauf, von Ihnen entdeckt zu werden. Per pedes oder ganz stilsicher mit dem Fahrrad.

Münster:
www.muenster.de
Münsterland:
www.muensterland.de
Münster streng geheim:
www.geheimtipp-muenster.de
Aktion Münsterland e.V.:
www.aktion-muensterland.de

St.-Paulus-Dom

NTERWEGS IN MÜNSTER

ndgang durch die Altstadt | Von der City zum Schloss |
s schicke Kreuzviertel | Rein ins Vergnügen:
s Hafenviertel | Ausflüge und Freizeitvergnügen

RUNDGANG DURCH DIE ALTSTADT

Prinzipalmarkt und Rathaus

Besonders stolz sind die Münsteraner auf den Prinzipalmarkt. Diesen Prachtboulevard mit dem mittelalterlichen Flair nennen sie liebevoll „Gute Stube". Das Kopfsteinpflaster macht allerdings nicht nur dem Betrachter, sondern vor allem Münsters Schustern Freude, die die lädierten Absätze der Damenschuhe wieder reparieren dürfen.

Im Laufe von Jahrhunderten sind 48 imposante Giebelhäuser entstanden; nach einer Bombennacht im Oktober 1943 lag diese städtebauliche Glanzleistung in Schutt und Asche. In den fünfziger Jahren wurden die alten Fassaden in einheitlicher Höhe wieder aufgebaut – einige originalgetreu, die meisten mit einfacheren Formen und zum Teil mit modernen Stilelementen. Schon seit dem Mittelalter ist der Prinzipalmarkt das Handelszentrum der Stadt. Am Rand der Domburg hatten sich um das Jahr 1000 Kaufleute und Händler niedergelassen.

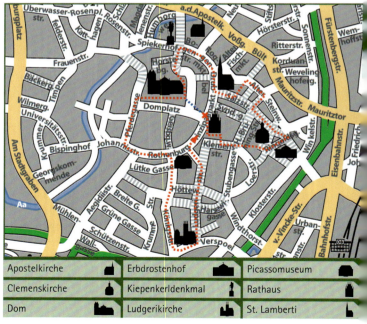

Entlang der blauen Linie lässt sich die Tour in zwei Rundgänge aufteilen.

MEIN MUNSTER

„Mit meiner Frau genieße ich es, mit dem Fahrrad durch die Promenade zu fahren. Wo gibt es eine Stadt, die soviel Natur hat, aber sich auch kulturell von vielen anderen Orten abhebt? Durch das Picassomuseum hat Münster einen internationalen Standard erreicht, auf den mich viele Menschen in der Welt ansprechen. Welche Stadt kann so etwas Schönes bieten wie den Prinzipalmarkt mit seinen hervorragenden Geschäften und kleinen Cafés? Meine Frau und ich sind glücklich, das wunderschöne Haus am Kreuztor 1 bewohnen zu dürfen. Unseren internationalen Gästen zeigen wir die hohe Gastlichkeit vom *Kleinen Kiepenkerl*, vom *Oerschen Hof* und von der *Villa Medici*."

Dieter Sieger *(Architekt und Designer)*

Im 12. Jahrhundert boten sie im Bereich des heutigen Prinzipalmarktes ihre Waren auf Tischen direkt vor ihren Häusern an. Sie standen damit unter hölzernen Schlechtwetter-Konstruktionen, die die Vorläufer der berühmten Bogengänge waren. Mit dem wachsenden Reichtum entstanden auf dem Prinzipalmarkt immer prächtigere Bauten. Die Häuser mit den oft dreistöckigen Giebeln stammen aus der Zeit der späten Gotik und der Renaissance.

Seit Jahrhunderten geht man gern „unterm Bogen" einkaufen. Dass sich der Münsteraner aber auch zu Shopping-Trips nach außerhalb aufmachte, belegt schon der älteste bekannte Fund einer münsterschen Münze, des Mimigernafordpfennigs von etwa 988, in Schweden.

Die Arkaden des Prinzipalmarkts haben auch den späteren Papst Alexander VII. beeindruckt. Ab 1644 lebte er als Nuntius des Vatikans anlässlich der Westfälischen Friedensverhandlungen für ein paar Jahre in Münster. Als Pontifex beauftragte Alexander VII. den berühmten Architekten

Mit diesem Mimigernafordpfennig hat ein Münsteraner um 988 in Schweden eingekauft.

Bernini, der das Gesicht des barocken Roms prägte. Wie gut der Papst sich da noch an Münster erinnerte, zeigen die Bogengänge am Petersplatz.

Blick aus dem zerstörten Rathaus in Richtung Dom (1948)

Im Zentrum des Prinzipalmarkts steht Münsters Wahrzeichen: Das historische Rathaus mit seinem berühmten hohen Giebel ist ein beeindruckendes Beispiel gotischer Bauschöpfung. Nach der Zerstörung im Krieg wurde es auf Privatinitiative der Kaufleute und mit Hilfe eifriger Spenden der Bürger fast originalgetreu wieder aufgebaut.

Das Prunkstück entstand bereits im 12. Jahrhundert. Der Treppengiebel stammt aus dem 14. Jahrhundert, der einige Jahrzehnte später verziert wurde. Der historische Friedenssaal ist legendärer Ort des Westfälischen Friedens. Im Rathausfestsaal im ersten Stock findet alljährlich das Kramermahl statt, eine Traditionsveranstaltung der münsterschen Kaufleute mit Grünkohl und prominenten Gastrednern.

Der Treppengiebel ist reich mit

Das Symbol westfälischer Identität wurd durch das beispiellose Engagement de Bürger, allen voran die Kaufmannschaf innerhalb weniger Jahre wiedererrichte

Skulpturen geschmückt und war fü den Betrachter im Mittelalter ei christliches Bilderbuch.

An dem Rathauspfeiler auf Höhe de Schriftzugs FRIEDENSSAAL sind di Köpfe der Täuferführer dargestell An der linken Außenwand glänz ein kleines Rechteck aus Blattgol das der Münsteraner Künstler Ado

Westfälischer Friede

Der berühmteste Raum im münsterschen Rathaus ist der Friedenssaal, der symbolträchtige Ort des Westfälischen Friedens von 1648. Er sieht noch fast genauso aus wie zu Zeiten des Friedenskongresses in Münster und Osnabrück, mit dem das Ende des Dreißigjährigen Krieges besiegelt wurde. Auch kunsthistorisch ist der Saal mit der originalen Einrichtung von größtem Wert. Das Mobiliar war während des Zweiten Weltkrieges rechtzeitig in Sicherheit gebracht worden. Ein üppig mit Schnitzereien verzierter Aktenschrank stammt aus dem Jahr 1540. Daneben befinden sich die Bürgermeisterbank und der Richtertisch, der noch an die Funktion der Ratskammer als Gerichtssaal erinnert. Die Holzschnitzwerke im Renaissancestil wurden im Jahr 1577 nach den Entwürfen Hermann tom Rings angefertigt.

Der Friedenskongress ist das bedeutendste weltgeschichtliche Ereignis, das in Münster stattgefunden hat. An dem Dauermassaker des Krieges hatte sich fas

Die kostbare Holzvertäfelung im Stil der Renaissance gehörte zum wertvollen Inventar des Friedenssaals, das im Mai 1942 in Sicherheit gebracht wurde.

Knüppel 1993 mit einer Feder aufgetragen hat. An dieser Stelle trifft die alte Bausubstanz auf die neue. Der Stein mit der Jahreszahl 1335 unterhalb des Rechtecks stammt von der ursprünglichen Bebauung, der obere Stein von 1951 aus der Zeit des Wiederaufbaus.

Beim Wiederaufbau des Stadtweinhauses, dem Spätrenaissance-Ba gleich neben dem Rathaus, hie man sich auch sehr genau an da Original aus den Jahren 1615/16. E diente im Mittelalter als Lager fü den städtischen Wein und die Stadt waage. Rats- und Gerichtsbeschlüss

...io Chigi, vatikanischer ...tius und späterer Papst ...xander VII., mochte ...nsters Bogengänge, ...chimpfte aber die Ein... ...ner als „Breifresser".

ganz Europa beteiligt, unter anderem Frankreich, Dänemark, Schweden, Spanien, Polen und Deutschland. Gekämpft wurde um die Vorherrschaft der katholischen oder evangelischen Konfession sowie um die Position des Kaisers im Reich gegenüber den Fürstentümern. Die Fürsten gewannen mit dem Friedensschluss ihre Unabhängigkeit, was für Deutschland den Beginn der Kleinstaaterei bedeutete.

Erstmalig in der Geschichte Europas wurde ein Friede durch diplomatischen Dialog erreicht – im wahrsten Sinne des Wortes auf dem „Verhandlungswege". Denn dass sich der Friedensschluss über Jahre hinzog, hing auch mit den Strecken zusammen, die zwischen den Gesandten in Münster und Osnabrück immer wieder zurückgelegt werden mussten.

Im Friedenssaal wurde am 15. Mai 1648 der für den Dreißigjährigen Krieg entscheidende Vertrag über den Teilfrieden zwischen Spanien und den Niederlanden ...nterzeichnet und damit die Entstehung des souveränen Staates Niederlande ...esiegelt. Das große Gemälde des holländischen Meisters Gerard Terborch im ...riedenssaal zeigt den historischen Staatsakt als Symbol des Westfälischen Frie-...ens. Die holländischen und spanischen Gesandten sprachen ihren Eid vor den ...ruhen, die die Friedensverträge und Ratifikationsurkunde enthielten.

...ie Hauptverträge des römisch-deutschen Kaisers Ferdinand III. mit Frankreich ...nd Schweden wurden erst im Oktober in den jeweiligen Quartieren der Gesand-...en in Münster und Osnabrück abgeschlossen. Die Portraits der 32 Botschafter ...nd ihrer Souveräne, Kaiser Ferdinand III., König Ludwig IV. von Frankreich und ...hilipp IV. von Spanien, hängen ebenfalls im Friedenssaal.

...ie Einwohnerzahl Münsters wuchs während der fünf Jahre dauernden Ver-...andlungen beinahe auf das Doppelte an, denn jeder Diplomat wurde von einem ...efolge von bis zu 200 Menschen begleitet. Einem italienischen Nuntius aus ...antua war offensichtlich besonders mulmig zumute: „Die Hölle muss leer sein, ...enn die Teufel sind alle in Münster".

...urden von seinem Balkon unter ...em großen Stadtwappen aus ver-...ündet. Darunter liegt der *Sentenz-* ...ogen – der Name leitet sich von ...ententia, dem lateinischen Wort ...r „(Gerichts-)Beschluss", ab.

...ie beiden kleinen Gassen links und ...chts vom Rathaus führen in den Innenhof. Hier fallen zwei L-förmige Stahlobjekte ins Auge, die einander gegenüberstehenden Bänken gleichen. Diese 18-Tonnen-Skulptur des baskischen Bildhauers Eduardo Chillida erinnert seit 1993 an den Westfälischen Frieden und mahnt gemäß ihrem Titel zu Toleranz durch

Den 350. Jahrestag des Westfälischen Friedens feierte Münster ein ganzes Jahr lang. Höhepunkt war das in der Geschichte der Bundesrepublik bis dahin einmalige Treffen von 20 Staatschefs – darunter einige gekrönte Häupter wie König Juan Carlos von Spanien – am 24. Oktober 1998. Die großen Jubiläumsfestivitäten ließen ahnen, wie bunt das Treiben war, das die Friedensverhandlungen Jahrhunderte vorher begleitete und das Publikum in Münster amüsierte. Rund 150 Veranstaltungen zwischen 1643 und 1649 schufen eine Festkultur, mit der die damalige ständische Gesellschaft ihre diplomatischen Intentionen unterstrich. Die Einladung in die VIP-Lounge war damals eben genauso wichtig wie heute. Theater, Bankett und Ballett waren für die Gesandten-Gesellschaft auch eine Plattform, um politische Ziele durchzusetzen. Die Rangordnung im europäischen Machtgefüge ließ sich sogar an der Art der prunkvollen Einzüge der Delegationen oder der Teilnahme an Prozessionen und Zeremonien ablesen. Dass die Sitzordnung der Diplomaten Indiz für den Stand der zwischenstaatlichen Beziehungen war, versteht sich von selbst. Trotz des politischen oder gesellschaftskritischen Inhalts ging es immer auch um das Entertainment – zur Freude der Münsteraner, die durch öffentliche Inszenierungen in den Genuss von barockem Lebensgefühl mit Musik, Tanz und Theater kamen. Auch die Einwohner der Stadt beteiligten sich an den Kulturereignissen. So unterstrichen zum Beispiel die Jesuiten mit zahlreichen Inszenierungen – auch mit den Schülern des jesuitischen Gymnasiums *Paulinum* – ihren Einfluss.

Die Gesandten beim Friedensschwur 1648, festgehalten von Gerard Terborch, der den niederländischen Gesandten begleitete

Eine Karnevalskomödie allerdings, die die neue Freundschaft zwischen Niederländern und Spaniern signalisieren sollte, entwickelte sich durch eingeschmuggelte Störenfriede im wahrsten Sinne des Wortes zu einem Mantel- und Degenstück. Selbst Ehrengäste zückten ihre Waffen. Das Ablenkungsmanöver eines niederländischen Gesandtschaftssekretärs endete für ihn im Gartenteich. Während man ihn dort herausfischte, ging die Feier munter weiter.

Forschungsstelle Westfälischer Friede:
www.westfaelischer-friede.de

Erinnerungen an den Friedensschluss

Nicht nur im Friedenssaal, sondern in der gesamten Stadt gibt es kleine Zeugnisse des Westfälischen Friedens zu entdecken. Der Dalai Lama pflanzte bei seinem Besuch 1998 eine Kastanie auf dem ehemaligen britischen Kasernengelände *Loddenheide*. Im Pflaster der münsterschen Straßen tragen sogar Kanaldeckel das Logo mit der Taube des großen Jubiläums zum 350. Jahrestag.

Im Rathaus-Innenhof wurde stellvertretend für die Provinzen der Niederlande ein Dutzend Pflastersteinchen in eine Bodenplatte eingelassen, um an die Geburt des unabhängigen Staates Niederlande mit dem Westfälischen Friedensschluss zu erinnern.

Pflastersteine im Rathaus-Innenhof

Der Münsteraner Adolf Knüppel brachte vor den ehemaligen Gesandtenquartieren Hinweistafeln mit einem Friedenslogo und dem Namenszug des jeweiligen Gesandten an – zum Beispiel am Domplatz oder an einer Karstadt-Säule gegenüber der Clemenskirche.

Dialog. Der Künstler sagte bei der Einweihung der Skulptur: „Wer sitzt, der kämpft nicht."

Gegenüber an den kleinen Balkonen des *Stadthauses 1* erzählen Bronzetafeln von der Entstehung Münsters. Vom elften Stock dieses Gebäudes hat man übrigens eine großartige Aussicht. Größere Gruppen sollten allerdings den Pförtner um Erlaubnis fragen.

Der Weg führt aus dem Rathaus-Innenhof nach rechts hinaus, sofort links zum Kaufhaus Karstadt und rechts daran entlang zur Clemenskirche.

Ein Schwergewicht, das doch Leichtigkeit ausstrahlt: Eduardo Chillidas Skulptur *Toleranz durch Dialog* im Rathaus-Innenhof.

Salzstraße

Die **Clemenskirche** (1745 bis 1753) ist ein Meisterwerk des großen Barockarchitekten Johann Conrad Schlaun, ebenso wie der elegante Erbdrostenhof, der schon an der nächsten Ecke auf bewundernde Blicke wartet. Wer durch diese Stadt spaziert, wird immer wieder Schlauns Baukunst entdecken – beim Schloss Münster genauso wie hier an der Clemenskirche.

Der helle Sandstein im Wechsel mit roten Backsteinen, ein konkav-konvexer Fassadenschwung: Das ist typisch Schlaun. Der Grundriss der Papst Clemens geweihten Kirche ist ein gleichseitiges Dreieck mit runden und flachen Nischen. Das Kuppelgebäude ist nach römischem Vorbild entstanden. Bayernprinz Clemens August, der seit 1719 Fürstbischof von Münster war, ließ die Kirche als Kapelle des dazu gehörenden Krankenhauses und Klosters bauen. Sein Wappen befindet sich über dem Eingangsportal. Das runde Innere der Kirche statteten süddeutsche Künstler im Stil des Rokoko aus. Hochzeits-

Für Ivonne und Thilo aus Nürnberg war es ein Herzenswunsch, unter dem wundervollen Kuppelfresko der Clemenskirche zu heiraten.

Das Prunkstück *Erbdrostenhof* mit prachtvollem Festsaal war das schönste Stadtpalais der barocken Domstadt.

Märchen lassen sich hier besonders gerne trauen, weil sie sich unter dem prächtigen Kuppelfresko wie im siebten Himmel fühlen. Und in dem besonderen Licht fühlt sich die Braut so schön wie abends im Kerzenschein. Das Fresko zeigt die Himmelfahrt des Papstes, die doppelten Altarsäulen strahlen in Himmelblau, der Farbe der Wittelsbacher. Wie am Rathaus weist auch an der Clemenskirche eine Blattgoldmarkierung auf die Grenze zwischen alter und neuer Bausubstanz hin.

Zwischen Clemenskirche und der Servatiikirche aus dem 13. Jahrhundert liegt der Maria-Euthymia-Platz, benannt nach der berühmten Clemensschwester, die Papst Johannes Paul II. im Oktober 2001 selig gesprochen hat. Weil sich Schwester Maria Euthymia im Zweiten Weltkrieg aufopferungsvoll um Kriegsgefangene gekümmert hat, wurde sie „Engel der Liebe" genannt. Seit ihrem Tod im Jahre 1955 pilgern Heerscharen von Gläubigen zu ihrer Grabstelle auf Münsters Zentralfriedhof.

Die Bronzeplastik *Der Aufstieg* aus dem Jahr 1929 mitten auf dem Platz stammt von Otto Freundlich. Durch die Ringoldsgasse gelangt man zum Erbdrostenhof, dem Glanzstück Johann Conrad Schlauns (1753-1757). Der Haupteingang des schönsten Adelshofes des 18. Jahrhunderts liegt an der Fußgängerzone Salzstraße. Die Verzierungen unter den Balkonen stellen die ver-

Schlachtmonat November mit Mettwürsten

schiedenen Monate dar: Karnevalssymbole stehen für den Februar; Kirschen und Gartenschere weisen auf den Juni hin. Und wie könnte es in Westfalen anders sein: Der November ist der Mettwurstmonat.

Der Erbdroste, der Stellvertreter des Fürstbischofs, Adolph Heidenreich hatte sich eine damals im Trend liegende Dreiflügelanlage gewünscht. Das Problem des kleinen Bauplatzes löste Schlaun genial, indem er den *Erbdrostenhof* diagonal auf das Grundstück setzte. Die Architektur beweist die große Virtuosität des Baumeisters. Der atemberaubend schöne Festsaal ist nur zu offizieller Anlässen geöffnet.

Die meist im barocken Stil von der besten Baumeistern der Zeit – wie Schlaun, Pictorius, Lipper – gebauter Adelshöfe in der Stadt sind Gegenstücke zur ländlichen Sommerresidenz der Wasserburg. Im Winter wurde de Adelshof zum politischen und kulturellen Mittelpunkt. Einige dieser Höfe sind in der Königsstraße erhalten.

Der ehemalige Hanseweg *Salzstraße* wurde 1725 fertiggestellt und is damit Münsters älteste Geschäftsstraße, auf der Salz zu den wichtigsten Handelsgütern zählte. Sei 1993 erinnern Wappen und in Messing gefasste Steine aus den Hansestädten im Straßenpflaster an di Hanse, zu der auch Münster gehörte

Straßenbahn am Roggenmarkt um 194

Die Hanse

Die *Hanse* war in ihrer Blütezeit eine sehr mächtige Organisation von niederdeutschen Fernkaufleuten, der rund 200 große und kleinere Städte angehörten. Der wirtschaftliche Einflussbereich reichte im 16. Jahrhundert von Portugal bis Russland und von den skandinavischen Ländern bis nach Italien. Die hansischen Kaufleute versorgten West- und Mitteleuropa mit Luxuswaren, Nahrungsmitteln und Rohstoffen des nördlichen und östlichen Europa. Im Gegenzug brachten die Hansekaufleute die gewerblichen Fertigprodukte des Westens und Südens wie Tuche, Metallwaren, besonders Waffen, und Gewürze.
Münster ist Mitglied im *Internationalen Hansebund* der Neuzeit, der weltweit größten freiwilligen Städtegemeinschaft. Alljährlich im Mai organisiert die Stadt einen Internationalen Hansetag und drückt damit die Verbundenheit mit Wirtschaft und Handel aus. Die Kaufleute decken auf dem Prinzipalmarkt die große Hansetafel und bewirten Bürger und internationale Gäste.

TIPP

Vom Erbdrostenhof rund fünfzig Meter stadtauswärts lädt auf der linken Seite der Salzstraße das **Stadtmuseum** hinter der Gründerzeitfassade des ehemaligen ältesten Kaufhauses der Stadt zum Besuch ein. Das Haus wurde einst analog zum *Erbdrostenhof* diagonal auf das Grundstück gebaut.

Im 18. Jahrhundert entwickelte sich die Salzstraße zu einem vornehmen Boulevard. Zusammen mit Prinzipalmarkt und Ludgerstraße bildet sie Münsters Einkaufsmeile.
Schräg gegenüber vom *Erbdrostenhof* sieht man die Kneipe *Der Bunte Vogel*, die als eines der ersten Szenelokale Ende der siebziger Jahre in der Rothenburg 20 Geschichte machte. In ihren jetzigen Räumlichkeiten am Alten Steinweg 41 befand sich bis 1986 die Gastwirtschaft *Heulende Kurve*. Beim Bier hörte man hier regelmäßig die Räder der abbiegenden Straßenbahn quietschen, die den Münsteranern bis 1954 erhalten blieb.
Der Weg führt die Salzstraße hinunter Richtung Prinzipalmarkt. Gegen-

über dem Kaufhaus Karstadt hält die Devotionalienhandlung *Kuhlmann* Kerzen und Heiligenfiguren bereit.

Tradition in Devotionalien und Kerzen bei Kuhlmann in der Salzstraße

Die Dominikanerkirche (1705–1725) mit ihren schlanken Glockentürmen macht den barocken Dreiklang mit Erbdrostenhof und Clemenskirche komplett. Schlauns Lehrer Lambert Friedrich von Corfey hat damit an die Architektur römischer Basiliken angeknüpft. Auffällig ist der Materialkontrast zwischen der Schaufront aus Sandstein und den Ziegelwänden des Kirchenschiffs. Das Gebäude wird als katholische Universitätskirche genutzt, in der man regelmäßig klassischen Konzerten lauschen kann.

Zwischen Gotteshaus und Karstadt fliegen die „Bananen", wie der Volksmund die fünf großen Windspiele nennt. Tomitaro Nachi bringt damit den bewegten Austausch der Domstadt mit ihren Partnerstädten zum Ausdruck.

Die fliegenden Bananen, das Symbol für Städtepartnerschaften

Partnerstädte

Münster unterhält mit folgenden Städten eine Städtepartnerschaft:
- York in Großbritannien, seit 1958
- Orléans in Frankreich, seit 1960
- Kristiansand in Norwegen, seit 1967
- Monastir in Tunesien, seit 1969
- Beaugency in Frankreich, seit 1974 Partnerstadt des Stadtbezirks Münster-Hiltrup
- Rishon-Le-Zion in Israel, seit 1981
- Fresno in den USA, seit 1986
- Rjasan in Russland, seit 1989
- Mühlhausen in Thüringen, seit 1990
- Lublin in Polen, seit 1991

Übrigens:
Die Stadt Muenster in Texas wurde nach der Westfalenmetropole benannt.

Rund um die Lambertikirche

Direkt hinter der Dominikanerkirche geht es rechts durch die Julius-Voos-Gasse geradewegs zur Stadtbücherei. Der postmoderne Bau von 1993 nach den Plänen des Architektenbüros Julia Bolles-Wilson und Peter Wilson wurde weltweit diskutiert. Große Beachtung findet die stadtplanerische Sensibilität für das historische Umfeld. Die Längsachse der Lambertikirche wird aufgegriffen und als Gasse zwischen den beiden Bauelementen der Bücherei fortgesetzt. Die acht Meter hohe Skulptur *Überfrau* hinter der Bibliothek hat der New Yorker Künstler Tom Otterness in Kooperation mit den Architekten für diesen Ort geschaffen.

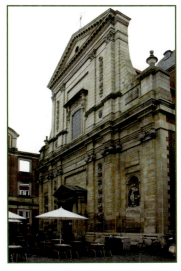

Die historische Fassade der Dominikanerkirche

Schöner Lesen in der architektonisch herausragenden Stadtbücherei

Das Krameramtshaus links neben der Stadtbücherei stammt aus dem Jahr 1589 und zeigt den Reichtum einstiger Bürgerbauten. Die Architektur ist eine Weiterentwicklung der lokalen Bauweise im Stil der Renaissance. Die Kaufleute errichteten es als repräsentativen Versammlungsort und Warenlager. Zur Zeit der Verhandlungen zum Westfälischen Frieden hatten hier die niederländischen Gesandten ihr Quartier. Als *Haus der Niederlande* verfügt es mit seiner Bibliothek über ein deutschlandweit einzigartiges Medienangebot im Bereich der Niederlandeforschung. Das Zentrum für Niederlande-Studien ist die einzige wissenschaftliche Einrichtung in Deutschland, die sich interdisziplinär den Niederlanden und Flandern widmet.

Vom *Krameramtshaus* schaut man auf die Rückseite der Stadt- und Marktkirche St. Lamberti. Das Eckhaus links davon, am Lambertikirchplatz 1, hat ein drei Meter hohes Relief des Heiligen Lambertus im Giebel. Etwas kleiner fällt das Bildnis am Kapitell der Ecksäule aus. Hier

Das *Krameramtshaus*, einziges noch erhaltenes der mächtigen Gilde (1588)

Glockenspiele

Sechs Glockenspiele klingen in Münster. Gegenüber der Lambertikirche im Haus Schütte ist eines der weltweit seltenen Porzellanglockenspiele zu hören, und zwar täglich um 15 und 18 Uhr. Nur wenn es sehr kalt ist, kommen die empfindlichen Glocken aus Meißener Porzellan nicht zum Einsatz.
Das Glockenspiel im St.-Paulus-Dom mit dem Figurenumgang der Heiligen Drei Könige an der Astronomischen Uhr hört man montags bis samstags um 12, sonn- und feiertags um 12.30 Uhr. Mit dem Glockenspiel im Stadthausturm, täglich um 11, 15 und 19 Uhr, wird sogar manchmal Live-Musik geboten. Im Schlossgarten kann man täglich um 8, 12 und 18 Uhr sehr gut die Klänge vom Glockenspiel im Schloss hören. Im Landeshaus des Landschaftsverbandes Westfalen-Lippe, an der Promenade/Ende Mauritzstraße, werden die Glocken um 8, 13, 18 und 20 Uhr gespielt. Die Weltzeituhr an der Rothenburg 12/13 ertönt täglich um 12, 16, 17 und 18 Uhr.

Münster klingt

st das münstersche Original Philipp Kuhlmann (1849-1921), Küster von St. Lamberti, verewigt. An der Salzstraße 11-13 betrieb er eine Kerzenzieherei und Hostienbäckerei. Die Kerzenhandlung war eben noch Station dieses Rundgangs.

Berühmt ist die Lambertikirche seit Jahrhunderten für die drei eisernen Käfige am Kirchturm über der goldenen Uhr. Sie stammen aus einem rebellischen Kapitel der Stadtgeschichte, dem Königreich der Täufer. Mit St. Lamberti ist während der reichen Hansezeiten die in Westfalen entstandene Idee der Hallenkirche perfekt realisiert worden. Die Grundsteinlegung der spätgotischen Markt- und Stadtkirche erfolgte im Jahr 1375. Die Kirche spiegelt den Wohlstand und die Stärke der Kaufleute wider und ist das fünfte Gotteshaus an dieser Stelle. Bis in das Jahr 1000 sind die Anfänge der Marktkirche der Fernkaufleute zurückzuverfolgen.

Der mit Ornamenten geschmückte Innenraum wirkt weit und lichtdurch-

Küster und Kerzenmacher Kuhlmann

flutet. Der imposante neogotische Turm, geschaffen vom Dombaumeister Hilger Hertel, ist angelehnt an das Vorbild des Freiburger Münsters. Vollendet wurde der Bau des 90,5 Meter hohen Turmes im Jahr 1898. Der alte Turm, von dem Teile aus dem 12. Jahrhundert stammen, musste wegen Baufälligkeit abgerissen werden. Dabei entdeckte man alte jüdische Grabsteine, die nach der Vertreibung der Juden im Pestjahr 1349/50 als Baumaterial verwendet wurden.

Zu den erhaltenen Kunstwerken gehören die gotische Madonna von 1380 am Pfeiler zwischen den beiden Chorräumen und das Silberexpositorium von 1482 nach den Entwürfen von Wilhelm Ferdinand Lipper, dem Nachfolger Schlauns als Hofbaumeister.

Der berühmte Glockengießer Gerhard de Wou goss 1493 die Lambertiglocke. Die Geschichte der Lambertikirche ist zugleich ein Blick in die Kirchengeschichte mit Reformation und Herrschaft der Täufer. Während der Französischen Revolution war die Lambertikirche ein Refugium für französische Bischöfe und Kardinäle. Der im Jahr 2005 seliggesprochene Kardinal Clemens August Graf von Galen war hier bis 1933 Pfarrer und hielt später als Bischof von der Kanzel seine berühmten Predigten gegen das NS-Regime.

Spricht man in Münster vom „Brunnen", so ist der *Lambertibrunnen* vor der Kirche gemeint. Hier traf sich in den siebziger und achtziger Jahren die Jugend – von den Hippies über

Das Königreich der Täufer

Die Täufer waren eine im Zuge der Reformation entstandene Glaubensgemeinschaft, deren Ansichten grundlegend von der bis dahin gültigen Kirchenlehre abwichen. Populärer ist der Begriff der „Wiedertäufer", weil sich ihre Anhänger ein zweites Mal taufen ließen.
In Münster fielen die reformerischen Ideen in einer Zeit der Konflikte der Bürgerschaft mit dem Fürstbischof als Stadtherrn auf fruchtbaren Boden. Den Weg dahin hatte auch der Prediger Bernhard Rothmann bereitet. Mit ihm und seinen für das katholische Umfeld ketzerischen Gedanken hatte Münster einen eigenen Reformator. Dabei verlief die Reformation bis Mitte 1533 nicht anders als in anderen Städten, die wie Münster mehrheitlich lutherisch geworden waren. Doch die Situation wurde immer radikaler. Rothmann wandte sich den reformatorischen Lehren Zwinglis zu: Er brach zur Eucharistie westfälisches Weißbrot und wurde daher „Stutenbernd" genannt. Dann geriet er unter den Einfluss des Täufertums. Er war einer der ersten, die in Münster die Erwachsenentaufe als bewussten Willensakt propagierten – ein ungeheuerlicher Affront gegen den Kaiser, die damaligen Herrscher und

die Punkszene und schließlich auch die etwas braveren Jugendlichen. Das Zusammentreffen verschiedener Subkulturen endete für manch einen nicht selten in einem unfreiwilligen Bad im Brunnen.

Samstags mittags kamen aus allen Schulen Münsters die Pennäler herbei und füllten den Platz, so dass Passanten sich nur schwer den Weg durch die Massen bahnen konnten. Als aber Ende der achtziger Jahre ein Reiseführer den Brunnen als Szenetreff und somit als Touristenattraktion auswies, blieb die Jugend aus. Wie sehr doch Reiseführer der Kultur einer Stadt schaden können!

Im Lambertibrunnen ist lange keine mehr baden gegangen

> deren Einheit von Staat und Kirche, zu der ein durch Geburt festgelegter Glaube gehörte. Sie drohten den erwachsenen Täuflingen mit der Todesstrafe. Auf die politisch und religiös aufgeheizte Stimmung in der Stadt trafen zwei Abgesandte des Propheten Jan Mathys, die sich auf erfolgreicher Missionstour befanden und neue Apostel im Schlepptau hatten. Münster wurde zur Hochburg der Täufer: Die religiösen Eiferer rissen die Macht an sich und zwangen den Bischof aus der Stadt. Schließlich zog der Prophet Jan Mathys selbst mit 1 400 Jüngern in die Stadt ein und deklarierte es als „Neues Jerusalem", in dem das Jüngste Gericht erwartet werden sollte. Das hatte er aufgrund seiner seherischen Fähigkeiten auf Ostern 1534 datiert. Die Erwartung, das Weltende könnte vor der Tür stehen, war übrigens durchaus populär zu jener Zeit. Was als frohe Massenbewegung begann, bei der auch die Frauen sehr viel stärker am religiösen Leben teilhaben konnten, nahm bald tyrannische Züge an. Der Druck auf die Täufer wurde nicht nur angesichts der bis an die Zähne bewaffneten Soldaten vor den Stadttoren größer, sondern auch wegen des drohenden Weltendes. Säuberungsaktionen sollten die Stadt auf den Tag vorbereiten. Wer sich nicht taufen ließ, musste ohne Hab und Gut fliehen. Bücher wurden verbrannt; der Bildersturm mit der Zerstörung in den Kirchen setzte ein und die Gütergemeinschaft wurde ausgerufen. Zurück blieben 5 500 Einwohner und 2 500 zugezogene Anhänger der neuen Religion.
>
> Doch Ostern verstrich ohne den erwarteten Untergang. Der kam nur für Jan Mathys selbst, als er mit einem Häuflein Täufer durch das Stadttor geradewegs in die Arme seiner Widersacher ritt. Von seinem zerstückelten Körper blieb nur der aufgespießte Kopf

Am Westeingang der Lambertikirche, zum Prinzipalmarkt hin, begegnet einem der eine oder andere komische Heilige. Rechts neben der Tür steht eine Statue, deren Gesicht zumindest Germanistikprofessoren bekannt vorkommen müsste. Zwei der vier Evangelister des Bildhauers Anton Rüller weisen nämlich eine bemerkenswerte Besonderheit auf: Lukas trägt die Gesichtszüge von Johann Wolfgang von Goethe und Johannes die von Friedrich Schiller – allerdings des jungen Schiller, darum erscheint dessen Gesicht nicht so vertraut wie das von Goethe.

Komischer Heiliger: Dichterfürst Goethe am Westportal der Lambertikirche

Stattdessen begann eine andere Art der Götterdämmerung. Die Stunde von Johann Bockelson war gekommen, besser bekannt unter dem Künstlernamen Jan van Leyden. Die eben noch anarchistischen Wiedertäufer-Rebellen gegen Kaiser, Kirche und Papst errichteten ein totalitäres Regiment. Der ehemaligen Bürgerelite gab van Leyden mit der Herrschaft der „Zwölf Ältesten" ihre Führungsrolle zurück. Mit Bernd Knipperdolling als Statthalter und Scharfrichter sowie Reichskanzler Heinrich Krechting führte er ein Schreckensregiment, das jeden Widerstand im Blut erstickte. Jan van Leyden krönte sich selbst, errichtete das Königreich Zions und heiratete Divara, die Witwe des Propheten Mathys. Zepter, Siegelring und Reichsapfel komplettierten die königliche Ausstattung. Der ehemalige Schauspieler, Gastwirt und Tuchhändler spielte seine Rolle glänzend. Anscheinend war er ein großer Rhetoriker und hatte nicht nur hoch zu Ross ein gewinnendes Auftreten. Sein Page war pikanterweise der uneheliche Sohn des Bischofs von Waldeck, der die Stadt belagerte.

Die Gesetze, die van Leyden erließ, waren nicht unoriginell: Getreu dem alttestamentarischen Spruch „Seid fruchtbar und mehret Euch" wurde für gebärfähige Frauen die Ehepflicht ausgerufen. Diese Maßnahme sollte die Frauen wieder in die patriarchalische Gesellschaft zurückholen. Nach den Wirren der Vertreibungen der Nichtgläubigen und dem Zuzug von Missionierten stand das Geschlechterverhältnis in Münster Kopf: Nur 1 800 Männer zählt die Statistik, aber 900 Frauen und 1 200 Kinder. Hurerei und Ehebruch wurden ebenso wie Murren und Aufruhr gegen die Obrigkeit mit dem Tode bestraft.

Erst fromm, dann fundamentalistisch: Jan van Leyden und Bernhard Knipperdolling

Die Vielweiberei hatte Jan van Leyden offensichtlich nicht ganz uneigennützig eingeführt, er selbst ging mit der bescheidenen Anzahl von 16 Frauen die Ehe ein. Eine von ihnen, Elisabeth Wandscherer, enthauptete er eigenhändig auf dem Marktplatz inmitten einer Volksversammlung. Sie hatte sich angemaßt, ihm Prasserei angesichts eines hungernden Volkes vorzuwerfen.

Der Druck auf die Täufer in der Stadt wurde größer: Die Vorräte gingen zu Ende, abtrünnige Täufer, die aus der Stadt fliehen konnten, verrieten dem Bischof Schwachstellen in der Verteidigung. In der Nacht vom 24. auf den 25. Juni 1535 eroberten die Soldaten des Bischofs Franz von Waldeck mit Hilfe des Landgrafen Phillip von Hessen die Stadt zurück.

Sozialromantischer Blick in die Badestube der Wiedertäufer (Kupferstich von Virgil Solis, 16. Jh., im Landesmuseum)

Die Rache des Bischofs war furchtbar, die Leichen der Wiedertäufer pflasterten die Straßen der Stadt. Für seine wichtigsten Gefangenen hatte sich von Waldeck etwas Besonderes ausgedacht. Ein halbes Jahr lang wurden sie verhört und gefoltert, doch in allen wesentlichen Glaubensfragen blieben sie standhaft. Am 6. Januar 1536 fällte ein Inquisitionsgericht in Wolbeck das Todesurteil über drei prominente Täufer: die Anführer Bernd Knipperdolling und Jan van Leyden sowie Heinrich Krechtings Bruder Bernd. Letzterer musste sein Leben lassen, weil der Reichskanzler fliehen konnte. Heinrich Krechting starb erst 1580 als hoch geachteter Mann.

Die aus heutiger Sicht grausame Hinrichtung entsprach der damals geltenden Rechtsauffassung und war nicht unüblich. Sie fand am 22. Januar vor dem Rathaus statt. Die Verurteilten wurden mit glühenden Zangen brutal gefoltert und schließlich mit einem Dolch erstochen. Ihre zerfetzten Leiber hängte der Bischof zur Abschreckung in den drei eisernen Körben am Kirchturm von *St. Lamberti* auf, wo die Reformation durch Bernhard Rothmann ihren Ausgangspunkt genommen hatte. Dieses Symbol für die Strenge der Apostolischen Kirche wurde erst mit dem Abbruch des alten Turms am 3. Dezember 1881 zum ersten Mal vorübergehend abgenommen.

Die Käfige als Grabstätten sollten verhindern, dass die Seelen der drei ins Himmelreich einzögen. Zwar war die Präsentation von Verbrechern im 16. Jahrhundert nicht ungewöhnlich – Hingerichtete und dann ihre Gräber über Jahrhunderte zur Schau zu stellen, ist jedoch nur aus Münster bekannt.

Die Nachfahren der Täufer gehörten zu den Gründern der USA; unter anderem wanderten sie als Mennoniten aus den Niederlanden nach Amerika aus.

Seit 1987 erinnert eine Installation mit drei Glühbirnen in den Käfigen an die verlorenen Seelen der Täuferführer. Sie trägt den Namen *Drei Irrlichter* und wurde vom Künstler Lothar Baumgarten im Rahmen der Skulpturen-Ausstellung 1987 geschaffen. Ein lichtempfindlicher Regler schaltet die Lampen bei einbrechender Dunkelheit ein. Wie Totenlichter bewegen sie sich im Wind. Der herausragenden künstlerischen Arbeit gelingt es, an die fanatische Schreckensherrschaft der Täufer zu erinnern, aber auch an die Beharrlichkeit der Kirche, ihre Macht zu demonstrieren. Selbst nach den Zerstörungen an der Kirche im Zweiten Weltkrieg wurden die Käfige wieder aufgehängt.

Drei Irrlichter leuchten durch die Nacht in den Täuferkäfigen an St. Lamberti.

Die vielschichtige Historie der Täufer-Herrschaft interessiert die Kunstschaffenden seit Jahrhunderten. Die Massenbewegung, die Vorstellung, dass die ungewöhnlichen Geschehnisse an diesem konservativ-heimeligen Ort Münster ihren Lauf nahmen, inspirierte Dichter, Musiker und Theatermacher zugleich. So sind die Täufer oft Gegenstand von Literatur, Film und Musik. Nicht nur in Jürgen Kehrers Krimi *Wilsberg und die Wiedertäufer* oder in Friedrich Dürrenmatts Drama *Die Wiedertäufer*. Auch Heine erwähnt in seinem *Wintermärchen* die Täufer und „jene Körbe von Eisen, die hoch zu Münster hängen am Turm, der St. Lamberti geheißen".

Norbert Johannimlohs Roman *Die zweite Judith* von 2000 handelt von drei der sechzehn Gattinnen des Jan van Leyden. Dessen Leben erzählt Robert Schneider (*Schlafes Bruder*) in seinem Roman *Kristus* von 2004. Für den WDR schrieb Christoph Busch das Buch zu einer Hörspielserie um. Ein literarisches Meisterwerk anderer Sorte ist das Bastei-Heft *Wiedertäufer-Vampire* aus der Gruselromanserie um den Dämonenjäger Mark Hellmann. Darin wird der Universitätsprofessor Uhlengang nach Münster gerufen, um gegen die als Vampire zurückgekehrten Täufer zu kämpfen.

Das Theater im Pumpenhaus eröffnete 1985 mit dem Wiedertäuferstück *Herz der Freiheit* von Dirk Spelberg. Die auch überregional beachtete Täufer-Oper *Divara – Wasser und Blut* schrieb der italienische Komponist Azio Corghi 1993 für die Städtischen Bühnen Münster. Giacomo Meyerbeer dramatisierte mit seiner Oper *Le Prophète* 1849 ebenfalls die Geschichte der Täuferbewegung. Er wurde damit zum international führenden Opernkomponisten seines Jahrhunderts: Von Paris aus ging das Werk innerhalb weniger Jahre über alle führenden Bühnen der Welt.

Tom Toelle drehte 1993 den ZDF-Historienfilm *König der letzten Tage* mit Christoph Waltz als Jan van Leyden und Mario Adorf als Franz von Waldeck.

Hohe Literatur von 1999

Der Grund für diese künstlerische Säkularisierung der Säulenheiligen ist nicht überliefert. Vielleicht hatten es Rüller ja die deutschen Dichter besonders angetan, nachdem er mit dem Annette-von-Droste-Hülshoff-Denkmal die erste Portraitbüste Münsters geschaffen hatte. Oder man fühlte sich in Goethes Schuld, dem es in Münster an Gastfreundschaft fehlte, als er im November 1792 die Fürstin von Gallitzin besuchte: „In Münster fuhr ich an einen Gasthof, wo mir aber Zimmer und Bett durchaus versagt wurden: Die französischen Emigrierten hatten sich in Masse auch hierher geworfen und jeden Winkel

Der Türmer

Die Wiedertäuferkäfige sind nicht die einzige Besonderheit, mit der die Spitze des Lambertikirchturms aufwarten kann. Dort oben, in einer kleinen Stube, sitzt der höchste städtische Angestellte, der Türmer von St. Lamberti. Er bläst täglich (außer dienstags) zwischen neun Uhr abends und Mitternacht jede halbe Stunde sein Horn aus Kupfer und Messing. Seine ursprüngliche Aufgabe, auf Münster aufzupassen und Brandwache zu halten, hat eine lange Tradition. Bereits 1379 wurde der Lambertiwächter urkundlich erwähnt.
Der heutige Türmer ist ein korrekter und dienstbeflissener Mann. Leider traf das auf seine Vorgänger nicht immer zu. So berichten die Chronisten von zwei Lambertiwächtern aus dem Jahr 1627. Die wurden schriftlich aufgefordert, „in Zukunft des Nachts ihre Weiber vom Turm zu lassen, sich des Saufens zu enthalten und nüchtern ihre Wacht in Acht zu nehmen."
Im Jahr 1902 bekam ein Türmer zu hören: „Bei Strafe sofortiger Entlassung hat er sich jeder Verunreinigung des Turmes, namentlich des Ausgießens seines Nachtgeschirrs auf dem Umgang oder von diesem herab, zu enthalten."
In den achtziger Jahren versackte ein Aushilfstürmer zwischen zwei Blaseinsätzen in einer Kneipe, so dass er für den Rest des Abends das Tröten vergaß. Es hagelte Beschwerdeanrufe von Anwohnern, die behaupteten, ohne das regelmäßige Tuten nicht schlafen zu können.
Der Aufgang zur Amtstube des Türmers ist dem Prinzipalmarkt zugewandt. Die kleine Tür liegt allerdings etwas versteckt. Zur Not kann man den steinernen Goethe am Kircheneingang nach dem Weg fragen.

In schwindelnder Höhe hält der Türmer Wacht.

ausgefüllt. Unter diesen Umständen bedachte ich mich nicht lange und brachte die Stunden auf einem Stuhl in der Wirtsstube hin."

Heutzutage hätte man jemanden, der im Sitzen einschläft, als vermeintlichen Besuffski aus der Kneipe geschmissen und ihm womöglich noch das Götz-Zitat hinterhergerufen. Für die Übernachtung auf dem Stuhl an der Rothenburg 2 im Gasthof *Zur Stadt London* – der wurde 1895 abgerissen – musste Goethe auch noch drei Reichsthaler entrichten. Er hat Münster nie wieder betreten.

Kiepenkerlviertel

Vom Prinzipalmarkt geht es über die Straße Drubbel (der Name zeigt an, dass hier die Häuser einmal sehr eng zusammen standen) durch Roggenmarkt und Bogenstraße in das Kiepenkerlviertel.

Vom Brunnen auf dem Platz mit dem großen Handwerkerbaum blickt ein bronzener Herr. Den Korb, den der Kollege auf dem Buckel hat, nennt man Kiepe – hier ist sie gefüllt mit Eiern, Kartoffeln und einem Hasen. Männer wie dieser schleppten bis vor etwa hundert Jahren landwirtschaftliche Produkte auf ihrem Rücken direkt von den Bauernhöfen auf die Märkte der Stadt. Die Kiepenkerle fungierten ganz nebenher als wandelnde Auskunftei, gelegentlich sogar als Heiratsvermittler. Pfeife, Knotenstock und Leinenkittel gehörten fest zum Outfit der Kiepenkerle. Die beiden alteingesessenen Restaurants neben dem Denkmal sind nach ihnen benannt.

Jeff Koons, der amerikanische Objektkünstler, nahm die Bronzefigur während der Skulptur-Ausstellung 1987 aufs Korn. Der furiose Macher der Ausstellung *Skulptur Projekte* Kasper König, hatte es in Deutschland als erster gewagt, den umstrittenen Künstler einzuladen. Koons ließ die Münsteraner Traditionsfigur in Edelstahl abgießen, auf Hochglanz polieren und tauschte den alten Kiepenker

---

TIPP

Dort wo der Roggenmarkt in die Bogenstraße übergeht, lohnt sich ein Blick nach rechts in die Neubrückenstraße. Sie sehen dort das **Stadttheater**, in dessen Bau 1955 die Ruine des Romberger Hofes sehr elegant integriert wurde. Schräg gegenüber dem Theater steht die evangelische **Apostelkirche**, der erste gotische Kirchenbau Münsters.

Münster-Fan Theodor Heuss zwischen zwei Kiepenkerlen (1953)

für die Dauer der Ausstellung gegen die hochglänzende Kopie aus. Der Künstler spielte damit auch auf die Geschichte des Denkmals an, das die Bombardierung im Krieg überstanden hatte, während ringsherum alles in Schutt und Asche lag. Die Nazis missbrauchten das Bild des standhaften Kiepenkerls inmitten der Trümmer, um den Durchhaltewillen der Bevölkerung zu stärken. Dann aber zerschoss ein alliierter Panzerfahrer das Denkmal. Noch in den Kriegstrümmern wurde eine Nachbildung der Bronzestatue in Anwesenheit von Bundespräsident Theodor Heuss eingeweiht. Seither pflegte jener zu sagen: „Wenn ich in einer schönen Stadt war, habe ich immer gesagt, sie sei die zweitschönste in Deutschland. Damit provozierte ich die Frage, welche denn die schönste sei. Und dann habe ich gesagt: Münster."

Wi staoht fast – Wir bleiben standhaft: Ein Plakat als Instrument der Durchhaltepropaganda. Das Kiepenkerldenkmal hatte den Luftangriff vom 10. Oktober 1943 überstanden.

Gegenüber vom Kiepenkerl liegt das *Hotel Busche*, Schauplatz des Kultfilms *Alle Jahre wieder*, der 1967 mit Sabine Sinjen gedreht wurde.
Die Nikolausstatue von 1966 an der Hausecke erinnert an eine kleine Nikolauskapelle, die sich zu Karolingerzeiten in der Domburg befunden hatte.

Domplatz

Am *Hotel Busche* geht es die Stufen hoch in Richtung Dom, vorbei an der Häuserzeile am Horsteberg, die sich oberhalb der Treppe nach rechts erstreckt. Ein Stück weiter auf der linken Seite sieht man zwischen den Bäumen das Denkmal von Kardinal Clemens August Graf von Galen.

Je nach Sonnenstand und Jahreszeit leuchtet der Sandstein des St.-Paulus-Doms und zaubert damit eine ganz besondere Atmosphäre. Große Teile wurden aus Baumberger Sandstein geschaffen, dem „westfälischen Marmor". Auch für das Rathaus, den Friedenssaal, einige Fassaden des Prinzipalmarktes und das Schloss wurde dieser besondere gelb-braune Naturstein aus den Steinbrüchen der nahe gelegenen hügeligen Landschaft der Baumberge eingesetzt.
Die imposante Bischofskirche ist zwar 109 Meter lang, doch das

Westfälische Reihe unterm Kreuz: Edith Stein, die selige Anna Katharina Emmerick aus Coesfeld, Kardinal von Galen und Jan van Leyden im Abseits

Der Löwe von Münster

Der Pfarrer der münsterschen Lambertikirche, Clemens August Graf von Galen (1878–1946), wurde 1933, im Jahr von Hitlers Machtübernahme, zum Bischof von Münster berufen. Im Sommer des Jahres 1941 hielt er gegen die nationalsozialistische Rassenideologie und die Euthanasiemorde drei mutige Predigten, die ihn als „Löwen von Münster" berühmt gemacht haben. Gestärkt durch den großen Rückhalt in der Bevölkerung konnte er einer Verhaftung durch die Staatsmacht entgehen und unzählige Ermordungen im Münsterland verhindern.

Galens reservierte Haltung zur Demokratie und die Befürwortung des Zweiten Weltkrieges werden allerdings von Historikern kritisch beurteilt.

Im Jahr 1946 wurde er von Papst Pius XII. zum Kardinal ernannt. Er ist noch im selben Jahr verstorben. Papst Benedikt XVI. sprach von Galen am 9. Oktober 2005 selig.

Bistum Münster:
www.bistummuenster.de

Als Kardinal kehrt von Galen am 16. März 1946 aus Rom nach Münster zurück. Junge Messdiener begrüßen ihn vor der zerstörten Lambertikirche.

Hauptgebäude hat nur eine Höhe von 27 Metern. Die Türme messen jeweils 55 und 57 Meter. Die Architektur der Basilika ist romanisch geprägt, die verschiedenen Anbauten aus dem 16. Jahrhundert sind gotischen Stils. Das Innere des Doms überrascht mit seiner Helligkeit. Sie entsteht aus dem Zusammenspiel der weit gespannten Bögen zwischen den Hoch- und Seitenschiffen mit den gotischen Fenstern.

Über das sogenannte Paradies, die heutige Haupteingangshalle, gelangt man von der Südseite in den Dom. Aus einiger Entfernung ist über diesem Vorbau ein runder Skulpturenschmuck in Form eines großen Rades zu sehen, das aus der Erbauungszeit stammt. In der Mitte erkennt man den mächtigen Kopf des heiligen Paulus, Patron von Bistum und Dom. Im Kreis angeordnet sind das Haupt von Johannes dem Täufer sowie Löwe und Lamm aus der Apokalypse des Johannes.

Wie Münster entstand

Das Zentrum Münsters befindet sich schon seit über 1 200 Jahren auf dem Domhügel. Die Archäologen buddeln und puzzeln noch eifrig, um neue Erkenntnisse über die exakten ersten Ansiedlungen zu bekommen. Die erste Siedlung Mimigernaford, mit den Sachsen im 7. Jahrhundert n. Chr. entstanden, lag vermutlich jenseits der Aa im Bereich der heutigen Überwasserkirche.

Karl der Große unterwarf die Sachsen und zwang sie in sein neues christlich-römisches Reich. Die so zu Christen bekehrten Menschen schienen von der Religion noch nicht besonders begeistert zu sein. Da schickte Karl im Jahr 793 den friesischen Missionar Liudger in das westliche Sachsenland.

Der europaweit gereiste Liudger war allerdings kein Anhänger der imperialen Methode, er wollte friedlich missionieren. Mit großem Erfolg: Auf dem Domhügel entstand ein neues Mimigernaford mit dem ersten Kloster im Bereich des Horstebergs. Damit legte Liudger den Grundstein für den Bischofssitz und den rasanten Aufstieg zur Stadt. Von „Monasterium" (lateinisch für Kloster) leitet sich der Name Münster ab.

797 gründete der später heiliggesprochene Liudger eine Domschule für Mönche, das heutige Gymnasium Paulinum. Es wetteifert mit dem Gymna

Der Horsteberg, ein ebenso romantischer wie geschichtsträchtiger Ort am Dom

sium Carolinum in Osnabrück um den Titel „älteste Schule Deutschlands". Mangels handfester urkundlicher Beweise wird der Streit auch schon mal sportlich beim Fußballspiel ausgetragen.
Liudger wurde 805 zum ersten Bischof Münsters geweiht. Schon um das Jahr 900 stieg die Siedlung zur befestigten Domburg mit mächtigem Wallgraben auf, vor dem sich die ersten Kaufleute niederließen. Die Wirtschaft boomte, und der Bischofssitz entwickelte sich zur mittelalterlichen Metropole. Im Fürstbistum errangen die Bürger zunehmend Macht, so dass der Bischof um 1170 die Stadtrechte verlieh. Die Bürger fundamentierten ihren neuen Status mit dem Bau einer Stadtmauer entlang des heutigen Promenadenrings. Münsters wirtschaftlicher und politischer Einfluss wuchs weiter auch als Mitglied mächtiger Städtebünde und schließlich der Hanse. Ihren Reichtum präsentierten die Händler in Bauten wie dem

Liudger wird 805 zum Bischof geweiht.

Rathaus mit Schmuckgiebel, der ab circa 1370 entstand. Bereits zur Zeit der Verleihung der Stadtrechte lebten auch Juden in Münster, vor allem im Bereich des heutigen Syndikatsplatzes mit der Synagoge und dem rituellen Bad. Als 1349/1350 die große Pest in Münster wütete, richtete sich der Zorn gegen die jüdische Gemeinde. Die Mitglieder wurden getötet oder ertrieben.
Nach der Täuferherrschaft erlangte Münster 1534/35 wieder städtische Rechte, wurde aber schon 1661 vom „Bombenbernd", Fürstbischof Christoph Bernhard von Galen, unterworfen und der Unabhängigkeit und Selbstverwaltung beraubt. Als Haupt- und Residenzstadt wurde Münster Garnisonsstandort. Auch unter den folgenden Fürstbischöfen schwand der politische Einfluss der Stadt zunehmend. Im 18. Jahrhundert wandelte sich das Stadtbild – mit der Domkurie, Klöstern und barocken Adelshöfen, in denen der Landadel sein Winterquartier bezog. Anfang des 19. Jahrhunderts besetzte Preußen mit General Blücher das Fürstbistum, ihm folgte für acht Jahre bis 1813 die napoleonische Herrschaft. In den Freiheitskriegen übernahm wieder Preußen die Macht – nicht gerade zur Begeisterung der katholischen Münsteraner. Ab Ende des 19. Jahrhunderts begann das Wachstum Münsters zur Großstadt.

Der Grundstein für den heutigen Dom wurde im Jahr 1225 gelegt.

In der Eingangshalle erinnern die Fotografien an den Wänden an die Zerstörung im letzten Krieg und den späteren Wiederaufbau.

Das prächtige gotische Portal an der Westseite wurde nach dem Krieg trotz eines Sturms der Entrüstung in der Bevölkerung nicht wieder aufgebaut. Stattdessen gab der damalige Bischof Michael Keller einen Vorbau mit 16 modernen Rundfenstern, geordnet zu einem Rad, in Auftrag. Im Volksmund wird es „Seelenbrause" genannt, weil es an einen Duschkopf erinnert. Ältere Münsteraner sahen darin auch eine Telefonwählscheibe – zu Zeiten, als 16-Jährige diesen Begriff noch kannten.

Die Glaskunst von Ewald Mataré au dem Jahr 1956 symbolisiert die vie Evangelisten und die zwölf Apostel.

Ein Schmuckstück im Inneren de Domes ist die Astronomische Uh aus dem Jahr 1540 im Chorumgan der Hallenkirche. Mittags Punk zwölf begeben sich in acht Mete Höhe die Heiligen Drei Könige au einen kleinen Rundgang, begleite von dem Glockenklang und den Bli cken zahlreicher Touristen. Zum An zeigen der Zeit hat die Uhr nur eine Zeiger. Und der dreht sich auch noc links herum. Was zunächst verwir rend ist, reicht aus, um auf dem 24 Stunden-Zifferblatt exakt die Zei anzuzeigen. Auf dem äußeren Kreis lassen sich die Minuten ablesen.

Die *Astronomische Uhr* ist ein Gemeinschaftsprodukt des Mathematikers Dietrich Tzwyfel, des Schmiedes Nikolaus Windemaker und des Mönchs Johann von Aachen. Für die künstlerische Ausgestaltung war der münstersche Maler Ludger tom Ring der Ältere zuständig.

Kirchgänger können überprüfen, ob der kleine Kuckuck an der Orgel tatsächlich ein munteres Tierchen ist. Angeblich meldet er sich flügelschlagend zu Wort, wenn die Predigt (mal wieder) zu lang gerät.

In die eindrucksvolle **Domkammer** auf der Nordseite gelangt man über den Kreuzgang. Mit Objekten der

Auch ohne Chip zuverlässig: Die Astronomische Uhr im Dom

Goldschmiede- und Textilkunst, religiösen Kunstschätzen aller Jahrhunderte, gehört sie zu den bedeutendsten Schatzkammern Europas.

Im 17. Jahrhundert ließ der machtbesessene Fürstbischof Christoph Bernhard von Galen die drei **Galenschen Kapellen** bauen und schuf sich schon zu Lebzeiten eine feudale Grabstätte. Der „Kanonenbischof" belagerte Münster drei Mal, um seinen absolutistischen Herrschaftsanspruch durchzusetzen und die alte Hansestadt gegen den Widerstand der Bürger zu erobern. Als ihm das schließlich gelang, endete die Hoffnung Münsters, freie Reichsstadt zu werden. Das Bürgertum musste sich dem absolutistischen Herrscher beugen.

Der St.-Paulus-Dom: ein Kunstwerk voller Kunstwerke

TIPP

Einen sehr schönen Blick auf den Dom haben Sie vom **Marktcafé** aus, besonders am späten Nachmittag im Licht der untergehenden Sonne. Alle Generationen Münsters mögen diese Atmosphäre, daher trifft man hier stets eine bunte Mischung an Gästen. An der Theke, die Gastronom Jürgen Köhn aus Paris importiert hat, haben schon Ernest Hemingway und Marlon Brando gestanden.

Treffpunkt Marktcafé

In einer der Kapellen ruhen seine Gebeine, in einer anderen die sterblichen Überreste des Kardinals Clemens August Graf von Galen.

Das Westfälische Landesmuseum für Kunst und Kulturgeschichte

Der heutige Bischof wohnt natürlich nur einen Steinwurf vom Dom entfernt. Die ehemalige Domdechanei, eine Dreiflügelanlage aus dem Jahr 1732, ist bischöfliches Palais und Generalvikariat. Mit dem Dom im Rücken und dem *Marktcafé* vor Augen liegt sie rechter Hand.

Eine Sammlung beeindruckender mittelalterlicher und moderner Kunst zeigt das **Westfälische Landesmuseum für Kunst und Kulturgeschichte** schräg gegenüber dem Dom. Zu Beginn des 20. Jahrhunderts gebaut hat die Architektur bewusst Formen und Schmuckelemente westfälischer Gotik und Renaissance aufgenommen. Das Landesmuseum veranstaltet alle zehn Jahre die berühmte Schau *Skulptur Projekte* und hält alle Informationen für deren Besucher bereit.

Geologisch-Paläontologisches Museum

Gegenüber dem *Landesmuseum* entlang der Pferdegasse liegen zwei Museen der münsterschen Universität. Das Fürstenberghaus beherbergt das Archäologische Museum mit seinen Kostbarkeiten. Einige Millionen Jahre alte Skelette, ein Mammut aus der Eiszeit, Dinosaurier und Korallen aus dem Erdaltertum zeigt das Geologisch-Paläontologische Museum.

Immer mittwochs und samstags: Südländisches Flair auf dem westfälischen Wochenmarkt vor der Domkulisse

MEIN MUNSTER

„Münsters Markt: Das ist mein Luxus. Mit dem Fahrrad aus dem Kreuzviertel zu einem der Kaffeestände. Leute beim Schlendern und die Kinder zu beobachten, das ist Leben pur. Im Frühling mag ich die Blumen; im Sommer das frische Obst und Gemüse. Mein Favorit: Eine frische Waffel mit Milchkaffee. Weil ich als Kind eine Kaninchenzucht hatte, schaue ich immer am Kaninchenstand vorbei. Zum Abschluss: Erbsensuppe von Rölver. Die bestelle ich auch schon mal zu Veranstaltungen am Stall; das kennen die Gäste noch aus Vaters Zeiten."

Ingrid Klimke *(Reitsportlerin)*

Franz von Fürstenberg (1729–1810)

Das Fürstenberghaus am Domplatz gegenüber dem Landesmuseum birgt nicht nur das Archäologische Museum. Im völlig überfüllten Hörsaal 1, der sich damals noch in diesem Unigebäude befand, saßen am 28. Juni 1963 Studierende einem neuen Professor zu Füßen, der Jahrzehnte später Papst werden sollte. Joseph Ratzinger, Papst Benedikt XVI., lehrte hier bis 1966 als Professor für Dogmatik und Dogmengeschichte. Er galt als aufgeschlossener Theologe der jüngeren Generation. Über Münster sagte er damals: „Eine schöne, ja geradezu vornehme Stadt. Hier korrespondiert große Vergangenheit mit dynamischer Gegenwart. Beeindruckend."

Gleich in der Nachbarschaft, auf dem Rasen neben dem Fürstenberghaus, steht ein Denkmal (1855–1876) des Reformers und Uni-Gründers Franz von Fürstenberg. Die Borte wird von studentischen Witzbolden regelmäßig mit einer anderen Farbe angepinselt. Kritiker warfen dem Erbauer des Standbilds vor, dass es ein Plagiat de Entwurfs der Bildhauerin Elisabeth Ney sei, den die Stadt aus Kostengründen nich realisiert hat.

Angesichts dessen, was Staatsmann Franz Friedrich Wilhelm Freiherr von Fürsten berg während seiner Amtszeit auf die Beine stellte, dürfte mancher Minister i heutigen Berlin vor Neid erblassen. Mit seinen aufklärerischen Ideen brachte de

Ein echter Macher mit Geist Weitblick war Staatsmann Reformer Franz von Fürstenbe

Rothenburg und Königsstraße

Zwischen Landesmuseum und Geologisch-Paläontologischem Museum geht es zur nächsten Querstraße, der Johannisstraße (siehe Tipp Seite 52). Der Rundgang führt links in die Rothenburg. In dieser Straße – an der Hausnummer 33 – stand das Ge-

Tafel am Geburtshaus des Originals u Zoogründers Prof. Dr. Hermann Land

westfälische Adlige nicht nur frischen Wind in das Münster des 18. Jahrhunderts. Mit seiner Vorstellung eines modernen Staates zog er Menschen weit über die Region hinaus in seinen Bann. Das Duo Fürstin Amalie von Gallitzin und Fürstenberg war Dreh- und Angelpunkt des *Kreises von Münster*.

Dem Chef des Domkapitels (seit 1748) und Generalvikars des Kurfürsten (1762–1780) gelang es, seine fortschrittlichen Ideen auch politisch umzusetzen. Fürstenberg sollte den maroden Haushalt – eine Folge des Siebenjährigen Krieges – sanieren, er gründete die Universität (1775), errichtete ein Komödienhaus (1775), setzte eine moderne Medizinalverordnung durch (1776), verbesserte die Justizverwaltung, regelte das Polizeiwesen neu – und vor allem: Er reformierte das

Schulwesen von Grund auf und beispielhaft. Eltern zogen nach Münster, um ihre Sprösslinge in diesem neuen Stil unterrichten zu lassen. Allerdings musste Fürstenberg eine politische Niederlage hinnehmen, nachdem er sich für die Einführung eines stehenden Heeres eingesetzt hatte. Mit diesem Vorstoß verlor er sein Ministeramt, blieb aber Generalvikar und damit verantwortlich für das Schulwesen. Sein Freund Bernhard Heinrich Overberg unterstützte ihn bei den Reformen. Im Gymnasium wurde der Fächerkanon zugunsten der Mathematik und der Naturwissenschaften erweitert, die Schulpflicht wurde verschärft und Elementarschulen neu geordnet.

Auch vor der Geistlichkeit machten seine Vorschläge nicht halt. Gegen den heftigen Widerstand der Kirchenmänner führte er deren Besteuerung ein. Die Weiterbildung von Geistlichen war ihm ebenso ein Anliegen wie das Klosterleben.

Geburtshaus des Zoogründers Landois, an den eine alte Gedenktafel erinnert. Ein paar Türen weiter lebte sein Onkel, der Kupferschmied Franz Essink. Diesen beiden münsterschen Originalen und dem nicht minder berühmten Baron Bomberg hat der Uhrmachermeister Wilhelm Nonhoff mit einer **Weltzeituhr** an der

Die Weltzeituhr an der Rothenburg

> **TIPP**
>
> Wer am Ende der Pferdegasse nach rechts in die Johannisstraße blickt, sieht das Werk **Bus Shelter IV** von Dennis Adams. Der amerikanische Künstler hat 1987 auch in Münster eine Bushaltestelle gestaltet. Er setzte sich mit der deutschen Nachkriegszeit auseinander und hat die Reklamekästen mit Fotos des Naziverbrechers Klaus Barbie und seines Verfolgers Jacques Verges versehen.

Rothenburg 12/13 ein Denkmal gesetzt. Zum Glockenspiel erschienen früher die drei Herren als Figuren hinter den Arkaden.

Als der erste Bauabschnitt der Uhr am 26. November 1950 eingeweiht werden sollte, ergaben sich allerdings technische Probleme: Die Zeiger rührten sich nicht. Um eine Blamage abzuwenden, musste sich kurzerhand ein Lehrling ins Gehäuse zwängen und die Zeiger im Minutentakt von Hand bewegen. Heutzutage wäre der Azubi vermutlich heulend zur Gewerkschaft gerannt.

Das Konterfei von Wilhelm Nonhoff ist auf einer Gedenktafel an der Hauswand zu sehen.

Ganz in der Nähe, gegenüber der Einmündung Königsstraße, an der Rothenburg Nr. 44, ist das einzige Gebäude in dieser Straße mit Arkaden zu sehen: Das *Haus Guldenarm*, ein Patrizierhaus im Renaissancestil von 1583. Die Fassade aus rotem Backstein, verziert mit Sandstein, ist noch im Originalzustand. Die Sandsteinfassade des Kaufmannshauses daneben stammt aus dem 18. Jahrhundert.

Gegenüber davon geht es jetzt in die Königsstraße. Zehn prächtige Adelshöfe prägten bis zum Zweiten Weltkrieg das Bild dieser Straße, einige sind noch erhalten. Hinter der Originalfassade des ehemaligen *Druffelschen Hofes* (1784/88) in der Königsstraße 5 ist das Graphikmuseum Pablo Picasso entstanden.

Das *Haus Guldenarm* mit original Fassade von 158

Spektakuläre Werke des großen Künstlers im Picassomuseum

Über die klassizistische Freitreppe geht der Besucher in das Museum oder das schöne Museums-Café. Das Graphikmuseum zeigt beinahe das gesamte lithographische Werk des Künstlers sowie exzellente Beispiele seines Spätwerks. Das Museum hat einen direkten Zugang zu der Einkaufspassage *Münster Arkaden*.

Am 9. September 2004 hat Pop-Ikone und Affenfreund Michael Jackson in den Räumen des Picassomuseums für seinen Vater zum Geburtstag ein klassisches Konzert veranstalten lassen. Papa Joseph Jackson war zu der Zeit nämlich gerade auf Lesetournee in Deutschland und ist ein großer Picasso-Fan. Es wurde ein reichhaltiges Büfett aufgefahren, von dem der Jubilar allerdings nur die Erdnüsse gegessen hat. Jacko selbst ist dem Konzert ferngeblieben.

Auf der anderen Straßenseite, ungefähr auf Höhe des Graphikmuseums, stand bis zum letzten Krieg der Kettelersche Hof. Lange Zeit blieb der Platz unbebaut, bis man 2006 begann, hier ein Geschäftshaus zu errichten, um für Kindermode und das Vapiano-Restaurant ein adäquates Umfeld zu schaffen.

Ein Stück weiter, an der Königsstraße 47, befindet sich der älteste noch erhaltene Adelspalast mit bedeutender Renaissancefassade von 1546, der **Heeremannsche Hof** (siehe Tipp Seite 54), Sitz des Oberverwaltungsgerichts. Der rückwärtige Teil enthält noch Steinwerk von 1549.

Zu den Adelshöfen, die an der Königsstraße noch erhalten sind, zählen auch der *Sendensche Hof* (Hausnummer 39), der 1974 elegant in den Neubau der Commerzbank integriert wurde und der besonders schöne **Oersche Hof** an der Königsstraße 42. Auf der einen Seite des Gebäudes lockt ein exquisites Restaurant und auf der anderen die Kunst des Buchdrucks in der *Galerie Kleinheinrich*.

> **TIPP**
>
> Wenn Sie einen Blick auf die von Johann Conrad Schlaun entworfene **Aegidiikirche** werfen wollen: Entlang des Heeremannschen Hofes führt die Krumme Straße zu dem Gotteshaus, das ursprünglich ein Kapuzinerkloster war. Im Inneren finden sich Edward Steinles Malereien von 1857 im Stil der Nazarener, einer Vereinigung, die die religiöse Malerei erneuern wollte.

Die Aegidiikirche mit Malereien im Stil der Nazarener

Ludgeristraße

Die mächtige Ludgerikirche stellt die vermutlich älteste Stufenhallenkirche im Münsterland dar – das Mittelschiff ist nur wenig höher als die Seitenschiffe, der Ursprung reicht ins 12. Jahrhundert zurück. Die Kirche wurde nach der Kriegszerstörung rekonstruiert. Bedeutend sind die Chorstuhlschnitzereien und das Tafelgemälde sowie das Taufbecken aus dem 16. Jahrhundert. Die Jesusfigur des Kreuzes am Westende des südlichen Seitenschiffs, erschaffen vom Künstler Heinrich Bäumer, verlor durch Bomben beide Arme, das Loch im Herzen stammt von einem Bombensplitter. Das von Stadtdechant Vennemann in den fünfziger Jahren zitierte Bibelwort ist die heutige Inschrift: „Ich habe keine anderen Hände als die Euren"

„Ich habe keine anderen Hände als die Euren"

Auf der Verkehrsinsel vor der Ludgerikirche am Marienplatz erinnert die Skulptur der **100 Arme der Guanyin** von Huang Yong Ping an die buddhistische Göttin Tausendarmige Guan-yin. Zugleich nimmt das Kunstwerk der Skulpturenausstellung 1997 Bezug auf das Kruzifix von St. Ludgeri und den berühmten *Flaschentrockner* von Marcel Duchamp, einem Pionier der Konzeptkunst.

Der Marienplatz direkt vor der Kirche verdankt seinen Namen der **Mariensäule** von 1899, einem Geschenk des Kunstmäzens Joseph Hötte jun. Die Madonnenfigur kommt vielen

Mariensäule: Die große Schwester steht in München.

Betrachtern bekannt vor: Das Original steht in München vor dem Rathaus.

Durch die Fußgängerzone **Ludgeristraße** gelangt man zu den **Münster Arkaden**, einer Einkaufswelt auf zehntausend Quadratmetern. Man kann nach Herzenslust sein Geld ausgeben oder es sich bei einem Gläschen Wein gemütlich machen, um den nächsten Spaziergang zu planen. In die Münster Arkaden wurde die

Die Ludgerikirche ist eine der ältesten westfälischen Stufen-Hallenkirchen.

The Lord of the Boards

Skater Alex Fiedler beim Hardflip

Titus Dittmann ist der Pionier des Skateboardings in Deutschland. Jeder Jugendliche kennt Titus. Oder zumindest seine Trendsportartikel, Skate- und Streetfashion – in diesem Bereich ist das Unternehmen schon seit den achtziger Jahren Marktführer. Der unkonventionelle Münsteraner, leidenschaftliche Skater, Oldtimer-Fan und Rennfahrer machte die Subkultur zum Millionengeschäft. Münster wurde Austragungsort der Skateboard-Weltmeisterschaften, der *Münster Monster Masterships*, die 1982 erstmalig stattfanden, damals noch auf einem kleinen Parkplatz vor handverlesenen Fans. Nach einem mehrjährigen Exil in Dortmund findet das Sportereignis nun wieder in Münster statt.

Angefangen hat die Erfolgsstory Ende der siebziger Jahre, als Titus Boards aus den USA mitbrachte und seinen Schülern – er war damals noch Lehrer – zum Selbstkostenpreis verkaufte. An seine Zeit als Pädagoge knüpfte er im Juni 2006 an, als er für eine Sozialreportage im Fernsehen dreißig Tage lang in die Rolle eines Hauptschullehrers schlüpfte.

Das Unternehmen deckt sämtliche Bereiche des Jugendmarktes ab und versorgt die Kids mit Skateboards, den passenden Accessoires und Kleidung. Der Vertrieb läuft über den Versandhandel, per Internet, über Shops in Deutschland und das Jugendkaufhaus in Münster im ehemaligen Filmtheater Apollo an der Königsstraße 32-33.

Rückseite des Picassomuseums architektonisch mit einbezogen. Im Untergeschoss entsteht – finanziert aus Spendengeldern – ein Münster-Modell in 500-facher Verkleinerung. Die Ludgeristraße endet am Prinzipalmarkt, wo man geradewegs auf den Stadthausturm zusteuert, den letzten noch erhaltenen Teil des

Shopping in den Münster Arkade

ehemaligen Stadthauses von 1907. Beliebt ist der Maxi-Turm bei Eltern und Kindern: Während die Großen bummeln, werden die Mädchen und Jungen fachkundig betreut.

)er Prinzipalmarkt, d e älteste Marktstraße der Stadt mit ihren Giebelhäusern und ogengängen gehört zu den Lieblingsorten in Deutschland.

VON DER CITY ZUM SCHLOSS

Vorbei an der Überwasserkirche zur Promenade

Vom Rathaus führt der Weg zum Schloss quer über den Domplatz. Die Straße, die den Domhügel hinunter bis zur kleinen Brücke über der Aa führt, heißt Spiegelturm. Von hier aus geht es geradeaus weiter zur Liebfrauen-Überwasserkirche. Der zweite Namensteil rührt daher, dass sie vom Dom aus gesehen jenseits der Aa, das heißt „über dem Wasser" gelegen ist. Das Überwasserviertel entstand um die Kirche und Immunität des früheren Liebfrauenstiftes als Vorstadt mit eigenem Gericht und Markt. Zusammen mit dem Kuhviertel – der Name ist auf die Ackerbürger zurückzuführen – erinnert es an eine längst vergangene Zeit um das Jahr 1900, als in den Gassen noch Masematte gesprochen wurde. Manch Bewohner des Viertels war berüchtigt und jeder kannte den Spruch: „Tasche, Brink und Ribbergasse – Messerstecher erster Klasse." Mit dem Wiederaufbau nach dem Krieg verschwanden die kleinen Gassen. Entstanden ist ein Viertel, das mit einer bunten Vielfalt an inhabergeführten Geschäften und Betrieben mit dem Rosenplatz im Zentrum zum Bummeln einlädt.

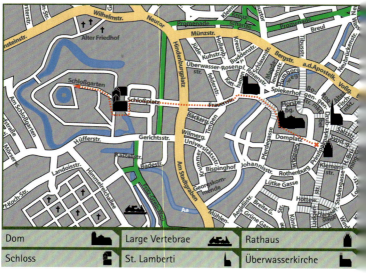

Diözesanbibliothek, Priesterseminar und Überwasserkirche

Die Mitte des 14. Jahrhunderts gebaute Überwasserkirche zählt zu den schönsten gotischen Hallenkirchen Westfalens. Die Wiedertäufer sägten den Dachstuhl ab, ließen die Kirchturmspitze unter gewaltigem Krachen herabstürzen, um die Geschütze auf das Lager der bischöflichen Truppen in Stellung zu bringen. Zu ihrer Rechtfertigung zogen die Täufer die Bibel heran: „Das Hohe soll erniedrigt und das Niedrige erhöht werden". Sie rissen die gotischen Steinfiguren vom Westportal und verstärkten mit dem wertvollen Baumaterial die Stadtwälle. Die wiederaufgebaute Turmspitze überstand einen Orkan im Jahre 1704 nicht. Seitdem ist der Kirchturm flach geblieben.

Direkt an der Kirche befindet sich der architektonisch besonders gelungene Neubau der **Diözesanbibliothek**, in die das neo-romanische Priesterseminar integriert wurde. Mit 600 Jahre alter Tradition, 700 000 Bänden und Tausenden alter Handschriften ist es die größte theologische Spezialbibliothek nördlich der Alpen. Sie ist der Öffentlichkeit zugänglich.

Gegenüber dem Haupteingang der Überwasserkirche, in den Räumlichkeiten des Restaurants *Monegro* an der Frauenstraße 51-52, befand sich in den achtziger Jahren Münsters innovativer Musikclub, das *Odeon*. Legendäre Konzerte von Bands wie *Red Hot Chili Peppers*, *Die Ärzte* oder *Die Toten Hosen* zogen Fans aus dem ganzen Land an. Musiker wie die *H-Blockx*, DJ RAW von *Dune*, Götz Alsmann oder WestBam zählten hier

Achtziger-Jahre-Show: Götz Alsmann und Ukulele 1987 im *Odeon*

am Anfang ihrer Karrieren zu den Szenestars.

Direkt neben dem ehemaligen *Odeon* liegt das **Antiquariat Solder**, das sich regelmäßig in das *Antiquariat Wilsberg* verwandelt. Privatdetektiv Georg Wilsberg, gespielt von Leonard Lansink, ist in den beliebten ZDF-Krimis Münsters Verbrechern auf der Spur.

Wilsberg-Fans stürmen das Antiquariat.

Links vom Antiquariat führt die abknickende Frauenstraße zum Schloss. Kurz vor der großen Ampelkreuzung heißt eine Kneipe wie ihre Adresse. **Frauenstraße 24**. Das Haus war Anfang der siebziger Jahre ein unge-

---

Edith Stein (1891–1942)

Eine Station auf dem Lebensweg der 1998 in Rom heiliggesprochenen Jüdin und Katholikin, Philosophin, Nonne und Frauenrechtlerin Edith Stein war das Collegium Marianum an der Frauenstraße 3. Das Jugendstil-Haus wurde 1945 völlig zerstört. Seit 1952 hat das Marianum eine neue Bedeutung als Studentenheim in kirchlicher Trägerschaft.
1931 holte der Leiter des Deutschen Instituts für wissenschaftliche Pädagogik in Münster, Johann Peter Steffes, die zum katholischen Glauben konvertierte Edith Stein nach Münster. Schon 1933 bekam sie Berufsverbot, trat in den Orden des Kölner Karmel ein und musste nach Holland fliehen. Anfang August 1942 wurde sie dort von der Gestapo zusammen mit 986 Männern, Frauen und Kindern inhaftiert und nach Auschwitz deportiert. Edith Stein wurde am 9. August 1942 in der Gaskammer umgebracht.

Im Marianum leben rund hundert Studierende aus allen Erdteilen, vor allem aus Afrika. Das Café Milagro der Katholischen Studentengemeinde macht die Gäste für kleines Geld satt.

liebtes Spekulationsobjekt. Makler, die das Haus abreißen wollten, bissen sich an den bockigen Bewohnern die Zähne aus. Die zogen einfach nicht weg. 1972 stellten sie auch noch die Mietzahlungen ein. Nach zehnjährigen Querelen entspannte sich erst 1982 die Lage, als das Land Nordrhein-Westfalen das Gebäude erwarb und sich mit den Bewohnern einigte.

In der Kneipe hängen neben einem erstklassigen Che-Guevara-Portrait noch Fotos aus glorreichen Besetzertagen. Der Maler Gerd Meyerratken, der damals hier lebte, hat im Gastraum ein Wandgemälde der Bewohner geschaffen. Jüngere Werke des Künstlers, der im Jahr 2005 starb, hängen im Restaurant *Café Med* am Stadthafen.

Ein Stück weiter gelangt man über eine Fußgängerampel auf den **Hindenburgplatz** und weiter zum Schloss. 1977 führte an dieser Stelle noch eine erschreckend hässliche Fußgängerunterführung auf die andere Straßenseite. Der Künstler Joseph Beuys entdeckte am Eingang einen keilförmigen Hohlraum, der ihn zu einer spektakulären Aktion inspirierte. Der Künstlerstar und Provokateur goss einen Nachbau des verdreckten Hohlraums mit Rindertalg aus und zerschnitt den klobigen

Das Haus Frauenstraße 24 ist der Polizei längst kein Dorn mehr im Auge.

Keil. Die so entstandene *Skulptur Unschlitt/Tallow (Wärmeskulptur auf Zeit hin angelegt)* wurde im Lichthof des Landesmuseums präsentiert.

Vom Hindenburgplatz – leider immer noch benannt nach dem Erfinder der Dolchstoßlegende, der als Reichspräsident Hitler zum Kanzler berief – hat man nach links Sicht auf das denkmalgeschützte Amtsgericht, ehemals *Königlich Preußisches Amtsgericht*. In den *Wilsberg*-Filmen darf es mitspielen, und zwar als Rathaus.

Auf dem großen innerstädtischen Platz lockt drei Mal im Jahr Münsters berühmte Kirmes, der **Send**, mit Karussells, Pottmarkt und Feuerwerk. Der Name Send ist übrigens

Auf dem Send, der größten Kirmes im Münsterland

von Synode abgeleitet, der seit dem 9. Jahrhundert halbjährlich stattfindenden Versammlung der Geistlichen und führenden Vertreter des Bistums Münster. Vermutlich seit dem 11. Jahrhundert war der Synode ein Markt angeschlossen, der Vorläufer des Sends. An die Einhaltung des Marktfriedens mahnte das Sendschwert, das heute noch während der Sendtage am Rathaus ausgestellt wird.

Das historische Sendschwert wurde während des Herbstsends 2000 gestohlen und ist nicht wieder aufgetaucht. Seitdem müssen sich die Münsteraner mit einer Rekonstruktion begnügen, die der Oberbürgermeister flugs anfertigen ließ.

Auch der Karnevalszug startet au dem Hindenburgplatz. Münster is in Sachen närrisches Treiben ein wahre Hochburg mit über dreißig Karnevalsgesellschaften. Da kann man sehen, wie die Menschen hie feiern können. Wer behauptet da noch, die Münsteraner seien stur Die sind doch nur angenehm unauf dringlich. Und im Karneval fühlen si sich wie die Brasilianer Europas.

Auf dem Weg vom Hindenburgplat zum Schloss überquert man die **Promenade**, den grünen Rad- und Spa zierweg um Münsters Altstadtker Wo jetzt im Frühling die Linde duften, stand die mittelalterlich Stadtmauer, die fünf Jahrhundert lang die Stadt umschloss. Sie wurd im 18. Jahrhundert auf Betreiben des Universitätsgründers Franz von Fürstenberg abgerissen und von dem Baukünstler Johann Conrad Schlaun zur Promenade umgebaut. Reste der Befestigungsanlagen mit elf Toren und sieben Wehrtürmen sind der Zwinger und der Buddenturm.

Die Spaziergänger und Radfahrer danken es den Herren noch heute. Die aus der Innenstadt führenden Straßen kreuzen die viereinhalb Kilometer lange Promenade genau an den Stellen, wo früher die Stadttore standen.

Vor der traumhaften Kulisse des Schlosses schlängelt sich am jeweils dritten Samstag in den Sommermonaten einer der größten Flohmärkte Deutschlands bis zum Aasee. Am Hindenburgplatz haben die Profis ihre Stände, rund um die Promenade bieten Kinder und Erwachsene als Hobbyhändler ihre Schnäppchen feil. Weil viele ihre Stände bereits Freitagabend aufbauen, kommen die Schnäppchenjäger schon nachts nach Party oder Discobesuch zum Flohmarkt. Kontrolleure versuchen zwar, dem nächtlichen Handel einen Riegel vorzuschieben, dennoch floriert er. Manch ein Käufer wundert sich allerdings am nächsten Tag über das, was er da erstanden hat.

An der Promenade liegen spiegelbild-

Von Mai bis September stürmen Schnäppchenjäger den Flohmarkt an der Promenade.

MEIN MUNSTER

„Münster hat nicht nur viele Fahrräder, sondern auch die meisten Reithallen in Deutschland. Bei uns ist Reiten ein Volkssport und nicht elitär. Um etwas typisch Westfälisches zu erleben, ist das alljährliche *Turnier der Sieger* erste Wahl. Ein Ereignis vor der traumhaften Schlosskulisse und auf der Westerholtschen Wiese. Alle fünf Jahre finden dabei die deutschen Spring- und Dressur-Meisterschaften statt. Hier spürt man, dass das Turnier traditionell von Freunden gestaltet wird und nicht von Turniermanagern."

Wolfgang Hölker *(Verleger)*

Die internationale Elite trifft sich beim Reitereignis *Turnier der Sieger*.

lich die beiden ehemaligen Wachhäuschen des Schlosses. Im linker sind die Büros des AStA, der Interessenvertretung der Studierender an der Westfälischen Wilhelms-Universität. Dem AStA gehörte Ende der fünfziger Jahre auch die spätere Terroristin Ulrike Meinhof an. Im rechten Kavaliershäuschen ist das Institut für Musikwissenschaft und Musikpädagogik untergebracht, wo Götz Alsmann seine Doktorwürde erlangte.

Wachhäuschen des Schlosse

Schloss Münster

Mit dem Bau des Residenzschlosses erfüllte sich Stararchitekt Schlaun einen Lebenstraum.

Das Fürstbischöfliche **Schloss Münster** wurde von 1767 bis 1787 aus Baumberger Sandstein erbaut und ist das letzte in Deutschland gebaute Barockschloss. Der Baumeister starb allerdings vier Jahre vor der Fertigstellung des Schlosses, das sein Nachfolger Wilhelm Ferdinand Lipper vollendete. Erster Hausherr war der Fürstbischof Max Friedrich. Nach der Inbesitznahme Münsters durch die Preußen im Jahre 1802 zogen die Repräsentanten der neuen Regierung ein: Freiherr vom Stein und General Blücher, dem man seinen Ausspruch „Münster und die Münsteraner gefall'n mich nich'!" nie verziehen hat.

Den goldenen Engel auf dem Schlossdach kann man bei gutem Wetter noch aus der Hügellandschaft der dreißig Kilometer entfernten Baumberge sehen. In dem geschwungenen Mittelpavillon mit Glockentürmchen ist das barocke Motiv über dem Haupteingang besonders eindrucksvoll. Es erzählt von Leben und Tod. An den vorderen Fenstern sind die Monate mit dazugehörenden Tierkreiszeichen dargestellt.

Für das Fürstbischöfliche Schloss (1767 bis 1787) wählte Baumeister Schlaun wieder seine Lieblingsmaterialien roten Backstein und Baumberger Sandstein.

Johann Conrad Schlaun (1695–1773)

Dem Baumeister Johann Conrad Schlaun, einem der letzten bedeutenden Architekten des deutschen Barock, verdankt Münster einige seiner schönsten Bauten. Die Verbindung aus militärischer Laufbahn mit der Tätigkeit des Architekten war im Zeitalter des Barock durchaus üblich. So wechselte Schlaun vom Infanterieregiment des Fürstbistums Paderborn zum Militär nach Münster. Der Landesherr, der Kölner Kurfürst Clemens August I. von Bayern, machte ihn zum Landingenieur und Generalmajor der Artillerie und ermöglichte Schlaun längere Reisen nach Italien, Frankreich und Süddeutschland. Schlaun entwarf Schloss Augustusburg in Brühl, Schloss Clemenswerth im Emsland oder den historischen Ortskern von Nottuln in den Baumbergen – nur eine halbe Stunde Autofahrt von Münster entfernt.

Schlau(nsch)er Kopf mit dicker Nase

Nach dem Zweiten Weltkrieg hat man die stark beschädigte Fassade des Schlosses originalgetreu restauriert. Das Gebäudeinnere wurde im modernen Stil der Fünfziger wieder aufgebaut. Seitdem ist das Schloss Verwaltungs- und Hörsaalgebäude der Westfälischen Wilhelms-Universität.

Westfälische Wilhelms-Universität

Die Westfälische Wilhelms-Universität (kurz WWU) ist mit knapp 40 000 Studierenden die drittgrößte Universität Deutschlands. In fünfzehn verschiedenen Fachbereichen können 120 Fächer belegt werden. Die WWU gehört zur ersten Adresse in Sachen Forschung und Lehre. Freiherr Franz von Fürstenberg hat die Hochschule 1773 gegründet. Ihr späterer Namensgeber ist Kaiser Wilhelm II. Als erste Frau schrieb sich im Sommersemester 1908/09 die gebürtige Osnabrückerin Auguste Rannenberg als Mathematikstudentin ein.
Jahrhundertelang begleiteten Anlaufschwierigkeiten die Gründung einer Universität in Münster. Erst kam den Gelehrten der Domschule das Täuferreich dazwischen. Dann hatte Münster die Gründungsprivilegien von Papst und Kaiser schon in der Tasche, als der Dreißigjährige Krieg 1618 ausbrach. Und als die Uni schließlich gegründet war, machte 1818 der preußische König einen Strich durch den Stundenplan. Er hatte den Rheinländern nämlich versprochen, dass sie in Bonn eine Universität gründen durften, so dass Münster erst einmal den Lehrbetrieb einstellen musste.

Die WWU ist keine Campus-Universität; ihre Gebäude und Einrichtungen sind über die ganze Stadt verteilt. Die vielen Studierenden aus Europa und anderen Kontinenten und zweihundert Gastwissenschaftler verleihen der Uni internationales Flair. Ein beliebter Treffpunkt für alle Nationalitäten ist *Die Brücke* in der Wilmergasse. Das völkerverbindende Begegnungszentrum wurde für die gute Betreuung ausländischer Studenten ausgezeichnet. Die britische Militärregierung hatte schon 1947 das *British Centre* gegründet, um den Münsteranern englische Kultur und demokratisches Gedankengut näherzubringen. 1956 entstand daraus *Die Brücke*, die zum Beispiel dafür sorgt, dass man alljährlich beim Internationalen Sommerfest vor dem Schloss musikalische und kulinarische Köstlichkeiten aus aller Welt genießen kann.

Wissenschaft, Forschung und Technologiebereiche der Universität und der Fachhochschulen entwickeln zusammen mit den Unternehmen in Münster und dem Münsterland Zukunftsstrategien. Im Dienst der Gesundheit arbeitet die Medizinische Fakultät, eine der größten Deutschlands. In über siebzig Kliniken, Polikliniken und Instituten werden 500 000 Menschen jährlich versorgt. Das Herzzentrum, die Transplantationsmedizin, die Erforschung von Entzündungskrankheiten, Herz-Kreislauf-Leiden, die Onkologie sowie radiologische und nuklearmedizinische Diagnoseverfahren zählen zu den Schwerpunkten.

Die Zahl derjenigen, die sich den Leibniz-Preis verdient haben, war an der WWU stets besonders hoch. Zurzeit lehren und forschen hier sechs Träger des höchstdotierten deutschen Förderpreises für Forschung – in Geschichte, Kirchengeschichte, Mathematik und Zellbiologie.

Mit der Aktion Elternalarm lockt die Stadt regelmäßig Mütter und Väter der Studierenden ein Wochenende lang an die Uni und die anderen Hochschulen. Die Eltern können sich innerhalb eines bunten Rahmenprogramms davon überzeugen, dass ihr Kind in Münster gut aufgehoben ist.

WWU: www.uni-muenster.de Elternalarm: www.elternalarm.de

Studentinnen in der regionalen „Wissenshauptstadt"

Der Schlosspark

Durch das Eisentor an der linken Seite des Schlosses gelangt man in den Schlosspark. Wer allerdings in den späten Abendstunden herkommt, könnte das Tor verschlossen vorfinden. Dann bleibt nichts anderes übrig, als durch das Gitter zu sehen und zu glauben, was hier geschrieben steht. Man kann natürlich auch am Zaun rütteln und „Ich will hier rein!" rufen.

An der hinteren Ecke des Schlosses zeigt ein Bronzerelief Johann Conrad Schlaun. Zeitgenössischen Schilderungen zufolge ist die große Kartoffelnase keineswegs übertrieben dargestellt. Der Baumeister hatte die Grünanlagen als Barockgarten französischer Art geplant. Sein Nachfolger Lipper ließ den Garten im Stile des strengeren Klassizismus bepflanzen. 1854 wurde er als Englischer Garten neu angelegt und bekam damit im Wesentlichen die heutige Form. Auch die Rückseite des Schlosses wird von Figuren geschmückt, die in bildhafter Sprache die Planeten wie Venus mit Amor darstellen.

Klosterzelle für Künstlerseelen

Im Kapuzinerkloster nahe dem Schloss fühlen sich die Künstler wie in Abrahams Schoß – nicht erst seit der Rückzug ins Kloster Hochkonjunktur hat. Bühnenstars und Prominente aus Film und Fernsehen fliehen gern aus ihrem Alltag in die Kapuzinerstraße 27. Vor allem Bruder Bruno hat ein gutes Händchen für die Künstlerseelen und findet immer das richtige Wort. Sein Arbeitszimmer hängt voller Fotos von Stars wie Sting oder Günter Strack, den er für dessen Rolle als Pfarrer beriet. Schauspieler wie Jan Josef Liefers, Jutta Speidel oder Diana Körner ziehen sich regelmäßig in die Klosterzelle zurück. Bruder Bruno setzte sich für Sänger Sting ein, der sich eine Audienz beim Papst wünschte, und begleitete TV-Moderatorin Sabine Christiansen zum Kirchenoberhaupt in die Heilige Stadt. Künstler wie Witta Pohl, Robert Atzorn oder Hans Korte lesen hier aus den Büchern, die das Kloster herausgibt, andere geben Konzerte wie die Sopranistin Caroline Thomas. Eine bunte und vielfältige Mischung prägt die Aufgaben und Arbeiten der Kapuzinermönche. Die Edelkommunisten leben in echter Gütergemeinschaft und haben das Rotationsprinzip lange vor den Grünen entdeckt. Die philosophisch-theologische Hochschule befindet sich in Trägerschaft des Klosters, außerdem ist es Missionszentrum für Indonesien und Mexiko. Im Mittelpunkt stehen die Seelsorge und die Gottesdienste in der Kapelle mit der wertvollen Madonna. Unter der Telefonnummer (0251) 9 27 60 können Klosterführungen verabredet werden.

Kapuzinerkloster: www.muenster.kapuziner.de

Der Eingang zum Botanischen Garten liegt direkt gegenüber. Der Pavillon des Schlossgartens wird regelmäßig zur Bühne für kulturelle Ereignisse und Konzerte.

Der *Botanische Garten* mit rund 8000 Pflanzenarten ist eine wissenschaftliche Einrichtung der Uni und zugleich eine Oase der Ruhe und Erholung mitten in der City. Hier kann man durch die Flora des Mittelmeerraumes ebenso schlendern wie durch das Sukkulentenhaus mit seinen wüstentauglichen Gewächsen, durch den alten westfälischen Bauerngarten oder Gewächshäuser, die Feriensstimmung vermitteln. Die Orangerie aus dem Jahr 1840 steht unter Denkmalschutz.

Geöffnet ist der Botanische Garten von Mitte März bis Ende Oktober zwischen 8 bis 17 Uhr. Im Winter schließt er schon um 16 Uhr. Der Eintritt ist frei.

> **TIPP**
>
> Rund um Schloss und Schlossgraben lädt pure Natur zu ausgedehnten Spaziergängen ein. An der Wilhelmstraße liegt der verwunschene **alte Friedhof** mit Grabmalen wie dem des Philosophen Johann Georg Hamann aus dem *Kreis von Münster* um die Fürstin Amalie von Gallitzin.
>
> Verlässt man den Schlossgarten an der anderen Seite und überquert die Promenade in Richtung Aasee, so gelangt man zum Gebäude der LBS, in dem zuvor die WestLB untergebracht war. Dahinter liegt die Skulptur **Large Vertebrae** (1967/68) von Henry Moore.

Die Grabstätte des Generals von Schreckenstein auf dem Friedhof an der Wilhelmsstraße könnte auch Kulisse eines schönen Vampirfilms sein.

Large Vertebrae (1967/68), eine der schönsten monumentalen Skulpturen von Henry Moore

MEIN MÜNSTER

„Im Herbst 1971 hatte sich Henry Moore einige Stunden für meinen Besuch in seinem kleinen Haus im Norden Londons Zeit genommen. Drei große Plastiken, die ihm selbst am besten gefallen hatten, waren auf einem Hügel aufgestellt. Eine davon, *Large Vertebrae*, hätte ich allzu gerne für den Park der WestLB an der Himmelreichallee erworben. Doch sein abschließendes Wort lautete: ‚Für eine Bank? Nein, dafür gebe ich keines meiner Werke her.' Die Übergabe einer Leihgabe meiner Bank an das Landesmuseum bot mir die Gelegenheit, Henry Moore nach Münster zu locken. Ich führte ihn zu dem Platz, wo ich diese Plastik gerne hätte stehen sehen. Henry Moore musterte die Szene, nahm den Aasee, den kleinen Flusslauf, den weiten Rasen, die alten Bäume und das weiße, weit gefächerte Gebäude ins Auge: ‚Aber dies ist ja gar keine Bank, dies ist Architektur im Park. Ich würde mich freuen, wenn meine Plastik hier ihren Platz finden würde.'"

Ludwig Poullain *(ehemaliger Chef der WestLB)*

Der Botanische Garten mit der Orangerie von 1840

DAS SCHICKE KREUZVIERTEL

Der historische Stadtteil

Das Kreuzviertel mit zahlreichen denkmalgeschützten Häusern gehört zu den schönsten Stadtteilen Münsters. Die begehrte Wohngegend liegt nördlich der Altstadt, nur durch die Promenade vom Zentrum getrennt. Bevor hier ab Ende des 19. Jahrhunderts stattlich-städtische Bürgerhäuser entstanden, wurden in den Feldern und Gärten Kohl und Gemüse geerntet und das Vieh über die von Hecken gesäumten Sandwege getrieben. Kleine Feldmarkhäuser (wie das in der Stierlinstraße 10) erinnern an diese Zeit.

Zunächst wohnten Gärtner in der Gegend oder Ackerer, es folgten Handwerker wie Korbmacher oder Böttcher mit ihren kleinen Betrieben. Im Sonntagsstaat unternahm man einen Ausflug zur Wienburg und spazierte auf dem breiten Sandweg, der heutigen Kanalstraße.

Private Bauunternehmer hatten um die Wende zum 20. Jahrhundert erkannt, dass in der neuen Einkommensschicht der Stadt ein hoher Bedarf an repräsentativem Wohnraum bestand. Auf dem einstigen Ackerland wurden Häuser mit großen Mietwohnungen und Einfamilienhäuser mit bis zu zehn Zimmern gebaut. Professoren und Dozenten, die mit der Universitätsgründung nach Münster gekommen waren, Beamte der Behörden, Adelsfamilien oder Geschäftsleute bekamen hier ein schickes Zuhause. Der Kreis der ersten Bewohner gehörte wegen der nahen Kasernen überwiegend dem Militär an – vom Offizier bis zum Hoboisten, der in der Militärkapelle die Oboe spielte. Münster gehörte damals zu den größten Garnisonsstädten Deutschlands.

Eine bunte Mischung aus Handwerkern, Lokalprominenz, Intellektuellen und Wissenschaftlern, die auch über die Stadtgrenzen hinaus bekannt waren, bevölkerte das neue Viertel.

Im Laufe der 1970er und -80er Jahre entwickelte sich das Kreuzviertel zunehmend zum Studentenviertel. Die großzügigen Altbauten boten Platz für Wohngemeinschaften, Pulks von Fahrrädern versperrten die Gehsteige. Den wilden Jahren und heftigen Diskussionen über Adorno und Foucault in der Studenten-WG folgte das inzwischen etwas gesetztere Leben der Doppelverdiener-Pärchen in der mittlerweile luxuriösen Altbauwohnung. Der teure Wohnraum ist inzwischen für Studierende oder Familien mit Kindern kaum mehr bezahlbar.

Die meisten der zahlreichen münsterschen Studentenverbindungen residieren in einer Kreuzviertelvilla. Die Wappen und Fahnen an der Fassade zeigen, dass es sich um Verbindungshäuser handelt. Manchmal hört man auch aus jungen Männerkehlen das in konservativen Kreisen so beliebte Münsterlied schmettern.

Eher sportliche Interessen hatte der Student Jens Lehmann, der in der Kinderhauser Straße am Schloßtheater wohnte – später wurde er Nationaltorwart und glänzte bei der Fußballweltmeisterschaft 2006. *Take That*-Star Howard Donald lebt im Schatten der Kreuzkirche.

Die Häuser dieses historischen Stadtteils präsentieren den Geschmack der Zeiten: Den der Gründerzeit mit reich dekorierten Fassaden und den stilistischen Anleihen aus Gotik oder Renaissance; den Geist der Sachlichkeit ab 1910 und die Bauweise mit Backstein, die ab den dreißiger Jahren folgte. Nicht zu übersehen sind allerdings auch die Bausünden, die noch vor wenigen Jahrzehnten begangen wurden. Manch schönes altes Haus musste für lieblose Architektur weichen und wurde ohne Genehmigung in einer Nacht- und Nebelaktion abgerissen.

Die Studentenverbindung Ravensberg in Aktion (1969)

Ein kleiner Spaziergang

Der Rundweg startet am **Buddenturm** am südlichen Rand des Viertels. Der ehemalige Wehrturm ist ein Relikt der mittelalterlichen Stadtbefestigung, die Mitte des 12. Jahrhunderts entstand. Die Dimension der Stadtmauer lässt sich angesichts der noch erhaltenen Reste an der Seite des Turms erahnen. Der Buddenturm blieb vom Abriss verschont, weil er auch nach dem Schleifen der Stadtmauer 1764/67 ständig genutzt wurde, ob als Pulvermagazin, Gefängnis oder 1879 als Wasserturm. Romantisch verklärt hatte man dem Turm zeitweilig Zinnen wie aus dem Mittelalter verpasst, nach 1945 bekam er wieder das ursprüngliche Kegeldach.

Gegenüber dem Buddenturm, wo die evangelische Studentengemeinde

Der Buddenturm, Relikt der alten Stadtbefestigung

residiert, stand einst das Elternhaus von Hermann Löns, dem Heimatdichter und angesehenen Naturforscher. Als die Nacktschneckenzucht des kleinen Hermann eines Tages Reißaus nahm und die Tierchen zu hunderten ihre nasse Spur durch das ganze Haus zogen, war es nicht das letzte Mal, dass er Mama und Papa zur Weißglut brachte. Seine spätere Alkoholsucht führte zum Bruch mit den Eltern.

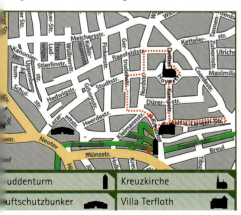

Der Name Kreuzviertel stammt vermutlich von der traditionellen Kreuzprozession, die bis in die Täuferzeit hinein durch das nördliche Tor der Altstadt führte, ebenso wie Kreuzschanze oder der Straßenname Am Kreuztor. Das historische Kreuztor befand sich ganz in der Nähe des Buddenturms. Von hier aus eroberten die bischöflichen Truppen in der Johannisnacht 1535 die Stadt von den Wiedertäufern zurück.

Die **Kreuzschanze** ist die grüne Idylle mit Teichanlage und dem sogenannten Liebeshügel hinter dem Buddenturm. Das lauschige Plätzchen lässt kaum ahnen, dass sich hier während der Täufer-Herrschaft eine schwer gesicherte Bastion befand. Die Truppen des Bischofs konnten hier nur einmarschieren, weil Überläufer die Stadttore öffneten.

Als die Kreuzschanze im Jahr 1898 nach den Plänen des engagierten Stadtrats Adolph Kleimann gärtnerisch umgestaltet werden sollte, setzte sich der damalige Student und spätere Direktor des Landesmuseums, Max Geisberg, dafür ein, dort Grabungen vorzunehmen. Der angehende Kunsthistoriker vermutete an dieser Stelle wichtige Funde. Mit seinen Kommilitonen nahm er den Spaten selbst in die Hand und machte eine Entdeckung, die ihn in der Kunstwelt auf einen Schlag be-

Am Eingang der Überwasserkirche fehlen Apostelfiguren. Die Täufer befestigten damit den Stadtwall an der Kreuzschanze

rühmt machte: Sie fanden kostbare Monumentalskulpturen aus dem 14. bis 16. Jahrhundert. Mit diesen Figuren als Füllmaterial – unter anderem vom Westportal der Überwasserkirche – hatten die Wiedertäufer die Verteidigungsanlage befestigt. Die kostbaren Werke – unter anderem von Heinrich Brabender – sind beispielhaft für die Blüte der Bildhauerkunst vor der Täufer-Herrschaft und befinden sich im Besitz des Landesmuseums.

An der Kreuzschanze gedenkt die Stadt Münster sehr verschämt einer der größten deutschen Dichterinnen, Annette von Droste-Hülshoff, die nicht nur bei Havixbeck, sondern auch zeitweise in Münster lebte. Das Marmordenkmal der Dichterin steht gut versteckt zwischen den Bäumen. Es ist die erste Portraitbüste der Stadt. Anton Rüller hat sie zusammen mit Heinrich Fleige geschaffen; sie wurde 1896 zunächst an anderer Stelle aufgestellt. Dem sonst immer zu einem Schabernack aufgelegten Zoodirektor Professor Landois wurde angesichts der Annette-Büste so poetisch ums Herz, dass er seine Verehrung für die „elfengleiche Gestalt, vom Haar umwallt" in Versform fasste.

Auf der anderen Seite der Straße, Am Kreuztor 1, wirkt die um 1905 erbaute wuchtige Villa Terfloth mit ihren Rundbögen und Werksteinquadern wie eine Burg. Der Architekt hatte jahrelang für reiche Amerikaner Häuser wie europäische Burgen gebaut und setzte seinen Stil an der Promenade für den Zucker- und Bonbon-Großhändler Terfloth um. Als er auf dem Grundstück stand und den Buddenturm auf der anderen Seite sah, hatte er schon die erste Idee und entwarf den runden Eckturm. Im Sims zwischen dem ersten und zweiten Obergeschoss hat er Tierchen versteckt: Wer genau hinsieht, entdeckt zum Beispiel Schildkröte oder Eichhörnchen. Der Designer Dieter Sieger und seine Frau haben die „Zuckervilla" restauriert und leben hier.

Die „Zuckervilla" ließ der Bonbon-Großhändler Terfloth circa 1905 bauen.

Entlang der Villa geht es weiter geradeaus, und hinter dem kleinen Kiosk – der existierte schon in den vierziger Jahren als Holzverschlag –, rechts in die Rudolf-von-Langen-Straße, die nach dem münsterschen Humanisten und Schulreformer (1433–1519) benannt wurde.

Sehenswert ist das Eckhaus Rudolf-von-Langen-Straße/Kampstraße 2 von 1906, eines der schönsten Exemplare gründerzeitlichen Bauens mit Erker und figürlichen sowie ornamentalen Stuckverzierungen. In der Rudolf-von-Langen-Straße 34 entstand ein zweigeschossiges Haus im schlichten Stil des Spätklassizismus. Es wurde 1875 gebaut, kurz bevor das Kreuz-

Figuren und Ornamente im gründerzeitlichen Haus von 1906 in der Kampstraße 2

viertel planmäßig besiedelt wurde. Der charakteristische Giebel wurde der Fassade zugefügt, der neue Eigentümer, ein Steinmetz, brachte die Symboltiere Eule, Katze und Hund an den Giebelstaffeln an.

Etwas weiter sieht man rechts den prachtvollen Bau mit der Hausnummer 11, in dem der berühmte Physiker und Chemiker Johann Wilhelm Hittorf wohnte, der von 185 bis 1889 Professor an Münster Uni war. Seine Arbeiten waren ein wichtige Voraussetzung für die Entwicklung der Röntgenröhren. Ein Gedenktafel an der Hausseite erinnert an ihn. Nun geht es zurück b zur Kampstraße und durch diese zu Kreuzkirche.

Die münstersche Autorin Jutta Balste kennt das Kreuzviertel wie ihre Wes

Die neogotische Kreuzkirche aus dem Jahr 1902 im Zentrum des Viertels

tentasche und hat die alten Adressbücher studiert. Sie geben ein buntes Bild des illustren Völkchens ab, das hier gelebt hat. Berufe wie Zuckerkocher, Büchsenmacher, Hühneraugenoperateur und Plakatsäulenpächter waren damals so aktuell wie Geldzähler oder Postwagenreiniger. Auch kleine Fabriken entstanden im Viertel, etwa die Pianofortefabrik in der Kampstraße, 1910 gegründet von den beiden Instrumentenmachern Bernhard Samson und Theodor Bennemann.

Die neogotische Kreuzkirche baute der damals bekannte Architekt und Dombaumeister Hilger Hertel; fertiggestellt wurde sie 1902. Der Turm folgte ein paar Jahre später.

Wenn man entlang der Kirche ein Stück nach rechts geht, gelangt man zum Haus Hoyastraße 20 auf der rechten Seite. Der Name Hoya erinnert an ein altes Adelsgeschlecht in Münster, aus dem auch zwei Bischöfe hervorgingen. Das Haus aus dem Jahr 1910 im neubarocken Stil ist eine Reminiszenz an Baumeister Schlaun. Der reiche Kaufmann Ferdinand „Tobby" Ebert hatte es bei dem Architekten Alfred Hensen in Auftrag gegeben. Es war der Dreh- und Angelpunkt der Gesellschaft jener Zeit. Hier trafen sich das Offizierskorps, Kaufleute und der Adel; der namhafte Kunsthistoriker Prof. Dr. Max Geisberg war ein enger Freund der

In der Hoyastraße 20 traf sich in den zwanziger Jahren des letzten Jahrhunderts die feine Gesellschaft. So heiter wie auf diesem Gruppenbild anlässlich der Silberhochzeit von Mia und Ferdinand Ebert ging es im Haus des Kaufmanns zu. In der Mitte der hinteren Reihe: Kunsthistoriker Prof. Dr. Max Geisberg, berühmt geworden auch durch die Skulpturenfunde in der Kreuzschanze

Das schicke Kreuzviertel

Häuser in der Raesfeldstraße mit Jugendstildekor

Familie.

Wenn man die Kirche halb umrundet hat, geht es nach rechts in die Dettenstraße und nach einigen Metern links in die Raesfeldstraße. Sie wurde beinahe in einem Zug bebaut und beeindruckt als einheitliches Ensemble. Gleich auf der Ecke an der Raesfeldstraße 4 steht das Gebäude, in dem Franz-Josef Henke 1906 sein Kolonialwaren- und Delikatessengeschäft mit Kaffeerösterei eröffnete. Bis Februar 1989 weckte die originale Einrichtung beim Einkauf nostalgische Gefühle – die man jetzt im Stadtmuseum genießen kann, wo der Tante-Emma-Laden wieder aufgebaut wurde. Charakteristisch ist das Haus Nummer 18, ungefähr aus dem Jahr 1907 mit Giebel über dem Fassadenerker, originaler Einfriedung und eigenwilligem Jugendstil-Fassadendekor.

An der nächsten Kreuzung führt der Gang nach links in die Nordstraße und dann rechts in die Studtstraße. An dieser Ecke gibt es frische Brötchen in der Stadtbäckerei, die zwanzig Filialen in der Stadt betreibt. Fast hätte der Chef, Dirk Limberg, sein Herz an die Rockmusik verloren. Dann entschied er sich doch, die jahrhundertealte Familientradition fortzuführen und in der Kunst des Backens den Ton anzugeben.

Wer sich jetzt Blasen gelaufen haben sollte, kann beim Traditionsschuhmacher Surmund an der Studtstraße

TIPP ❗

Werfen Sie von der Nordstraße noch einmal einen Blick in die Hoyastraße. Auf der linken Seite liegt das legendäre Restaurant **Nordstern**, das 1908 gegründet wurde. Generationen von Nachschwärmern haben hier ihr Hähnchen verspeist und im wenig schmeichelhaften Licht die resolute Bedienung der unvergessenen Kellnerin Helga erduldet. Das Ambiente ist eine konsequente Mischung aus westfälischer Gemütlichkeit und Bahnhofswartehalle. Im Kontrast dazu gleichen die Toiletten einer Hochsicherheitsanlage.
Die **Eisdiele** gegenüber ist der Treffpunkt des Viertels. Wenn die Kinderhorte ihre Türen schließen, bevölkern Eltern mit ihrem Nachwuchs die Terrasse. Viertelbewohner versuchen vom Frühling bis in den Spätherbst, nach Feierabend hier noch ein paar Sonnenstrahlen zu erhaschen.

62 Hilfe bekommen.
Ein Stück weiter geht es links in die Gertrudenstraße, die früher „Professorenstraße" genannt wurde. Der Architekt und Bauunternehmer Hermann Borchard prägte mit seinem Stil das Gesicht dieser und anderer Straßen. Sein ehemaliges Stammhaus von 1911 steht in der Lazarettstraße 25. Er hatte für die gut situierten Bürger eine neue Wohnform entwickelt, das Einfamilienhaus mit acht bis zehn Zimmern.
Der alte Gebäudeteil des Schillergymnasiums auf der rechten Seite wurde im Jahr 1907 fertiggestellt. Ein Fußweg entlang der Schule führt geradewegs zur Heerdestraße. Schräg

Zuckerbäcker und Kaffeehausbesitzer Louis Midy wohnte in der Heerdestraße 1. Regelmäßig schrieb er dem Tollen Bomberg große Rechnungen – auch für demolierte Inneneinrichtungen.

Der Luftschutzbunker an der Lazarettstraße 32

Ein Jahr nach den ersten Bombenangriffen auf Münster entstand 1941 der Luftschutzbunker mit drei Stockwerken für 530 Menschen. Er ist ein Beispiel für die neohistorische Bunkerarchitektur des Nazi-Regimes. Der Betonbau sollte als mittelalterliche Festung mit Grabenanlage, Zugangsbrücke, Rundtürmen und den Ziegeln, die ihn umkleiden, harmlos und sicher wirken.

links liegt das Haus Heerdestraße 1, in dem fünf Jahre nach der Erbauung 1889 der Zuckerbäcker Louis Midy wohnte. Der Franzose eröffnete später das historische Kaffeehaus *Hofkonditorei Middendorf* in der Bogenstraße, in der der Tolle Bomberg mit seinen Kumpanen für Stimmung sorgte. Auch eine Mineralwasseranstalt und eine Likörfabrik nahmen in der Heerdestraße ihren Betrieb auf.

Am Ende der Straße steuert man geradewegs auf das kleine Café *roestbar* an der Nordstraße 2 zu, wo Sandra Götting und Mario Joka das Geheimnis guten Kaffees lüften. Aus eigener Rösterei bieten sie einen der besten Kaffees der Stadt an, den berühmten Ziegenfrischkäsekuchen mit Rosmarinkrokant der Konditorei Issel oder Trinkschokolade, die man sich auf der Zunge zergehen lassen sollte.

Von hier geht es nach rechts zurück zum Buddenturm.

Köstlicher Kaffee in der *roestbar*

REIN INS VERGNÜGEN: DAS HAFENVIERTEL

Klein-Muffi und das Hansaviertel

Wenn man einen Masematte-Seeger bei einem Kower eine Lowine und einen Pilo bestellen hört, sitzt man wahrscheinlich gerade in der Gaststätte Hubertihof am Hubertiplatz in Klein-Muffi. Zusammen mit dem Hansaviertel am Hafen gehörte es schon früher zu den aufregenden Stadtvierteln – vor den übrigen Münsteranern oft als „schofle Bendine" (üble Gegend) beschimpft. Das schlechte Image machte den Bewohnern so sehr zu schaffen, dass sie wirklich in die Luft gingen: Sie wollten es den anderen Vierteln mal so richtig zeigen und bauten mit der Herz-Jesu-Kirche den höchsten Kirchturm Münsters. Der Turm von 1900 überragt mit 94,63 Metern sogar St. Lamberti und die Kreuzkirche.

Der Bau des Dortmund-Ems-Kanals, der 1899 beendet wurde, sorgte für einen Strom von Arbeitern aus Polen, Italien und Holland. Von „Muffen", einem Schimpfwort für Holländer, soll das Viertel seinen Namen haben.

Handwerker, kleine Gewerbetreibende und „Malocher" lebten in Klein-Muffi, das bis zum Zweiten Weltkrieg eine Hochburg der Kommunisten war. Hier entwickelte sich jenseits des Großbürgertums ein Stück Münster, das in der Stadt für so manchen Gesprächsstoff sorgte. In den Straßen wurden Platt und die Sondersprache Masematte gesprochen. Die Gegend um die Ewaldi-, Huberti- und Lambertistraße war ein Dorf in der Stadt; für die Kinder war das eigene Viertel der reinste Abenteuerspielplatz. In den Erinnerungen schwärmen die Bewohner vom Gemeinschaftssinn und dem engen Nachbarschaftsleben, von den Originalen und dem gemeinsamen Gläschen Wermut, „eenen ut de Stükern", dem bewährten Heilmittel bei

Tätowierprofi Tanina Palazzolo

Kleiner Masematte-Sprachführer

Die münstersche Geheimsprache Masematte hat sich als eine Mischung aus Jiddisch, Rotwelsch und Hebräisch entwickelt. In vier Stadtvierteln wurde im 19. Jahrhundert Masematte gesprochen. Neben Klein-Muffi gehörte das Kuhviertel dazu, Pluggendorf sowie die Gegend zwischen Wevelinghofergasse, Sonnen- und Hörsterstraße. Sie gehörten zu den sozial schwächeren Wohngebieten Münsters, in denen Handwerker und Arbeiter lebten; oder Scherenschleifer, Entfesselungskünstler und Lumpensammler, Prostituierte, Landfahrer und Tagelöhner. Die Kehrseite des abenteuerlich klingenden Alltags war oft die große Armut der Menschen.

Obwohl heute niemand mehr mit der Geheimsprache groß geworden ist, ist eine Fülle von Masematte-Wörtern lebendig und gehört zum Wortschatz eines jeden Münsteraners:

Masematte	**Deutsch**	**Masematte**	**Deutsch**
abnippeln	sterben	meschugge	dumm
achilen	essen	Murmelschuppen	Kirche
Anim	Mädchen	Nerbloköster	Spinner, Verrückter
ausbaldowern	ausdenken		
Bendine	Gegend, Umgebung	Pani	Wasser
		Pilo	Schnaps
Bosse	Hose	Plinte	Unterhose
Chalo	Bauer, Kerl	plümpsen	schwimmen, baden
Döppen	Augen		
Fleppe	Gesicht, Führerschein	poofen	schlafen
		Seeger	Mann, Kerl
Jontef	Spaß	Schock	Kirmes, Send
jovel	klasse, toll	schofel	gemein, schlecht
Kaline	Mädchen, Frau		
Keilof	Hund, Köter	Schond	Toilette
kneistern	sehen, schauen	Schore	Diebesgut, gestohlene Ware
Kower	Kellner		
Leeze	Fahrrad	schoren	stehlen
Lobbe	Gesicht	sierften	klauen
Lowine	Flasche Bier	unwies	verrückt

Masematte: www.masematte.info

Zahnschmerzen und Liebeskummer. Das Gebiet zwischen Hafen und Hauptbahnhof wird Hansa- oder Hafenviertel genannt.

Rund um die Lebensader, den Hansaring, findet sich eine bunte Mischung aus kultigen Kneipen oder witzigen Läden wie *Tätowiersuch* dem Studio der Tattookünstlerin Tanina Palazzolo. Der Bezirk ist für junge Leute und Studierende zum attraktiven Wohngebiet geworden.

Der Hafen am Dortmund-Ems-Kanal

Den Charme des ersten Industriegebietes am Binnenhafen haben einige Pioniere schon in den siebziger Jahren entdeckt, lange bevor am nördlichen Ufer der sogenannte Kreativkai entstand. Der Hafen war damals ein Synonym für urbanes Feeling, mit dem es höchstens noch das Freibad Coburg im Hochsommer aufnehmen konnte. Wenn sich das Hafenbecken auch sehr bescheiden ausnimmt angesichts der stolzen Binnenhäfen anderer Städte, ist die Gegend doch von ganz besonderem Flair geprägt. Im Stadthafen findet man eine gelungene Mischung aus Arbeit und Freizeit, Kunst und Kultur – ein inspirierendes Stück Münster. Mit Blick auf Kräne und Lagerplätze der ehemaligen Handelsfirmen wurden Kontorhäuser und ehemalige Kornspeicher liebevoll restauriert, neue Architektur entstand neben alten Backsteinhäusern. Obwohl es noch immer ein leises Murren der früheren alternativen Hafen-Szene angesichts der Designer-Dienstleistungszentren gibt, gehört der Hafen am Dortmund-Ems-Kanal zu den Juwelen im Stadtbild und ist beliebtestes Ausflugsziel.

Neben den Dienstleistungszentren sind Künstlerateliers entstanden; das Wolfgang Borchert Theater und die Ausstellungshalle Zeitgenössische Kunst sind an das Hafenbecken gezogen. Tagsüber und abends kann man sich in den Restaurants, Kneipen und Bars vergnügen. Der Ort zieht auch Künstler wie die vom *Theater Titanick* an, die im und auf dem Wasser ihre Show *Treibgut* zeigten. Das münstersche Straßentheater zählt zu den besten der Welt und ist international unterwegs.

Der Hafen war schon in den zwanziger Jahren Vergnügungsstätte. Die *Weiße Flotte* mit *Undine* und *Münsterland* schipperte mit den Ausflüg-

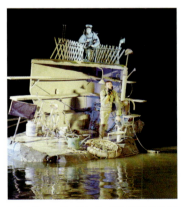

Das Open-Air-Theater *Titanick* zeigt im Hafenbecken *Treibgut*.

Modernes Design, historische Gebäude und der Charme alter Industrieanlagen im Stadthafen

lern über den Kanal nach Senden, Greven, Hiltrup oder Amelsbüren. Die Weltwirtschaftskrise machte dem frohen Treiben auf dem Wasser ein Ende.

Neben modernen Gebäuden und restaurierten Speichern sind die Relikte alter Industrieanlagen zu sehen. Der Besucher kann im Verborgenen noch immer Spektakuläres entdecken und sich an den Details scheinbar banaler Bauten erfreuen, vor allem im südlichen industriellen und – noch – ruppigen Teil des Hafengeländes. Solange der Kohlenspeicher hier in Betrieb war, wurden Schiffsladungen im Hafen gelöscht. Mit dem Start des neuen Dampfturbinen-Kraftwerks ist es um die traditionelle Hafennutzung endgültig ruhig geworden. Doch zwischen den Industriebetrieben des Mittelhafens werden auch hier die Gebäude von den Kreativen entdeckt. Allen voran zogen Anfang 2005 einige Musikprofis hierher. Der renommierte Musikproduzent Jan Löchel hat am Mittelhafen sein Tonstudio und schreibt hier Hits für Top-Stars wie Sasha oder Christina Stürmer. Im gleichen Gebäude bezog Jovel-Music Hall-Erfinder Steffi Stephan seine Büros. Der Musiker und Veranstalter gründete mit Udo Lindenberg das Panikorchester und tourte jahrlang mit Peter Maffay. Mit der kulturellen Aufwertung des Mittelhafens geht die Idee für ein weiteres Projekt Hand in Hand: Die Zukunft wird zeigen, ob der Yachthafen mit Anlege- und Werftplatz nur ein Traum der Planer war und das sympathisch Morbide neben gestylten Lofts nicht verloren geht.

Kleine Geschichte des Hafens

An der Entstehung von Münsters Hafen im Jahr 1899 hatte Kaiser Wilhelm II. ebenso großen Anteil wie am Matrosenlook, in den kleine Jungs und Mädchen gezwängt wurden. Die kaiserliche Leidenschaft für alles Maritime – was sich allerdings auch im verheerenden Bau der Kriegsflotte ausdrückte – brachte dem Kanalbau einen kräftigen Schub. Den Empfang des Monarchen im Jahr 1907 ließ sich Münster gar einen Festetat von 100 000 Mark kosten. Das Ergebnis war immerhin auch ein bisschen Frieden zwischen dem erzkatholischen Münsterland und dem stockprotestantischen Preußen.

Die Erweiterung der Stadt um die Hafengebiete brachte Münster einen bedeutenden Schritt näher zu einer lebensfähigen Großstadt. Mit dem Bau des Stadthafens entstanden kommunale Versorgungsbetriebe am Albersloher Weg wie das erste Elektrizitätswerk. Der Strom sollte aber keineswegs Licht in dunkle Straßen und Häuser bringen, sondern den Start der Straßenbahn im Jahr 1901 ermöglichen.

Bis zum Ersten Weltkrieg war Getreide das wichtigste Importgut im Hafen, vor allem Futtergerste aus dem Baltikum für die Schweinemast. Bald bekam der florierende Handel über den Wasserweg einen kräftigen Dämpfer, denn die Eisenbahn konkurrierte ernsthaft um den Gütertransport. Der Zweite Weltkrieg brachte den Hafenbetrieb

Die Postkarte zeigt den Hafen vor rund 100 Jahren.

endgültig zum Stillstand.

In der Nacht vom 14. auf den 15. Mai 1940 fielen die ersten Bomben auf Münster, sie galten dem Hafengebiet. Die Schäden wurden vor allem mit Hilfe von Zwangsarbeitern und Kriegsgefangenen beseitigt. Bei Kriegsende waren über 70 Prozent der anliegenden Wohnungen zerstört, ebenso wie der Hafen selbst mit Gleis- und Umschlaganlagen, Kränen und Lagerhäusern. Seine Blütezeit erreichte der Hafen im Jahr 1962, als ein einmaliger Rekord aufgestellt wurde, mit 4300 Schiffen und mehr als 1,3 Millionen Tonnen Gütern, vor allem Baustoffen. Der allmähliche Rückgang des Güterumschlags führte dazu, dass Firmen das Hafengebiet verließen und ungenutzte Betriebsgelände sowie brachliegende Grundstücke das Bild prägten.

Der tapfere Feuerwehrmann

Dank der zügigen Wiederaufbauarbeiten nach dem Zweiten Weltkrieg konnte der Hafenbetrieb bereits im März 1946 erneut aufgenommen werden. Bei den Bombenentschärfungen half ein Münsteraner Arbeitsloser mit Namen Georg Ruhmöller, den man im Schnellverfahren zum Feuerwehrmann ausgebildet hatte. In ihrem Buch *Geschichte im Gespräch: Kriegsende 1945 und Nachkriegszeit in Münster* hat Sabine Heise einen Erlebnisbericht dieses Mannes veröffentlicht.

Feuerwehrmann Ruhmöller erzählt, wie er mit seinen Kollegen im Hafenbecken auf eine Fünfzentnerbombe gestoßen ist. Nach dem Krieg hatte man das Wasser abgelassen und reichlich Schiffswracks und Blindgänger gefunden. Besagte Bombe ließ sich aufgrund des verbogenen Zünders nicht entschärfen. Eine Sprengung im Hafen hätte die umliegenden Gebäude in Mitleidenschaft gezogen. Ruhmöller fand seine Lösung des Problems einfach genial: Er schrieb mit Kreide das Wort „Hochexplosiv" auf den Sprengkörper und hielt die Angelegenheit damit für erledigt – ganz im Gegensatz zu seinen Vorgesetzten.

Schließlich erklärte sich ein Lasterfahrer namens Franz bereit, die Bombe zum Sprengfeld nach Amelsbüren zu fahren, falls sich eine Begleitung fände. Als einzig Unverheirateter wurde Ruhmöller schnell zum Freiwilligen erklärt.

Die Bombe wurde in einer waghalsigen Aktion auf die Ladefläche des LKW gehoben, und los ging der hochgefährliche Transport durch einige Wohngegenden am Albersloher Weg, in Hiltrup und Amelsbüren. Der tapfere Feuerwehrmann hatte sich auf die Bombe gesetzt, um Erschütterungen abzufedern. Georg Ruhmöller beruhigte sich mit dem Gedanken: „Haftbar hätte mich nie einer machen können. Wenn die Bombe hochgegangen wäre, hätte man von mir ja nichts mehr gefunden."

Ein Weg am Hafenbecken

Der Spaziergang beginnt auf dem Hafenplatz vor dem Gebäude der Stadtwerke Münster. Auf der anderen Seite der Straße ist der Glaspalast des Cineplex-Kinos mit den Installationen des Lichtkünstlers

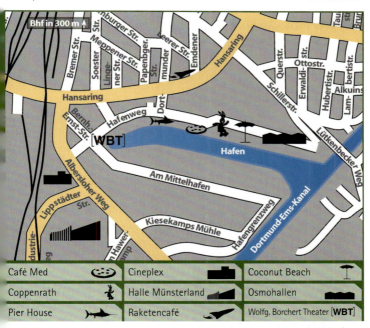

as Kino Cineplex am Stadthafen

Lutz Gock. Aus der oberen Etage hat der Besucher einen weiten Blick auf das Hafenbecken und den Dortmund-Ems-Kanal.

Der Weg führt an der nördlichen Hafenseite entlang vorbei am Wolfgang Borchert Theater bis zum Ende des Hafenbeckens. Unterwegs lockt in alter und neuer Architektur das pralle gastronomische Leben mit Kneipen, Cafés und Restaurants und einigen Läden.

Das Gebäude, in dem sich unten das Restaurant Pier House befindet, wurde von dem Architekten Josef Paul Kleihues entworfen und ist der erste Neubau am Kreativkai. Investor Elmar Grimm hat damit die Idee verwirklicht, Künstlerateliers und Büroraum für Dienstleister zu schaffen.

Kuba-Flair und Tex-Mex-Küche im Pier House

Das Pier House wurde vom Pionier der münsterschen Gastronomieszene eröffnet. Ob Bunter Vogel, Odeon, Rick's Café – früher gab es kaum eine Kneipe, die nicht Jürgen Köhn gegründet hätte. Als Partner von Marc Brouwer führt er die Disco GoGo, das Marktcafé und die Floyd Coffee-Lounges. Das italienische Restaurant Café Med ein paar Häuser weiter ist in den Räumen der einstigen Druckwerkstatt entstanden. Im obersten Stock des Speichers II ist die neue Ausstellungshalle Zeitgenössische Kunst untergebracht.

In den anderen Etagen haben seit 2004 Künstlerinnen und Künstler aus verschiedenen Bereichen der bildenden Kunst in 32 Ateliers ideale Arbeitsbedingungen.

Das Erdgeschoss und ein Teil des ersten Stockwerkes werden von kulturwirtschaftlichen Unternehmen genutzt. Neben der druckgrafischen Werkstatt mike karsten graphics bietet die Designerin Sigga Spiegelburg ihre individuelle und unverwechselbare Mode an. Sie ist die Frau des Verlegers Wolfgang Hölker, der sich am liebsten mit schönen Dingen aus alten Zeiten umgibt und aus dem Speicherhaus nebenan eine poetisch-bunte Welt geschaffen hat. Der ehemalige WCG-Getreidespeicher wurde schon

Alte Speicher aus der Frühzeit des Hafens, umgebaut für kluge Köpfe und andere Künstler. Das schöne Coppenrath-Verlagshaus kann man nur von außen besichtigen – innen wird gearbeitet.

1899 mit der Eröffnung des Hafens in Betrieb genommen. Er ist ein typisches Beispiel für die damalige Industriearchitektur und eines der wenigen Bauwerke aus der Frühzeit des Hafens. Interessant wirkt das zurückliegende Dachgeschoss mit seiner Blechverkleidung.

Felix und der Coppenrath Verlag

Vom Verlagsgebäude Coppenrath aus erobern die Kinderlieblinge Hase Felix und Prinzessin Lillifee die ganze Welt. Von Island bis Israel, von Australien bis Amerika gehen die Kinder in 23 Ländern mit dem Bilderbuch-Hasen auf Reisen um den Globus. Die Felix-Bücher mit über fünf Millionen Exemplaren sind ein Beispiel für Wolfgang Hölkers kleine Revolution auf dem Büchermarkt. Der gelernte Grafiker hatte von Beginn seiner Verlegerkarriere Ende der siebziger Jahre an besondere Ideen für die liebevolle Aufmachung seiner Bücher wie den Klassiker, das Kochbuch mit Fettflecken. In den Felix-Büchern stecken kleine Briefchen, geschrieben in krakeliger Hasenschrift. Die Kinder- und Geschenkbücher beinhalten immer wieder einen besonderen Clou wie eine kleine Gartenschaufel oder Krönchen im Mädchen-Lieblingsbuch mit Prinzessin Lillifee.

Coppenrath Verlag: www.coppenrath.de

Weißer Sand und heiße Nächte am sommerlichen *Coconut Beach*

Das unbebaute Gelände vor dem ehemaligen Holzlager der Firma *Ostermann* & *Scheiwe* hat sich zu einem der Hip-Orte in Münster entwickelt. Im Sommer lassen die Party-Experten von der Dockland-Agentur hier die Strandlandschaft Coconut Beach mit tonnenweise Sand, Palmen, Liegestühlen und Strandbar entstehen. Anfang 2006 zauberten sie das Ausgehvergnügen Heaven in die kleine Halle direkt dahinter.

Die große Lagerhalle ist coole Location für verschiedene Events – von Theater über Konzerte bis zu verrückten Modenschauen.

Zur Partyzone werden im Sommer auch die Gegend um das Wolters in (umgebauten) Speicher und das Luv und Lee am Ende des Hafenbeckens mit wunderschönem Blick auf die schippernden Kähne im Kanal.

Hafen Münster: www.kreativkai.de
Speicher II: www.atelierspeicher.de

Der Hawerkamp

Vom Hafen aus gesehen hinter dem *Cineplex* befindet sich die *Halle Münsterland*. Die Rolling Stones gaben hier ihr erstes Deutschland-Konzert. Ein Bildband, der im Stadtmuseum erhältlich ist, erinnert an das historische Rock-Ereignis. Hinter der Halle beginnt die Straße Am Hawerkamp, an deren Ende auf dem ehemaligen Werksgelände der Betonfirma Pebüso (Peter Büscher & Sohn) mit alten Gebäuden und Schienensträngen in den neunziger Jahren Münsters alternative Kulturzone entstanden ist. Der Hawerkamp ist eine Art Halbinsel, etwas abgelegen und doch mitten in Münster. In diesem Soziotop entwickelte sich eine Alternativkultur, die aus Münster nicht wegzudenken ist und weit mehr zu bieten hat als ein reichhaltiges Party-Angebot. Zu finden ist ein origineller Mix aus Kunst, Kultur, Party- und Music-Locations, Kleinbetrieben, altem Industrie-Ambiente und Chill-Atmosphäre. Für einige Leute wurde der Kamp längst zum Lebensgefühl. Jährlich zieht der authentische Charakter des Areals 120 000 Besucher an, die oft von weit her anreisen.

InteressenGemeinschaft Kunst Am Hawerkamp:
www.hawerkamp31.de

Alternatives Party-Areal Hawerkamp

AUSFLÜGE UND FREIZEITVERGNÜGEN

Falls Sie nach dem Asphalttreten Lust auf pure Natur haben, müssen Sie in Münster nicht lange suchen. Nur ein paar Fußminuten vom innerstädtischen Schaufensterbummel entfernt, laden Ausflugsziele zum Durchatmen ein. Auch für die weitere Umgebung haben wir einige Tipps zusammengestellt.

Grüne Oasen

Die Promenade

Der viereinhalb Kilometer lange Spazier- und Radweg um die Altstadt entstand im 18. Jahrhundert. Nach dem Siebenjährigen Krieg (1756–1763) war Franz von Fürstenberg, Minister und Generalvikar, der Meinung, dass Münster keine Verteidigungsanlage mehr brauche und ließ die Stadtmauer schleifen, um an ihrer Stelle die Promenade entstehen zu lassen. Für die künstlerische Gestaltung der Grünanlage war Johann Conrad Schlaun zuständig.

An beiden Seiten der Allee, die ursprünglich nur von Linden gesäumt war, laden kleine Parks und lauschige Orte oder Spielplätze zum Entspannen ein. An einigen Stellen entdeckt man die Spuren des einstigen Walls. Zum Beispiel ist an der Kleimannstraße eine alte Wasserwehr erhalten, die man „Wasserbär" nennt.

Auch der Zwinger gehörte zur Stadtbefestigung und zählt mit einem Durchmesser von 24 Metern und

Wasserbär und Reste der Stadtmauer, die Freiherr von Fürstenberg zur Promenade umbauen ließ. Baukünstler Schlaun fertigte die Pläne.

Der alte Zwinger von 1532 hat eine wechselvolle Geschichte: Festungsturm, Zuchthaus, Künstlerdomizil, Hinrichtungsstätte der Gestapo. Die Skulptur *Das gegenläufige Konzert* (1987) der Künstlerin Rebecca Horn erinnert an die schrecklichen Ereignisse.

einer Wandstärke von 4,60 Metern zu Deutschlands bedeutendsten Wehrtürmen. 1732 bezog Schlaun ihn in die Anlage des angrenzenden Zuchthauses als Gefängnis für besonders schwere Straftäter ein. Um 1850 wurde nur einen Steinwurf entfernt an der Gartenstraße das neue Gefängnis gebaut, das noch in Betrieb ist und unter Denkmalschutz steht.

Die Stadt kaufte den Zwinger im Jahr 1911. Zunächst nutzten es Maler als Wohnung und Atelier. Während des Nationalsozialismus war das historische Gebäude „Kulturheim der münsterschen Hitlerjugend", später Inhaftierungsanstalt der Gestapo, die hier Menschen hingerichtet hat. Mit der Installation *Das gegenläufige Konzert* von Rebecca Horn wurde der Zwinger zu einem Mahnmal, das an die Verbrechen während des Nazi-Regimes erinnert. Das Kunstwerk stellt eine Symbiose von Natur und dem dort geschehenen Unrecht dar. Mit flackernden ewigen Lichtern, metallenen, rhythmisch klickenden Hämmern und einem stetigen Wassertropfen, der zwölf Meter tief in eine Zisterne fällt, schafft Horn eine beklemmende Atmosphäre. Zur *Skulptur.Projekte* 1997 wurde das Werk von 1987 leicht verändert wieder installiert.

Aaseitenweg

Das Flüsschen Aa entspringt in den Baumbergen bei Havixbeck, fließt von Südwesten nach Münster und verlässt die Stadt im Norden. Der Name kommt von „Ahwa", dem sächsischen Wort für Wasser. Die innerstädtischen Uferwege laden zum Spazieren ein, allerdings muss man unterwegs immer wieder Straßen überqueren.

Man kann am Zwinger starten, schöner wird es ab dem Kiepenkerlviertel. Begleitet wird der Weg von Tafeln des stadtökologischen Lehrpfads *Naturerlebnisse*.

Die Aa führt vorbei an Universitätsbibliothek und Petrikirche. Die Türen des Westportals der dreischiffigen Emporenbasilika gotischen Stils

Dolomit zugeschnitten von Ulrich Rückriem (1977) an der Petrikirche, wichtiges Kunstwerk der ersten Skulpturenausstellung

schuf 1969 der Roxeler Bildhauer Rudolf Breilmann. Sie zeigen den Lebensweg des heiligen Paulus in figürlicher Darstellung. Die neun keilförmigen Steinrohlinge neben dem Gotteshaus sind ein Werk des Künstlers Ulrich Rückriem, eine der ersten im Jahr 1977 aufgestellten

Die Petrikirche wurde von den Jesuiten gegründet. Sie ließen sich 1588 im Zuge der Gegenreformation unter heftigem Protest des Stadtrats in Münster nieder.

Frischen Wind um die Nase genießen Spaziergänger und Sportler am Aasee.

Skulpturen, mit dem Titel *Dolomit zugeschnitten*. Das Kunstwerk nimmt Bezug auf das einstige Jesuitenkolleg an dieser Stelle.

Ein Stück weiter die Aa hinauf, an der Johannisstraße 12-20, liegt die alte Sternwarte. In dem Unigebäude ist das *Ehrenpreis Institut für Swift Studien*, eine Sammlung von Weltrang, untergebracht. Der Satiriker Jonathan Swift, einer der prägenden Intellektuellen der englischen Aufklärung, hat also eine Heimat in Westfalen gefunden. Lange wurde der Schöpfer von *Gullivers Reisen* als Kinderbuchautor missverstanden, weil sein Werk gekürzt, verharmlost und der beißenden Kritik an den gesellschaftlichen Zuständen des 18. Jahrhunderts beraubt wurde.

Aasee

Noch zu Beginn des letzten Jahrhunderts erstreckten sich an der Stelle des Aasees ausgedehnte feuchte und sumpfige Wiesen, durch die sich die Aa schlängelte. Wenn das Flüsschen von Herbst bis Frühjahr über die Ufer trat, wurden die Wiesen vor dem Aegidiitor überschwemmt. Bei Frost entstand eine spiegelnde Eisfläche. Zu den begeisterten Schlittschuhläufern zählte der Zoogründer Landois, der mit hohem Zylinder und langer Tabakspfeife auf dem Eis eine gute Figur abgab.

Landois hatte die Idee, für große Wassermengen einen Stausee anzulegen, um bei dem ständig wiederkehrenden Hochwasser Überschwemmungen zu verhindern.

Seine Pläne wurden erst 1936, 21

Jahre nach seinem Tod, realisiert. So war es ihm nicht mehr vergönnt, auf Eisenkufen über den Aasee zu gleiten. Mit dem Umzug des Zoos wurde der See bis 1976 südlich der großen Torminbrücke auf das Doppelte erweitert. Der vierzig Hektar große Aasee ist Münsters große Frischluftschneise und ein Freizeit- und Sportparadies mit zwei kleinen Häfen, Segel- und Tretbooten.

Was das Aaseeufer den Kunstfreunden zu bieten hat, ist im Kapitel Kunst und Kultur ab Seite 159 nachzulesen. An der Nordseite locken zudem das Freilichtmuseum Mühlenhof, das Naturkundemuseum mit Planetarium und der Allwetterzoo mit Pferdemuseum. Zu diesen Attraktionen fährt auch der Wasserbus *Professor Landois*, der täglich mehrere Male zu einer kleinen Kreuzfahrt auf dem Aasee einlädt.

Wer lieber sein eigener Kapitän sein möchte, chartert ein Tretboot, zum Beispiel das in Form eines großen Schwans. Im Sommer 2006 machte ein kleiner schwarzer Trauerschwan seinem Namen alle Ehre. Er verliebte sich in das Tretboot und wich ihm nicht mehr von der Seite.

Aaseepark:
www.aaseepark.de

MEINMUNSTER

„Wohl jeder Münsteraner tritt irgendwann in Kontakt zur Segelschule Overschmidt, sei es als Eleve des Segelsports oder aber als Tretbootkapitän, zumindest aber als Beifahrer eines schwitzenden und unermüdlich strampelnden Papas, der seinen Sprösslingen das Gefühl vermitteln will, eine alte Teerjacke zum Vater zu haben.

Wer dann später als Dreikäsehoch oder doch erst als Erwachsener seinen Segelschein bei Overschmidt macht, wird in Peter Overschmidt, einem mit allen Wassern gewaschenen Seebären mit rauhbeinigem Charme, und seiner sympathischen Crew begeisterte Segler kennenlernen, die es schaffen, jeden für den Rest seines Lebens mit dem Segelvirus zu infizieren."

Seemannsgarn spinnen und Knoten üben: Die Leichtmatrosen der Götz Alsmann Band bei Overschmidt

Götz Alsmann *(Entertainer)*

Der kleine schwarze Schwan hat sich unsterblich in das weiße Boot verliebt und zeigt den Großen den Superlativ von Monogamie.

Wienburgpark

Der naturbelassene Park mit Wiesen, Wegen und einem großen Kinderspielplatz liegt im nördlichen Aatal. In einem renaturierten Feuchtbiotop haben Wasservögel neuen Lebensraum gefunden. Zum Einkehren lädt das Hotel-Restaurant *Wienburg* mit gepflegter Gastronomie und idyllischem Biergarten ein.

Ausflüge zum Stadtrand

Rieselfelder

(ca. 9 km vom Zentrum)
Nördlich des Stadtteils Coerde liegt das *Europareservat Rieselfelder Münster*, eines der wichtigsten Vogelschutzgebiete der Europäischen Union. Höchst seltene Vogelarten wie Uferschnepfen, Grünschenkel und Turmfalken sind in diesem einmaligen Flachwasser-Biotop zu beobachten. Bis zum Bau einer Großkläranlage im Jahre 1975 hatten die Rieselfelder den Zweck, den ihr Name verspricht: Hier wurden seit 1901 die Abwässer der Stadt geklärt.

Der 1968 von Umweltschützern und Ornithologen gegründeten *Biologischen Station Rieselfelder Münster* ist es zu verdanken, dass das viereinhalb Quadratkilometer große Gebiet ein wichtiger Rast- und Mauserplatz für zahlreiche Wat- und Wasservögel ist.

Vogelschutzgebiet Rieselfelder:
www.rieselfelder-muenster.de

Die Rieselfelder, einst Kloake, heute Naturschutzgebiet mit seltenen Vogelarten

Pleistermühle
(ca. 6 km vom Zentrum)

Inmitten der Bauernschaft Werse, am gleichnamigen Flüsschen, idyllisch zwischen hohen Bäumen am östlichen Stadtrand von Münster, liegt der *Landgasthof Pleister Mühle*. Von hier aus kann man die Werselandschaft erkunden. Zu Fuß, zu Pferde, per Fahrrad oder Kanu.

Handorf
(ca. 7 km vom Zentrum)

Das „Dorf der großen Kaffeekannen" ist das Ausflugs- und Ferienziel an der Werse. Zugleich ist Handorf Sitz des Westfälischen Pferdezentrums. Das Mekka der Pferdefreunde ist Auktions- und Turnierplatz. Reizvoll ist eine Tour über die kleinen Wege, die typischen münsterländischen Pättkes, von der Warendorfer Straße links in die Dyckburgstraße und vorbei am Boniburger Wald, in dem Schlaun das *Haus Dyckburg* errichtet hat. Die Loreto-Kapelle wählen Verliebte gerne, um sich das Ja-Wort geben. Über die Sudmühlenstraße geht es nach Handorf.

Handorf: www.handorf-aktuell.de

Angelmodde
(ca. 8 km vom Zentrum)

Die Flüsse Angel und Werse fließen durch Angelmodde mit seinem malerischen Zentrum und romanischer Saalkirche. An St. Agatha, einer typischen Dorfkirche des Münsterlandes, kann die Grabstätte der Fürstin von Gallitzin besucht werden. Das Gallitzin-Haus widmet ihr eine Dauerausstellung.

Historischer Postkarten-Gruß aus dem Dorf der großen Kaffeekannen (1898)

Knapper Name, knappes Outfit: Am liebsten FKK am KÜ

Wolbeck

(ca. 10 km vom Zentrum)

Die Bischöfe von Münster residierten ab dem 13. Jahrhundert auf ihrer Burg in Wolbeck. Im Westpreußischen Landesmuseum im ehemaligen *Drostenhof* werden Exponate aus der 750-jährigen Geschichte Westpreußens und des Freistaates Danzig gezeigt. Südöstlich von Wolbeck ist der 240 Hektar große, sehr schöne Tiergarten gelegen, in dem die Begegnung mit Kröten und Feuersalamandern nicht selten ist. Der Hochwald ist das ehemalige Jagdrevier der Bischöfe.

Wolbeck: www.wolbeck-muenster.de

KÜ (Kanalüberführung)

(ca. 10 km vom Zentrum)

Im Sommer freuen sich nicht nur die FKK-Fans, wenn die Schiffe über eine Brücke fahren: Bei Gelmer wird der alte Dortmund-Ems-Kanal mittels einer denkmalgeschützten, mehrbogigen Brücke aus Sandstein über die Ems geführt. Die alte Fahrt des Kanals zwischen Gimbte und Gelmer ist auf gut zwei Kilometern ideal für Wasserfreunde, Sonnenanbeter und für Familien mit kleinen Kindern. Obwohl der Sprung ins erfrischende Kanalwasser hochoffiziell untersagt ist, tummeln sich hier die Badefreunde.

Ziele außerhalb der Stadt

Telgte und das Krippenmuseum
(ca. 10 km vom Zentrum)
Kleine Gassen führen durch das 1200 Jahre alte Städtchen, einen der bedeutendsten Wallfahrtsorte des Münsterlandes. In der kleinen barocken Kapelle wird eine sechshundert Jahre alte Pietà aus Pappelholz verehrt. Bekannt ist Telgte wegen des Krippenmuseums in dem markanten Gebäude des Architekten Josef Paul Kleihues. Außerdem hat die Stadt ein Kornbrennerei-Museum zu bieten.

Telgte: www.telgte.de

Burg Hülshoff
(ca. 12 km vom Zentrum)
Die Dichterin Annette von Droste-Hülshoff wurde 1797 auf diesem Wasserschloss, das zu Havixbeck gehört, geboren. Die Burg besteht aus Vor- und Hauptburg, einem Backsteinbau mit Dreistaffelgiebeln der Renaissance. Man kann rund um den Hausteich spazieren oder das Droste-Museum besuchen.

Burg Hülshoff:
www.burg-huelshoff.de

Baumberge
(ca. 20 km vom Zentrum)
Wo das Münsterland am höchs-

Auf Burg Hülshoff wurde die Dichteri Annette von Droste-Hülshoff geborer

ten und schönsten ist, ruht tief in Boden der berühmte Kalksandstein der „Marmor des Münsterlandes" aus dem zum Beispiel der St.-Paulus Dom in Münster gebaut wurde. Wei tere prominente Beispiele für di Verwendung dieses Baustoffes sin der Ludgerus-Dom in Billerbeck un die Ausstattung der Abtei Gerlev zwischen Coesfeld und Billerbeck Figuren aus diesem Material befin den sich auch im Raum der alte Hanse, zum Beispiel in Lübeck un Riga. Das Baumberger Sandstein Museum in Havixbeck erzählt di Geschichte dieses Steins.
Der Geograph, Zoologe und Schü ler von Landois, Dr. Fritz Westhof wegen seiner 1,92 Meter Longin

genannt, wurde 1896 zum ersten Vorsitzenden des Baumberge-Vereins gewählt. Der *Longinus-Turm* auf dem Westerberg, dem höchsten Punkt der Baumberge, wurde nach ihm benannt. Das *Café Longinus* im Erdgeschoss ist nicht nur unter Motorradfahrern ein beliebter Treffpunkt.
Die traumhafte Gegend rund um die Orte Havixbeck, Billerbeck, Nottuln, Rosendahl und Coesfeld bietet Naturerlebnisse in der Hügellandschaft, idyllisch gelegene Wasserburgen und gemütliche Einkehrmöglichkeiten in den kleinen Orten.

Baumberge:
www.baumberge.net
Baumberge-Tourismus:
www.baumberge.com

Sandstein-Museum:
www.sandsteinmuseum.de
Café Longinus:
www.longinusturm.de

Lüdinghausen
(ca. 30 km vom Zentrum)
Am Rande der mittelalterlichen Stadt im südlichen Münsterland liegen drei Wasserburgen, unter anderem die Burg Vischering, eine der eindrucksvollsten und ursprünglichsten Wasserburgen. Im Rittersaal finden Konzerte und Ausstellungen statt.

Lüdinghausen:
www.luedinghausen.de
Burg Vischering:
www.burg-vischering.de

Wahrhaft ritterlich. Burg Vischering ist eine der schönsten Wasserburgen im Münsterland.

Gottfried Laurenz Pictorius, Spross der berühmten westfälischen Baumeisterfamilie, schuf unter anderem das Wasserschloss Nordkirchen (1703-1712).

Das Wasserschloss von Nordkirchen
(ca. 35 km vom Zentrum)
Zu Beginn des 18. Jahrhunderts schufen die Baumeister Pictorius und Schlaun das „Westfälische Versailles" mit angelegtem Park und breitem Wassergraben nach französischem Vorbild für den Fürstbischof Friedrich Christian von Plettenberg. Im Schlosspark liegt die Oranienburg, das Gesellenstück des Barockbaumeisters Schlaun.

Restaurant und Schloss Nordkirchen:
www.lauter-nordkirchen.de
Wasserschlösser im Münsterland:
www.100schloesserroute.de

Wildpferde in Merfeld
(ca. 35 km vom Zentrum)
Im Merfelder Bruch in der Nähe von Dülmen ist das einzige Wildpferdegestüt Europas mit dreihundert Pferden. Die Herzöge von Croy richteten zum Schutz der Tiere vor 150 Jahren ein Reservat für sie ein. Von März bis November ist die Wildpferdebahn für Besucher freigegeben und bei gutem Wetter von 10 bis 18 Uhr geöffnet.

Wildpferde im Merfelder Bruch:
www.wildpferde.de

Traditioneller Wildpferdefang am letzten Mai-Samstag

Das Hockende Weib

(ca. 35 km vom Zentrum)

Die Dörenther Klippen im Tecklenburger Land sind ein gutes Klettergebiet. Die Felsenlandschaft liegt am Hermannsweg, der entlang des Teutoburger Waldes verläuft. Ein Felsen gleicht einer Frau mit Kindern auf den Schultern – das Hockende Weib. Der Sage nach musste die Mutter vor der Flut auf den Berg flüchten und erstarrte hier zu Stein.

Tecklenburg

(ca. 40 km vom Zentrum)

Das nördlichste Bergstädtchen Deutschlands liegt in beachtlichen 230 Meter Höhe. Die Fachwerkstadt ist Mittelpunkt des Tecklenburger Landes mit der bekannten Freilichtbühne in der Burgruine des Grafen von Tecklenburg. Die Bastion mit unterirdischen Gewölben und das Torhaus, in dem früher Leinen geprüft und mit Gütesiegel versehen wurde, kann man besichtigen.

Tecklenburg:
www.stadt-tecklenburg.de

Sportfreunde

Ballsport

Ja, Münster hat eine Bundesliga-Mannschaft. Die Volleyballerinnen des *USC*

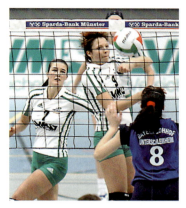

Die Volleyballerinnen vom *USC* begeistern mit Spitzensport.

holten schon oft den deutschen Meistertitel. Wenn die Damen ein Heimspiel haben, wird das *Volleydrom* im Stadtteil Berg Fidel mit 4500 Zuschauern zum Hexenkessel. Die Männer treten in der zweiten Bundesliga an.

Und damit sehen sie noch deutlich besser aus als die Jungs vom *SC Preußen 06*. Der Fußballverein mag 1951 noch deutscher Vizemeister und 1963 Gründungsmitglied der ersten Bundesliga gewesen sein; doch die Preußen kickten 25 Jahre lang fast nur in der Regionalliga, von der sie sich 2006 auch noch verabschieden mussten – was die vielen Fans aber nicht davon abhält, tapfer ihren Helden treu zu bleiben.

Bis in die erste Bundesliga konnten sich auch die aktiven Basketballer des größten Clubs, *UBC Münster*, noch nicht vorarbeiten, obwohl Basketball zu den beliebtesten Sportarten zählt. Sehr erfolgreich ist die Abteilung der Rollstuhlbasketballer. Seit 1983 wird in Münster auch American Football gespielt. Die *Münster Mammuts* können sogar mit einer Damenmannschaft aufwarten.

Wie man mit Küchengeräten Hochleistungssport betreibt, zeigen die Cracks auf den Speckbrettplätzen. Dieser einzigartige Sport stammt aus den zwanziger Jahren. Das Speckbrett wird ähnlich wie ein Tennisschläger eingesetzt. 30 Speckbrettplätze, aber auch Parks und Schulhöfe werden zum Spielen genutzt.

USC:
www.usc-muenster.de
SC Preußen Münster:
www.scpreussen-muenster.de
UBC:
www.ubcmuenster.com
Abt. Rollstuhlbasketball des UBC:
www.ubc-rollis.de
Münster Mammuts:
www.mammuts.com

Ballonfahren

Wer bei schönem Wetter in Münster zum Himmel schaut, kann schon mal fliegende Eistüten und Teekannen oder Bierflaschen entdecken. Seit 1951 entwickelte sich das Münsterland zu einer Hochburg der Heißluftballonfreunde. Jedes Jahr zu Pfingsten treffen sich Ballonfahrer aus aller Welt auf den Aaseewiesen zu der größten Ballonsportveranstaltung Deutschlands, der Montgolfiade.

Ausflüge und Freizeitvergnügen

Pferdenarren

Münster hat eine lange Tradition im Pferdesport und zählt zu den erfolgreichsten Zuchtgebieten der Welt. Im Stadtgebiet stehen rund 2 000 Pferde, es gibt 18 Reitervereine und 22 Reithallen.

Mit mehr als 100 000 Tieren ist das Münsterland eine der pferdereichsten Regionen Europas. Rund 80 000 Menschen betreiben hier den Reit- und Fahrsport. Über tausend Pferdehöfe gibt es in Münster und Umland – idyllische Fachwerkhöfe, rustikale Ställe oder hochmoderne Pferdesportanlagen. Wer es ländlich mag findet in Heuherbergen mitsamt Vierbeiner eine Bleibe; Ponyhöfe schaffen den Kleinen unvergessliche Ferienerlebnisse. Zahlreiche Olympiasieger, Welt- und Europameister aus allen Pferdesportdisziplinen sind im Münsterland zuhause: Ludger Beerbaum (Hörstel), Marco Kutscher (Hörstel), Markus Ehning (Borken), Frank Ostholt (Warendorf) und Ingrid Klimke (Münster). Deren Vater, der 1999 verstorbene Dressurreiter Reiner Klimke, gehörte mit sechs Gold- und zwei Bronzemedaillen zu den erfolgreichsten Olympiateilnehmern. Ein Reitsport-Event der Spitzenklasse und eines der wichtigen gesellschaftlichen Ereignisse ist das große Dressur- und Springturnier *Turnier der Sieger* vor dem Schloss, das Kräftemessen nationaler Turniersieger am Saisonende. Von den überdachten Tribünen aus haben die Zuschauerinnen und Zuschauer den direkten Blick auf das sportliche Geschehen mit Olympiasiegern und Weltmeistern. Mit der *Riders Tour* ist das Turnier in Westfalen, das einmal im Jahr stattfindet, Bestandteil der international ausgeschriebenen höchstdotierten Serie im Reitsport.

Turnier der Sieger:
www.turnierdersieger.de
Reiten im Münsterland:
www.pferderegion-muensterland.de
Ingrid Klimke:
www.klimke.org

Trimm Dich!

Die Grünoasen sind auch bei Laufsportlern beliebt. Die Jogging-Strecke um die Promenade ist viereinhalb Kilometer lang. Man kann weiter zum Aasee laufen und das Fitness-Programm verlängern. Oder man startet direkt am Aasee, den man mit gut fünf Kilometern einmal umrundet.

Die ganz Sportlichen können alljährlich am zweiten Sonntag im September zum Münster-Marathon antreten. Die Strecke ist bei den Läufern beliebt, weil sie sowohl durch schöne Straßen der Innenstadt als auch durch reizvolle Landschaft führt.

Auch Inline-Skater finden auf der Promenade ideale Bedingungen. Oder am Aasee: Dort, wo der Uferpfad einen Sandboden hat, weichen sie auf die weiter oben liegenden Asphaltwege aus.

Was für die Läufer der Marathon ist, ist für die Inlinefreunde die

Die Marathonläuferinnen und -läufer lieben die Strecke rings um Münster und durch die historische Stadt.

Skatenight, bei der mehrere tausend Menschen rund 20 Kilometer durch Münster rollen. Von Mai bis September startet die Tour an jedem ersten und dritten Freitag des Monats um 20 Uhr auf dem Hindenburgplatz.

Der Münsteraner Lieblingssport ist und bleibt jedoch das Radeln. Die Stadt hat mehr Fahrräder als Einwohner. Selbst die Niederlande – der Inbegriff von Fahrradkultur – holen sich in der Domstadt Tipps für die Verkehrsplanung. Eigene Lichtsignale, Schleusen zwischen dem motorisierten Verkehr, freie Fahrt durch Einbahnstraßen und Sackgassen, eigene Spuren und Fahrstreifen zeigen es an: In Münster haben Radfahrer Vorfahrt. Jeder Bürger Münsters sitzt statistisch betrachtet täglich 15,6 Minuten auf der Leeze. 80 000 Berufspendler sind bereits auf das sportliche Zweirad umgestiegen. Fast 35 Prozent fahren mit dem Rad zur Arbeit, knapp 50 Prozent in die Schule oder zur Uni. Auch Joseph Ratzinger, der spätere Papst Benedikt XVI, wurde während seiner Münsterjahre (1963–66) zum Radler. Seine Studenten hatten ihm ein Fahrrad geschenkt, das er eifrig nutzte.

Zum Münsterland-Giro am 3. Oktober treffen sich die Profis und Hobbyfahrer zu einem der wichtigsten Radrennen vor rund 100 000 Zuschauern. Bei internationalen Turnieren wie der Tour de France wird Münster erfolgreich von Fabian Wegmann und Linus Gerdemann vertreten.

Wo es reichlich Leezen gibt, werden sie natürlich auch gerne geklaut. Darum hat die Münsteraner Polizei die Sonderkommission *Speiche* eingerichtet. In der größten Radstation Deutschlands direkt vor dem Hauptbahnhof verschwinden die Räder unterirdisch – da werden Diebe erst gar nicht in Versuchung geführt. 3 300 Fahrräder können in zwei Etagen geparkt werden. Eine Waschanlage bringt die Leezen sogar wieder auf Hochglanz. Und wer kein Rad hat, kann hier eins mieten, um über 250 Kilometer Radwegenetz im Stadtgebiet zu erobern. Entsprechendes Kartenmaterial gibt es im örtlichen Buchhandel.

Münster-Marathon:
www.volksbank-muenster-marathon.de
Skatenight Münster:
www.skatenight-muenster.de
Segelclub Münster e.V.:
www.segel-club-muenster.de
Segelclub Hansa Münster e.V.:
www.segelclub-hansa.de
Münsterland-Giro:
www.sparkassen-muensterland-giro.de
Fabian Wegmann:
www.fabianwegmann.de

FREIZEITADRESSEN

Sportliches

Skater's Palace
Das lässigste Jugendzentrum der Stadt. Im Skatertreff mit Halfpipe gibt es auch HipHop-, Hardcore- und Punkrock-Veranstaltungen.

Dahlweg 126 | ① (0251) 5 20 00 56
Mi-Fr 10-21 Uhr | Sa 11-21 Uhr
So 14-21 Uhr und zu Abendveranstaltungen.
www.skaters-palace.de

Eispalast Münster
Steinfurter Straße 113-115
① (0251) 29 68 97
Ende August bis Ende Mai:
Mo-Do 9-13 Uhr, 14-17.30 Uhr
und 19.30-22 Uhr | Fr, Sa 9-13 Uhr,
14-18 Uhr und 19-22.30 Uhr
So 9-13 Uhr | 14-18 Uhr und 19-22 Uhr
www.eispalast-muenster.de

Julian Mahlberg beim Nosegrind im *Skater's Palace*

Beule Indoor Kartbahn
Robert-Bosch-Straße 16
① (0251) 76 36 866
Mo-Do 14-23 Uhr | Fr, Sa 14-1 Uhr
So 10-23 Uhr
www.beule-indoor-kart.de

Golfclub Münster-Wilkinghege
Gäste mit DGV-Ausweis, eingetragenem Handicap bis -36 oder entsprechendem Vorgabenstammblatt sind willkommen.

MEINMUNSTER

„Mein Lieblingsort ist natürlich der *Skater's Palace*, betrieben vom Verein zur Förderung der Jugendkultur. Skaten ist ideal auf dem dornigen, zornigen Weg zum Erwachsensein im Dschungel der Pubertät. Wir brauchen die unkonventionellen Jugendlichen, die harten Jungs und Mädchen, Skateboarder, Graffitikünstler, Breakdancer, BMXer, Rocker oder Hip Hopper. Da ist der *Skater's Palace* ein unkonventionelles Zuhause, an dem einfach mein Herz hängt."

Titus Dittmann *(Skate-Pionier)*

Schick und schön ist es auf dem Green des Golfplatzes Wilkinghege.

Steinfurter Straße 448
① (0251) 21 40 90
www.golfclub-wilkinghege.de

Sport-Center Borkstraße
Tennis, Squash und Kegeln.

Borkstraße 17b
① (0251) 9 79 13 33
Tägl. 9.30-24 Uhr
www.sport-center-borkstraße.de

Cosmo Bowling
Trauttmansdorffstraße 101
① (0251) 23 90 89 90
Mo-Do 14-1 Uhr | Fr-Sa 10-3 Uhr
So 10-1 Uhr
www.cosmo-bowling-muenster.de

Soccer-Halle Rummenigge
Betreiber Michael Rummenigge ist der kleine Bruder von Karl-Heinz.

Trautmannsdorffstraße 111
① (0251) 3 22 67 60
Mo-Fr 10-24 Uhr
Sa, So 10-22 Uhr
www.soccer-halle.de

Kletterhalle High Hill
Salzmannstraße 140
① (0251) 2 39 66 77
Mo-Fr 14-23 Uhr
Sa, So, Ft 10 – 23 Uhr
www.high-hill.de

Schwimmbäder

Der Eintrittspreis in den städtischen Bädern beträgt 3 €, ermäßigt 1,50 €.

Städtisches Hallenbad Mitte
Badestraße 8 | ① (0251) 4 84 13 53

Städtisches Freibad Stapelskotten
Laerer Werseufer 2 | ① (0251) 31 18 20

Freibad DJK Coburg
Grevener Straße 125/127
① (0251) 9 22 03 30

Aktuelle Öffnungszeiten stehen auf der Webseite des Sportamtes:
www.muenster.de/stadt/sportamt

Glückliche Kinder und glückliche Tiere auf dem Ponyhof Schleithoff in Havixbeck

Ponyhöfe im Umland

Ponyhof Schleithoff
Familiär geführter Hof für Kinder von 7 - 14 Jahren in den Baumbergen, ca. 20 km von MS-Zentrum. Auch Ferienwohnungen.

Herkentrup 4
48329 Havixbeck
☎ (02507) 12 27
www.ponyhof.de

Ponyhof Georgenbruch
Unterricht und Reitferien für Kinder, ca. 20 km von MS- Zentrum.

Müssingen 25
48351 Everswinkel
☎ (02582) 12 16
www.ponyhof-georgenbruch.de

Internetcafés

c@fé X
Wolbecker Straße 43
☎ (0251) 4 81 99 22
Mo-Sa 9.30-24 Uhr
So 11.30-24 Uhr
www.cafex.de

Jugend-Online
Im Jib (Jugendinformations- und beratungszentrum) stehen für junge Menschen zwei Terminals zum kostenlosen Surfen bereit.

Hafenstraße 34
☎ (0251) 4 92 58 58
Mi, Do, Fr 14-18 Uhr
(für unter 27-Jährige)
Mo 18-20 Uhr (für über 27-Jährige)
www.stadt-muenster.de/jib

mekomlokal
Internetcafé des Medienkompetenz-Netzwerks Münster.

Verspoel 7-8 | ① (0251) 4 84 06 59
Mo-Fr 12-18 Uhr
www.mekomnet.de

Plattform Call & Internet
Aegidiistraße 19 | ① (0251) 48 43 20
Mo-Sa 10-23 Uhr | So 11-23 Uhr

Verkehrsmittel – ganz zum Vergnügen

Wasserbus Professor Landois
Von Karfreitag bis Anfang November legt der Wasserbus zwischen 10 und 18 Uhr zu jeder vollen Stunde von der *Goldenen Brücke* am Anfang des Aasees ab, wenn das Wetter mitspielt. Die Fahrt geht vorbei am Mühlenhof zum Zoo und von dort stündlich zwischen 10.30 und 17.30 Uhr zurück.

① (0171) 8 77 73 15
www.prof-landois.de

Bootsverleih Pleister Mühle
Pleistermühlenweg 196
① (0251) 3 83 33 80

Overschmidt
Tretbootverleih und Segelschule am Aasee.

Annette Allee 3
① (0251) 84 50 20
www.overschmidt.de

Canu Camp
Kanuausrüster mit Verleihstationen in Münster-Angelmodde (Homannstraße 64) und Münster-Handorf (am Restaurant *Nobis Krug*, Warendorfer Straße 512).

① (02535) 9 50 52
www.canucamp.de

Ballonfahrten
① (0251) 32 84 88
www.ballonteammuenster.de

Kutschfahrten
① (0251) 8 71 44 34
www.muenster.de/~baumkott

Fahrradverleih-Adressen stehen auf Seite 264.

Mit *Professor Landois* zum Allwetterzoo – da wird schon die Anreise zum Vergnügen.

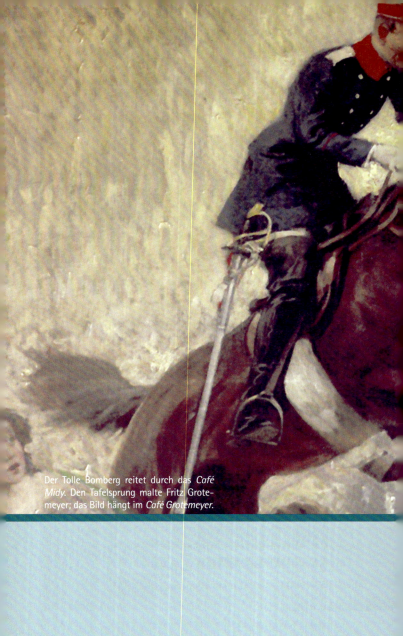

Der Tolle Bomberg reitet durch das *Café Midy*. Den Tafelsprung malte Fritz Grotemeyer; das Bild hängt im *Café Grotemeyer*.

GESCHICHTE UND TRADITIONEN

hat Tradition! | Frauen machen Geschichte | ginale | Das NS-Regime | Die Stadtgeschichte im Überblick

DAS HAT TRADITION!

Bräuche

Junggesellen-Abschied und andere Feste

Kommt Ihnen beim Ausgehen eine Truppe außer Rand und Band entgegen, mittendrin eine Gestalt, verkleidet als Kloschüssel, Frosch, Baby oder Krankenschwester? Jemand will Ihnen aus einem kleinen Bauchladen zum Beispiel ein Kondom verkaufen? Und Sie bekommen einen Lutscher, eine Blume oder einen Kuss? Dann lernen Sie gerade die westfälische Variante des Junggesellen-Abschieds kennen. Die Paare feiern – streng nach Geschlechtern getrennt – ihren letzten Abend vor dem Start in das Eheglück.

Einen ähnlich karnevalistischen Eindruck machen die Cliquen, die sich vor dem Friedenssaal treffen, meistens ausgestattet mit einem Bollerwagen voller Bierkisten, um ein Geburtstagskind die Rathaustreppe fegen zu lassen: Dazu sind nämlich die Männer verdonnert, die bis zum 30. Lebensjahr noch nicht verheiratet sind – und nur der Kuss einer Jungfrau kann sie erlösen. Das soll aber nicht der einzige Grund für die steigende Zahl der Singles in der Domstadt sein.

Wenn Sie hierzulande jemand in der Weihnachtszeit zum *Stephanus steinigen* einlädt, brauchen Sie nicht zu fürchten, dass es sich um eine Barbarei handelt, bei der Menschen zu Schaden kommen. Im 19. Jahrhundert war für junge Leute im Münsterland am zweiten Weihnachtsfeiertag der Besuch eines Wirtshauses obligatorisch. Da der 26. Dezember ja auch der Tag des Märtyrers Stephanus ist, bekam dieser Ritus der

> Ach, wie ist es wunderbar,
> Stefan wird heut 30 Jahr!
> Doch noch ohne Ehesegen
> muß er die Rathaustreppe fegen.
> Heute um drei schwingt er den Besen,
> nur eine Jungfrau kann ihn erlösen.
> Wir wünschen Dir noch viele Jahre
> Glück, Gesundheit und schöne Tage!
>
> Deine Clicke (Hacki, Steffi, Tube, Günni u. Tina)

Solche Anzeigen sind in Münsters Tageszeitungen keine Seltenheit.

Namen *Stephanus steinigen*. Es ist heute noch üblich, sich am zweiten Weihnachtstag zum hemmungslosen Alkoholverzehr zu treffen.

Der Gute Montag

Drei münstersche Bäckergesellen, die sich im Jahr 1683 in Wien aufhielten, sollen die Donaumetropole vor der Eroberung durch die Türken bewahrt haben. Während ihrer Nachtarbeit bemerkten sie, dass unterirdisch etwas im Gange sein musste. Das meldeten sie schnurstracks dem Wiener Stadtkommandanten, der so den Tunnelbau der Türken vereiteln konnte. Zur Belohnung schenkte Wien den Bäckern den *Guten Montag*, einen freien Tag, den sie als Fest ihrer Zunft in der Heimat gewohnt waren. Alle drei Jahre feiern Münsters Bäcker diesen Tag, ziehen durch die Stadt und machen den Honoratioren per Fahnenschlag ihre Aufwartung. Vor dem Rathaus wird die neue Bäckerkönigin geehrt.

Lambertussingen

Am 17. September, dem Tag des heiligen Lambertus, ziehen die Kinder mit selbst gebastelten Laternen durch die Straßen, rufen den Reim „Kinder, kommt runter, Lambertus ist munter" und pilgern gemeinsam zur Lambertuspyramide. Um einen der Mitwirkenden, der als Bauer mit Kiepe verkleidet ist, wird ringelreih getanzt.

Lambertussingen in Münster, 1958

Gegen Ende des 18. Jahrhunderts haben die Erwachsenen zu Lambertus bis spät in die Nacht gefeiert. Mitte des 19. Jahrhunderts war das Fest zum derben Trinkgelage von Mägden und Arbeitergesellen verkommen. Daher lautete 1850 in Münster auch ein offizielles Gebot: „Das Aufstellen der Pyramiden in engen und häufig befahrenen Straßen ist verboten; ebenso lautes Schreien und Rufen und das Absingen unanständiger Lieder". Da die Lambertussinger nicht von alkoholbedingten Exzessen und Grölereien abließen, wurde das Fest 1873 ganz verboten. Der Brauch verschwand aus dem öffentlichen Leben, wurde jedoch in Vereinen und Nachbarschaften fortgeführt und lebt als Kinderfest weiter.

Feste Termine

JANUAR

|| Reit- und Springturnier in der *Halle Münsterland*.

FEBRUAR

|| Altweiberfastnacht am Donnerstag vor Rosenmontag in (fast) allen Kneipen.
|| Karnevalsumzug am Rosenmontag ab 12.11 Uhr in der Innenstadt.

MÄRZ

|| Kirmeszeit: Vom Donnerstag vor dem vierten Sonntag nach Aschermittwoch bis zum folgenden Montag Frühjahrssend auf dem Hindenburgplatz. Feuerwerk am Freitag. www.send.muenster.de

APRIL

|| Lyrikertreffen in den „ungeraden" Jahren im April oder Mai.
www.literaturverein-muenster.de

Märkte

Mittwochs (von 7 bis 13.30 Uhr) und samstags (7 bis 14.30 Uhr) verwandelt sich der große Domplatz in einen einzigartigen Markt mit südländischer Geschäftigkeit und über 150 Händlern. Schon tausend Jahre alt ist die Tradition des Bauernmarktes.

Die Kunden freuen sich auch über den ökologischen Markt am Freitagnachmittag (12 bis 18 Uhr) auf dem Domplatz. Ob Beamte der Bezirksregierung oder junge Familien: Die Bio-Bratkartoffeln mit Kringelwurst oder Holunderbrause zur Quiche an langen Holztischen schmecken allen.

Am ersten Advent entstehen im Rathaus-Innenhof, am Aegidiimarkt und auf den Plätzen rund um Lambertikirche und Kiepenkerl-Denkmal festliche Weihnachtsmärkte. Dann strömen auch Menschen mit Nikolaus-Mützen und Elch-Geweihen in Münsters „gute Stube", trinken Glühwein oder kaufen handgemachte Geschenke. Häufig blinkt der Kopfputz noch batterienverstärkt. Das alles tut aber der besonderen adventlichen Atmosphäre auf einem der schönsten Weihnachtsmärkte Deutschlands kaum einen Abbruch.

Der berühmte münstersche Flohmarkt findet an jedem dritten Samstag in den Monaten Mai bis September statt. Mehr als einen Kilometer lang windet er sich dann vom Hindenburgplatz die Promenade entlang in Richtung Aasee. Er zählt bundesweit zu den größten seiner Art unter freiem Himmel und zieht seit Jahrzehnten Tausende von Besuchern aus dem In- und Ausland an. Für Hobby-Verkäufer fällt keine Standgebühr an.

Markt am Dom: www.wochenmarkt-muenster.de
Ökologischer Bauernmarkt: www.oekomarkt-ms.de

MAI

|| Tag der internationalen Hanse mit Hansetafel auf dem Prinzipalmarkt am dritten Samstag im Mai.
|| Eurocityfest von Freitag bis Sonntag am Wochenende nach Christi Himmelfahrt. www.eurocityfest.de
|| Internationales Sommerfest vor dem Schloss an einem Samstag im Mai oder Juni.
|| Der Gute Montag im Mai oder Juni jedes dritten Jahres (2007, 2010, 2013…).

JUNI

|| Motorradtage mit großem Korso durch die Innenstadt am Fronleichnam-Wochenende von Donnerstag bis Sonntag. Wenn Hunderte von Fahrern gleichzeitig ihre Maschinen starten, schlagen Bikerherzen höher.
www.motorradtage-muenster.de
|| Hafenfest mit vielen Musikbühnen – in der Regel am Wochenende nach Fronleichnam von Freitag bis Sonntag.
www.ms-hafenfest.de
|| Kirmeszeit: Vom Donnerstag vor dem letzten Sonntag im Monat Juni bis zum folgenden Montag Sommersend auf dem Hindenburgplatz. Feuerwerk am Freitag.
|| *Münster verwöhnt* vor dem Schloss. Restaurants des Münsterlandes präsentieren die Finessen der hohen Kochkunst. www.muenster-verwoehnt.de
|| Buch- und Bouquinisten-Markt auf dem Rosenplatz mehrmals im Sommer.

JULI

|| Skateboard-Weltmeisterschaft *Münster Monster Mastership* Anfang Juli (Freitag bis Sonntag).
www.mastership.de
|| Internationales Drachenfest am zweiten Juli-Wochenende auf den Aaseewiesen (Samstag/Sonntag).
www.drachenfest-muenster.de
|| *Turnier der Sieger* – Deutsche Meisterschaften im Spring- und Dressurreiten im Juli oder August.

AUGUST

|| Hammer-Straßen-Fest am ersten August-Wochenende (Samstag/Sonntag).
|| Münsteraner Weinfest im Schlossgarten Anfang August (Freitag bis Sonntag).
|| Montgolfiade auf den Aaseewiesen am letzten August-Wochenende (Freitag bis Sonntag).
|| Kreuzviertelfest am ersten Wochenende nach den Schulsommerferien in Nordrhein-Westfalen (Samstag/Sonntag).
|| *Die Nacht am Aasee.* Buntes Programm

Hunderte von Bikern heizen jedes Jahr bei den Motarradtagen durch die City.

MEIN MUNSTER

„Ich mag die *Hansetafel* auf dem Prinzipalmarkt, wo die dort ansässigen Kaufleute die Münsteraner an einem langen Tisch auf einem roten Teppich mitten im Herzen der Stadt bewirten; auch *Münster verwöhnt* vor dem Schloss ist ein kulinarisches Highlight, wo man sich nicht entscheiden kann, was man zuerst probieren soll. Auch kulturelle Veranstaltungen, wie z.B. *Schauraum* mit der Nacht der Museen sind wunderschön und geprägt von einer außerordentlichen, guten Stimmung. Und alle 10 Jahre freue ich mich auf die Skulpturenausstellung, ein echtes Münsteraner Bonbon, wo mittlerweile die ganze Welt auf uns schaut."

Barbara Müller
(Inhaberin der Altbierküche Pinkus Müller)

in Zoo und Mühlenhof.
www.dienachtamaasee.de
|| Open-Air-Kino vor dem Schloss.

SEPTEMBER

|| *Schauraum – Fest der Museen und Galerien* am ersten September-Wochenende.
|| Stadtschützenfest am ersten Septemberwochenende von Donnerstag bis Sonntag.
|| Münster-Marathon am zweiten Sonntag im September.
|| Lambertusfest am 17. September.

OKTOBER

|| UCI Radrennen Münsterland Giro am 3. Oktober.

|| Kirmeszeit: Vom Donnerstag vor dem vierten Sonntag im Monat Oktober bis zum folgenden Montag Herbstsend auf dem Hindenburgplatz. Feuerwerk am Freitag.

NOVEMBER

|| Europas größte Kegelparty an zwei Wochenenden im November in der Halle Münsterland. Ein Taxi ist ebenso schwer zu bekommen wie in der Silvesternacht.
www.kegelparty-muenster.de
|| Alle zwei Jahre (2007, 2009...) *Filmfestival Münster*.

DEZEMBER

|| Im Advent Weihnachtsmärkte in der Innenstadt.

FRAUEN MACHEN GESCHICHTE

Weibliche Spuren in der Historie der Stadt

Welch ein weiter Weg! Bis zu jenem Tag, als eine Frau an der Stadtspitze die Staatschefs Europas zum 350. Jahrestag des Westfälischen Friedens begrüßen durfte. Die SPD-Politikerin und Oberbürgermeisterin Marion Tüns hatte im Jahr 1998 diese ehrenvolle Aufgabe. Und das mit gewagtem Hut, der Pferderennen-erprobte Königinnen vor Neid erblassen ließ.

Marion Tüns beeindruckt mit extravaganter Kopfbedeckung.

Immerhin hat es Jahrhunderte gedauert, bis Münsters Frauen die Chance auf ein eigenständiges Leben hatten. Im Mittelalter boten beinahe nur die Häuser der Beginen und die Klöster eine Alternative zu Ehe und Familie. Auch die späteren Damenstifte, die nach der Reformation aus den Klöstern hervorgingen, dienten nicht allein der religiösen Erbauung. Sie bedeuteten ebenso ein Leben jenseits der traditionellen weiblichen Rolle – ohne Keuschheits- oder Armutsgelübde und mit Privateigentum. Selbst während der auch sozialreformerisch bewegten Täuferherrschaft waren die Aktivitäten von Frauen im religiösen Leben nur ein kurzes Zwischenspiel. Der selbsternannte Täuferkönig Jan van Leyden zeigte, wie kopflos allzu selbstbewusste Frauen enden konnten, indem er seine Ehefrau eigenhändig enthauptete.

In Sachen Hexenverfolgung muss man den Münsteranern zugestehen, dass sie sich von der wilden Hatz nicht infizieren ließen, die in anderen Regionen zur Ermordung tausender Frauen führte. Die Herren in der Ratskammer des Friedenssaals mochten wohl selbst kaum an Hexensabbat und vermeintlichen Sex mit Luzifer glauben. Der Reichtum der Stadt hat sicher zunächst ein Übriges verhindert. Als es zwischen 1627 und 1635 zur wirtschaftlichen Flaute kam, nahm auch in Münster die Zahl der grausamen Verfolgungen von Frauen und der Prozesse gegen angebliche Hexen zu.

Zwischen 1552 und 1644 wurden ungefähr vierzig Gerichtsverfahren gegen Zaubereiverdächtige, Wunderheiler und Geisterbeschwörer geführt, dreißig davon waren weiblich. Bezeichnend ist der Lynchmord an Anna Holthaus. Auslöser für ihr Martyrium waren die Schilderungen eines achtjährigen Jungen, der als Pflegekind bei ihr gelebt hatte und behauptete, sie hätte ihn mit zum Hexentanz genommen. Der Rat war natürlich in schwerer Beweisnot, dennoch wurde Anna Holthaus unter den Augen des Scharfrichters gefoltert und schließlich der Stadt verwiesen. Vor den Toren fiel sie völlig entkräftet einer Bande von Straßenjungen in die Hände, die die alte Frau steinigten und sie im Stadtgraben ertrinken ließen. Der Fall aus dem Jahr 1644 gehört zu einem der letzten Prozesse wegen schwarzer Magie oder Hexerei. Elsa Buddenboems war eine der fünf Frauen, die wegen des Teufelspakts zum Tode verurteilt wurde, ebenso Greta Bünichmann. Auch 300 Jahre später war es in Münster erst nach massiven Protesten möglich, eine Straße nach ihr zu benennen.

Mühsam war der Weg der Frauen in einen eigenen Beruf. Da gehörte schon eine gehörige Portion Mut zu einer Entscheidung wie der von Felicitas Abt, die als Wanderbühnendarstellerin arbeitete und von der feinen Gesellschaft naserümpfend betrachtet wurde. Trotzdem gelang es der jungen Bildungsbürgerin, sich auf der münsterschen Schaubühne des von Lipper erbauten Komödienhauses am Roggenmarkt in die Herzen der Zuschauer, auch des Bürgertums, zu spielen. Sie arbeitete in Amsterdam in der Theatergruppe ihres Ehemannes, dem von 1777 bis 1779 die Spielleitung in Münster übertragen wurde. Während der Abtschen Spielleitung standen 86 Opern und 90 Theaterstücke auf dem Programm. 1780/81 folgte Felicitas Abt ihrem Ehemann und verließ das lieb gewordene Münster, obwohl sie ihre Kinder eigentlich auf die von Fürstenberg geplanten Schulen schicken wollte.

Wie sehr die Gesellschaft Alleinerziehende verachtete, musste die Münsteranerin Mathilde Franziska Anneke (1817–1884) erleben. Trotzdem gelang es ihr, die Scheidung und das Sorgerecht für ihr Kind durchzusetzen, politisch aktiv zu werden und schließlich in New York als führendes Mitglied der amerikanischen Frauenbewegung zu überzeugen. Die spätere Sufragette begann mit reli giöser Schriftstellerei und bewunderte Annette von Droste-Hülshoff, die allerdings den Kontakt mit der Geschiedenen tunlichst mied.

Mit Starrsinn und Eigeninitiative gelang es auch der Münsteranerin Elisabeth Ney (1833–1907), eine akademische Ausbildung zu erlangen und sich in der bildenden Kunst einen Namen zu machen – damit gehörte sie zu den wenigen Künstlerinnen, die das im 19. Jahrhundert aus Eigeninitiative geschafft haben. Als erste Frau studierte sie Bildhauerei an der Kunstakademie in München. 1855 ging sie nach Berlin zu dem berühmten Bildhauer Christian Daniel Rauch, durch den sie aristokratische und intellektuelle Zirkel

Elisabeth Ney

kennenlernte und Aufträge bekam. 1860 kam sie nach Münster zurück und richtete am Bohlweg ein Atelier ein. Elisabeth Ney schuf Portraitbüsten zahlreicher europäischer Persönlichkeiten wie Alexander von Humboldt, Cosima Bülow (spätere Wagner), Arthur Schopenhauer, Bismarck oder König Ludwig II. Auch international fanden ihre Werke auf der Pariser Weltausstellung 1867 Beachtung. 1870 wanderte Ney nach Amerika aus. In Austin, Texas, erinnert ein Museum mit Briefen, Dokumenten und Werken an die Künstlerin.

Wofür die Frauen lange gekämpft hatten, wurde schließlich politische Realität: Am 12. November 1918 wurde durch den Beschluss des *Rates der Volksbeauftragten* im Deutschen Reich das lange umstrittene Frauenstimmrecht eingeführt. Auch ins münstersche Stadtverordnetenkollegium zogen am 15. April 1919 Frauen ein. Mit den neuen „Stadtväterinnen", wie sie in der Presse genannt wurden, betraten zum ersten Mal in der Geschichte Münsters Frauen die offizielle politische Bühne.

Sie erlebten gleich mit, wie eng die Grenzen des Strebens nach Gleichstellung gezogen waren. Mit der „Demobilmachung" nach dem Ersten Weltkrieg sollten die Frauen, die während des Krieges bezahlte Arbeit verrichteten, den heimkehrenden Soldaten Platz machen. Von 250 städtischen weiblichen Angestell-

ten waren 180 mit dem Kriegsende schon entlassen worden.
Eine der ersten Ratsfrauen, die Oberstudiendirektorin Catharina Müller, setzte sich für das Recht der Frau auf bezahlte Arbeit ein, wenn auch im Rahmen ihrer streng katholischen Auffassung. Sie engagierte sich für das Schulwesen und die Gleichstellung der Lehrerinnen in Leitungspositionen. Die von der SPD beantragte Übernahme der katholischen und evangelischen höheren Mädchenschule in städtische Trägerschaft, womöglich noch mit Aufhebung des Zölibats für Lehrerinnen, ging der Ratsfrau dann doch zu weit.

Nach dem Ende des Zweiten Weltkrieges mussten Frauen wieder einmal den Männern ihren Arbeitsplatz überlassen. In der Sprechweise des Arbeitsamtes hieß dies damals „Entlassung aus sozialen Gesichtspunkten". Umso mehr war die unentgeltliche Frauenarbeit gefragt: beim Schutträumen und Steineklopfen, in den Ziegeleien und in der Zementindustrie. Anders als in Berlin oder Dresden wurde die Arbeit der Trümmerfrau aber nicht als Beruf anerkannt, was immerhin zu einer größeren Zuteilung von Lebensmittelmarken geführt hätte.

Amalie von Gallitzin (1748–1806) und der Kreis von Münster

Die Ideen der Aufklärung, die Franz von Fürstenberg (1729–1810) in Münster auch politisch umsetzen konnte, lockten Fürstin Amalie von Gallitzin nach Westfalen. Schon bald ließ das Duo Fürstenberg und Gallitzin gemeinsam geistige Funken sprühen. Der Esprit der beiden, gepaart mit der Warmherzigkeit der Fürstin, lockte weitere kluge Köpfe

Amalie von Gallitzin

nach Münster. Als Hofdame in Preußen hatte Amalie den russischen Gesandten in Paris, Fürst Dimitri Aleksejewitsch Golizyn, geheiratet und mit ihm in Den Haag gelebt. Während sie ihren geistigen Horizont erweiterte und die Ideen Voltaires kennenlernte, ging sie auch modisch keine Kompromisse mehr ein, trennte sich von Schnürbrust und Reifrock und begann im neuen Outfit ein Studium. Auch vor dem Hintergrund ihrer unglücklichen Ehe konnte der Niederländer Franz Hemsterhuis sie dafür begeistern, zum Bildungsreformer Franz von Fürstenberg zu reisen. Dieser war der Kopf des regen geistigen Lebens in Münster, zusammen mit dem Dichter und Rechtsgelehrten und späteren Förderer Annette von Droste-Hülshoffs, Anton Mathias Sprickmann, sowie dem Theologen und Pädagogen Bernhard Heinrich Overberg. Nachdem sich Amalie von Gallitzin jahrelang neben ihrem Ehemann auf diplomatischen Empfängen gelangweilt hatte, wurde sie hier zum Mittelpunkt des religiös-intellektuellen *Kreises von Münster* unter Einfluss der protestantischen Philosophen Hemsterhuis und Johann Georg Hamann aus Königsberg. Dieser wurde wegen seines Einflusses auch der „Magus im Norden" genannt. Der Philosoph war in Hochstimmung, als sein Mäzen Bucholtz ihn nach Münster geholt hatte: „Nicht Weimar, sondern Münster ... ist der Herd, bei dem ich mich zu ermannen und verjüngen hoffe". Doch schon nach einem Jahr in Münster starb Hamann. Im Garten der Gallitzin wurde er bestattet – das Begräbnis eines Protestanten auf einem katholischen Friedhof war zu der Zeit unmöglich. Sein Grab befindet sich seit Mitte des 19. Jahrhunderts in

Die Gedenktafel am Annette-von-Droste-Hülshoff-Gymnasium in der Grünen Gasse erinnert an den Besuch Goethes bei der Fürstin von Gallitzin, deren Haus bis 1943 schräg gegenüber stand.

der Nähe des Schlossgartens auf dem alten Friedhof an der Wilhelmstraße. Auch mit den Geistesgrößen in Weimar wie Johann Wolfgang von Goethe und Johann Gottfried Herder sowie mit den Dichtern Friedrich Gottlieb Klopstock und Matthias Claudius tauschten sich die Fürstin und ihre Freunde rege aus. Als Goethe die ehemalige Hofdame in der Grünen Gasse besuchte, war er zunächst wenig begeistert, dass „ein Weib die Weiblichkeit ausziehen wolle", jedoch beeindruckte ihn ihre „kostbare Seele". In Münster wehte aber weniger der Geist der Weimarer Klassik, den zum Beispiel Ideale von Weltbürgertum oder äs-

Der Kreis von Münster (in der Mitte von Fürstenberg und von Gallitzin)

thetischer Erziehung prägten. Wichtiger waren vielmehr die Sorge um die Schwachen, die als Aufgabe der Kirche und nicht des Staates betrachtet wurde, und das Streben nach Humanität in Verbindung mit christlicher Lebensgestaltung.

Im Geist der Aufklärung wurde ein pädagogisches Umdenken im Sinne des humanistischen Bildungsprinzips propagiert, das Staatsminister und Generalvikar Franz von Fürstenberg mit Universitätsgründung und Schulreformen realisierte.

Später nannten die Kritiker und Befürworter des modernen Staates diesen Zirkel spöttisch die „familia sacra" („heilige Familie"), weil sich die Beteiligten zunehmend an einer religiösen Innerlichkeit und für die Frühromantik typischen rückwärtsgewandten Lebensanschauung orientierten. Das Grab der Fürstin kann man in Angelmodde an der Dorfkirche St. Agatha besuchen. Der ehemalige Niederhoffs Kotten wurde restauriert und als Gallitzin-Haus Ort einer Dauerausstellung.

Annette von Droste-Hülshoff (1797–1848)

Annette von Droste-Hülshoff ist eine der größten deutschen Dichterinnen. Während man ihr Denkmal in Münster recht versteckt unter den Bäumen an der Promenade am Kreuztor suchen muss, zierte ihr Portrait den 20-Mark-Schein. Ihr Ruhm resultiert aus einer Literatur, die weit über ihre Zeit hinaus weist. „Ich mag und wi jetzt nicht berühmt werden, aber nach hundert Jahren möcht ich gelesen werden", hat sie gesagt. Nicht nur Generationen von Lehrern und Schülern tun ihr den Gefallen.

Die Dichterin stammte aus altwestfälischem katholischem Adel. Geboren wurde „Nette", wie ihre Freunde sie nannten, am 12. Januar 1797 auf Burg Hülshoff. Von Kindheit an litt sie unter ihrer schwachen Gesundheit. Sie dürfte wohl eine der ersten Patientinnen gewesen sein, die sich homöopathisch behandeln ließen. Den Naturwissenschaftler Clemens von Bönninghausen, der seit 1828 in Münster praktizierte und einer der ersten Schüler des Homöopathie-Begründers Samuel Hahnemann war, ließ sie sogar nach Meersburg an den Bodensee kommen, wo sie die letzten zwanzig Jahre ihres Lebens verbrachte. Annette von Droste-Hülshoff wurde in eine Epoche großer politischer und gesellschaftlicher Umbrüche geboren. Das schien das Alltagsleben der Dichterin in ihrem „seltsamen, schlummernden Land" nicht zu beeinflussen. Dennoch war sie eine genaue Beobachterin der Epoche zwischen Biedermeier und Revolution. Die Verunsicherung jener Zeit spiegelt sich in ihren Texten wider; hinter einer vordergründig harmonischen Oberfläche verbergen sich ein kritischer Geist, die gesellschaftlichen Konflikte und die Bedrohung der Idylle. Trotz des gesellschaftlichen Lebens auf der Burg mit Interesse an Kunst und Kultur führte Annette von Droste-Hülshoff ein zurückgezogenes und oft einsames Dasein, gefangen im Zwang der Konventionen. Für ihre

HERZLICH

All meine Rede und jegliches Wort
Und jeder Druck meiner Hände
Und meiner Augen kosender Blick,
Und alles was ich geschrieben:
Das ist kein Hauch und ist keine Luft,
Und ist kein Zucken der Finger,
Das ist meines Herzens flammendes Blut,
Das dringt hervor durch tausend Thore.

Annette von Droste-Hülshoff
(1883)

literarische Laufbahn erwies es sich als Glück, dass sie zwischen 1812 und 1819 in dem fast fünfzig Jahre älteren Dichter und Juristen Anton Mathias Sprickmann einen Förderer fand. Er stammte aus dem Kreis um die Fürstin Gallitzin, war bekannt mit Goethe, gründete die Freimaurerloge in Münster und ermunterte Annette zum Schreiben.

Das *Rüschhaus*

In ihrer Jugendzeit sorgten immerhin Besuche bei der mütterlichen Verwandtschaft, der Familie von Haxthausen, für Abwechslung. Auf Schloss Bökerhof bei Paderborn traf sich der *Bökendorfer Märchenkreis* um Wilhelm Grimm und die Brüder August und Werner von Haxthausen. Auch die Droste beteiligte sich in dieser Zeit an der Sammlung von Sagen, Märchen und literarischem Volksgut. Durch ihren Großvater von Haxthausen erfuhr sie erstmals von dem Mord an einem Juden. Die Begegnung mit Grimm inspirierte sie 1837 schließlich zu ihrem berühmten Prosawerk *Die Judenbuche*.
Bei den Paderborner Verwandten auf dem Bökerhof erlebte die 23-jährige Annette jedoch ihre Jugendkatastrophe. Angestachelt durch Annettes Verwandte hatten zwei Verehrer – der Jurastudent Heinrich Straube, mit dem sie unglücklich liiert war, und dessen Freund August von Arnswald – eine gemeine Intrige gegen sie ausgeheckt. Sie wollten Annettes Treue zu Heinrich auf die Probe stellen, indem August ihr den Hof machte. Leider hatte der dumme August auch noch Glück und konnte bei der „vorwitzigen Münsterländerin" landen. Quintessenz: Beide Herren kündigten der angeblich Angebeteten ihre Freundschaft. Diese Demütigung blieb ein traumatisches Erlebnis für die junge Annette, die siebzehn Jahre lang mit ihren Verwandten kein Wort wechselte.

Nach dem Tod des Vaters zog die Mutter 1826 mit ihren Töchtern Annette und Jenny von der Burg Hülshoff auf den Witwensitz Rüschhaus, im heutigen Münster-Nienberge, den die Dichterin liebevoll ihr „Schneckenhaus" nannte.

Ihren ersten Gedichtband veröffentlichte sie 1838 im Aschendorf Verlag – auf Wunsch der Familie anonym. Mit nur 74 verkauften Exemplaren handelte sich Annett

ORIGINALE

Sie gehören zur kulturellen Geschichte einer Stadt, genau wie ihre Künstler, Dichter und Denker. Diese schrägen und zugleich genialen Typen, um die sich so herrliche Geschichten ranken. Die dann – so sehr sie auch erdichtet und in der Fantasie der Menschen gewachsen sein mögen – doch stets einen wahren Kern haben und ihre Protagonisten treffend charakterisieren. So hat jede Stadt ihre Originale. Vielleicht hat Münster sogar ein paar mehr davon. Einige von ihnen sollen hier vorgestellt werden.

Professor Landois (1835–1905) und der Zoologische Garten

Der Münsteraner Hermann Landois hatte zunächst eine Priesterkarriere eingeschlagen. Seine derben Späße, sein Vergnügen an geselligen Tanzveranstaltungen, seine modernen Ansichten als Wissenschaftler und seine Befürwortung des Darwinismus führten jedoch zur Suspendierung vom Priesteramt. Also studierte er Naturwissenschaften mit Schwerpunkt Zoologie und wurde Lehrer am Paulinum, eben dem Gymnasium, das er als Pennäler aufgrund ständi-

---

von Droste-Hülshoff mehr Spott als Respekt ein. Im literarischen Zirkel rund um Elise Rüdiger in deren Haus in der Straße Rothenburg lernte sie 1839 den siebzehn Jahre jüngeren Levin Schücking kennen. Ihre Gefühle schwankten zwischen Liebe und mütterlicher Verbundenheit. Jahrelang war er enger Freund und männliche Muse zugleich.

Im Laufe der Zeit hielt sich Annette von Droste-Hülshoff immer häufiger bei ihrem Schwager in Meersburg auf. Der Ort am Bodensee wurde schließlich ihr neuer Dreh- und Angelpunkt, an dem sie sich befreit fühlte, sich gesundheitlich erholte und sehr schöpferisch war. Sie hatte Schücking dort eine Stelle als Bibliothekar verschafft. Während des gemeinsamen Winters 1841/1842 entstand beinahe täglich ein neues Gedicht. Auch die westfälischen Themen gingen ihr fern der Heimat leichter von der Hand. Am 2. April 1842 verließ Schücking jedoch den Bodensee und trat eine neue Stelle an – ein schwerer Verlust für die Dichterin. Am 24. Mai 1848 starb Annette von Droste-Hülshoff auf Schloss Meersburg, vermutlich an einer Lungenentzündung.

Annette von Droste-Gesellschaft: www.droste-gesellschaft.de

Landois, Münsters erster Marketing-Guru

Landois mit Denkmal

ger Differenzen mit dem Lehrkörper hatte verlassen müssen. Allerdings war er bei seinen Schülern, wie dem späteren Heimatdichter Hermann Löns, äußerst beliebt, schon allein deshalb, weil er regelmäßig zoologische Präparate mit in den Unterricht brachte.

Schließlich wurde Landois Zoologieprofessor an Münsters Universität. Sein Ruf als schalkhafter Possenreißer darf nicht über seine hohen fachlichen Kompetenzen hinwegtäuschen. Auch wenn sich reichlich Anekdoten um ihn ranken, die ihm den Beinamen „der unwiese Profässer" einbrachten. Seine Markenzeichen waren der hohe Zylinder, ein schwarzer Gehrock und die lange Tabakspfeife. Er gründete Münsters Zoo und das Naturkundemuseum.

Die Finanzierung seines Tierparks organisierte er durch originelle Einlagen wie blutige Wettkämpfe zwischen Ratten und kleinen Hündchen. Ende des 19. Jahrhunderts tauchten in Münster Reproduktionen der drei Käfige auf, in denen die Leichen der Wiedertäufer am Lambertikirchturm aufgehängt worden waren. Diese erstand der Professor günstig und zeigte sie im Zoologischen Garten. Er ließ die Täuferführer als Puppen anfertigen und steckte sie in seine Eisenkörbe. Dem zahlenden Publikum gegenüber behauptete er, diese Käfige seien ebenso echt wie das Bügeleisen des Jan van Leyden, das er ausstellte. An der Lambertikirche hingen lediglich billige Kopien. Die Frage um die Authentizität der Käfige entfachte in der Bevölkerung einen Streit, der mit dem Glaubens-

Die Tuckesburg, trutziges Heim für Landois und Äffchen Lehmar

krieg um den echten und den wahren Heino genau hundert Jahre später zu vergleichen ist. Die Landois-Nachbildungen kann man im Stadtmuseum bewundern. Und immer noch trifft man Münsteraner, die beschwören, diese seien die echten.

Legendär sind die *Abendgesellschaften des Zoologischen Gartens*, die Landois ins Leben rief. Bei diesen Veranstaltungen ließ er plattdeutsche Schwänke aus eigener Feder aufführen, in denen alle Rollen von Männern gespielt wurden. Die Schauspieler durften auf der Bühne echten Korn und Wacholder trinken. Dem Publikum servierte man Bärenschinken und Bärentatzen. Zugegeben: Die Bärentatzen entpuppten sich als Hausmacher-Frikadellen. Die Tradition dieser urkomischen Aufführungen wird bis heute gepflegt.

Professor Landois wurde an der Rothenburg geboren, baute sich aber 1883 die verwunschene Tuckesburg als Wohnstätte, eine mittelalterlich anmutende Burg am Nordeingang des damaligen Zoos im Bereich der heutigen Hüfferstraße. Hier lebte er mit seiner Nichte und Haushälterin Helene Pollack – und einem Affen namens Lehmann, den Landois regelmäßig mit Bier versorgte, bis das Tier an einer Alkoholvergiftung starb. Das Denkmal, das er schon zu Lebzeiten von sich anfertigen ließ, birgt einen Vogelnistkasten im bronzenen Zylinder, damit es, wie er sagte, „auch zu etwas nütze sei". Die Statue steht mittlerweile im Allwetterzoo. In der Festrede zur Enthüllung wurde Landois ganz besonders gelobt. Die hielt er nämlich selbst. Neben vielen Fachveröffentlichungen stammen auch einige plattdeutsche Anekdoten aus seiner Feder wie die in den fünf Büchern über seinen Onkel, den geizigen Kupferschmied Franz Essink.

Der Tolle Bomberg (1839 –1897) und seine Streiche

Ein weiteres Original des 19. Jahrhunderts war Gisbert Freiherr von Romberg, besser bekannt als „der Tolle Bomberg". Der Hausherr von Schloss Buldern bei Münster erlangte durch seine dreisten Späße eine ansehnliche Berühmtheit. Sein Leben wurde zwei Mal verfilmt, zuletzt 1957 mit Hans Albers in der Titelrolle. Da Bomberg sich seine Eskapaden ein beträchtliches Vermögen kosten ließ, musste er mehrere Entmündigungsversuche seiner Verwandtschaft abwehren, die um ihr Erbe fürchtete. In einem der Anträge heißt es:

„Es ist notorisch, dass unser Vetter von Romberg sehr dem Trunk ergeben ist und auf die unsinnigste

Zur Uraufführung *Der Tolle Bomberg* empfangen Tausende den Hauptdarsteller Hans Albers (in der Kutsche unter dem Regenschirm) am 21. August 1957 auf dem Prinzipalmarkt.

Weise sein Vermögen vergeudet."
Die Richter entschieden allerdings, dass der durchgeknallte Baron vermögend genug sei, ein kostspieliges Leben zu führen und schmetterten alle Entmündigungsgesuche ab.
Wie es heißt, flatterten Bomberg regelmäßig Zahlungsforderungen von Wirtschaften und Kaffeehäusern ins Haus. Pardon, ins Schloss. Die Gastwirte wollten Entschädigung für Mobiliar, Geschirr und Musikinstrumente, die der Baron in Anfällen von Zerstörungswut zerkleinert haben soll. Bomberg zahlte alles. Ein Teil der Rechnungen befindet sich im Stadtarchiv. Auch will man Bomberg gesehen haben, wie er sich im Kutschwagen rasieren ließ oder mitten durch das berühmte Café des Kunstbäckers Louis Midy ritt, das sich an der Bogenstraße 16 befand. Seine Lieblingsprostituierte Thekla soll er ganz diskret mit einem Sechsspänner von der Wevelinghofer Gasse abgeholt haben. In der Gegend um die Sonnenstraße befand sich nämlich noch bis zum Zweiten Weltkrieg Münsters Rotlichtviertel, wo die Damen St.-Pauli-mäßig ihre Bewerbungsschreiben ins Fenster hängten.

Franz Essink (1801–1871) und sein Erbe

Die Pflege des Grabes von Franz Essink übernimmt der Straßenkehrer.

Wer von Bomberg und Landois spricht muss auch den Kupferschmied Franz Essink erwähnen, der an der Rothenburg 42 wohnte. Immerhin hat Landois fünf Bücher über seinen Onkel Franz verfasst. Der Mann war ebenso gutsituiert wie geizig – zwei Eigenschaften, die ja gerne gemeinsam auftreten. Allerdings hat Essink der Stadt Münster sein beträchtliches Vermögen vererbt. Aus Dankbarkeit übernahm die Stadt seine Grabpflege. Als 1914 der alte Ludgeri-Aegidii-Friedhof eingeebnet wurde, um dem Bau der Antoniuskirche Platz zu machen, beließ man das Grab von Franz Essink an seinem Platz. Seine Gebeine ruhten von da an unter dem Gehsteig an der Moltkestraße. Im Jahre 1958 erinnerte man sich, dass man den edlen Spender seit Jahren

Diener des Bomberg karren „Mönch Franz" zum Franziskanerkloster. Zeichnung von Paul Krieger, um 1890

mit Füßen tritt und schuf das kleine Steinmosaik, das auf dem Bürgersteig zu sehen ist. Die Grabpflege besorgt seitdem der Straßenkehrer. Von Landois, Bomberg und Essink erzählt man sich, dass sie gute Freunde und vor allem Saufkumpane waren. Mit den Trinkabenteuern, die man ihnen nachsagt, könnte man ein ganzes Buch füllen. Wer bei einer solchen Zechtour als Erster den Überblick verlor, soll schnell Zielscheibe übler Scherze der anderen geworden sein. Das Opfer splitternackt auszuziehen, war schon mal Ehrensache. Es heißt, dem Essink hätten seine Freunde eines Nachts zusätzlich eine Tonsur geschoren, ihn in eine Mönchskutte gesteckt und vor der Pforte des Franziskanerklosters am Hörsterplatz, vorsichtig ausgedrückt, hinterlegt.

Die Franziskaner trugen den vermeintlichen Mitbruder ins Haus und ließen ihn in einer Einzelzelle seinen Rausch ausschlafen. Der Prior des Klosters machte Essink am nächsten Morgen üble Vorhaltungen ob seines Lebenswandels, der eines Mönches unwürdig sei.

Essink, noch ganz neblig im Kopf, wusste offenbar selbst nicht mehr genau, wer er war. Zumindest soll er dem Klostervorsteher geantwortet haben: „Schicken se mal einen in die Rothenburg und fragen nach Franz Essink. Wenn der nicht zu Hause ist, dann bin ich das."

Felix Maria (1833–1900) und der Bierkrieg

Sauftouren, wie die der Herren Landois, Bomberg und Essink, waren ein Dorn im Auge eines anderen Münsteraner Unikums. Die Rede ist von dem

Bei Pinkus Müller

Felix Maria

Polizisten Hermann-Josef Harpenau, genannt Felix Maria. Mit dem Spitznamen und seiner feschen Uniform würde er in heutiger Zeit zu den Stars beim *Christopher Street Day* in Köln gehören. Felix Maria war allerdings verheiratet und Vater dreier Kinder. Er lebte mit seiner Familie im Torhäuschen an der Neubrückenstraße. Auch lange nach seinem Tod hat ihn seine Heimatstadt nicht vergessen. In den 1970er Jahren war er das Maskottchen von Münsters Polizei und Ordnungsamt, die ihm unter dem Motto „Felix rät" in Anzeigen und Plakaten praktische Hinweise für die Bürger in den Mund legten. Felix Maria war eine Amtsperson von übertriebener Korrektheit und peinlicher Dienstbeflissenheit. Als er dann allerdings selbst einmal betrunken war, soll er in die Fänge von Landois, Bomberg und Essink geraten sein. Die bewiesen mal wieder einen gesunden Humor. Sie beraubten den Schutzmann all seiner Kleidung und packten ihn auf eine Schubkarre. So fuhren sie ihn nach Hause und kippten ihn kurzerhand vor der eigenen Tür ab. Als die Gemahlin Maria-Magdalene ihn dort ebenso nackt wie wehrlos vorfand,

Ausgelassenheit im *Alten Gasthaus Leve* (1880) – der Bierkrieg wirft seine Schatten vorau

> **TIPP**
>
> Bei dem Verein **StattReisen Münster** kann man in einem Erlebnis-Stadtspiel die Zeitreise in das Jahr 1895 zum Bierkrieg unternehmen.

hat sie ihn mit einem Nudelholz kräftig durchgeprügelt. Anderntags aber, als Felix Maria wieder bei Sinnen war, verhaftete er seine Gattin. Laut überliefertem Protokoll sperrte er seine Angetraute drei Tage ein – wegen Widerstands gegen die Staatsgewalt. Übrigens war es nicht das einzige Mal, dass er die eigene Frau anzeigte. Korrekt wie er war, bestrafte er sie auch, wenn sie durch Teppichklopfen die Mittagsruhe störte oder sonntags Wäsche aufhängte.

Fehlentscheidungen von öffentlicher Stelle gab es im Münster des 19. Jahrhunderts aber noch weitere. Eine führte zum sogenannten Bierkrieg. Vorangegangen war eine landesweite Umfrage zum Thema Alkohol. Also eine Art PISA-Studie der Trinkfestigkeit. Dass Münster in der Statistik ziemlich weit vorne lag, soll einigen Kostverächtern sauer aufgestoßen sein.

Um den Ruf loszuwerden, dass Münsters Bürger versoffen seien, beschloss die preußische Verwaltung, die Polizeistunde auf 23 Uhr vorzuverlegen. Über eine Woche lang demonstrierte die durstige Bevölkerung gegen diese unglaubliche Verfügung. Kurzerhand wurden die Saufereien auf die Straße verlegt. Menschenmengen grölten Trinklieder über den Prinzipalmarkt. Die aufmarschierende Polizei wurde mit „Bier her! Bier her!"-Rufen begrüßt. Durch die Luft flogen Steine, Feuerwerkskörper und Sechs-Liter-Bierkrüge aus Steingut, die sogenannten Bullenköppe, die man zuvor ordnungsgemäß ausgetrunken hatte. Die Polizisten zogen ihre Degen, verhafteten die vermeintlichen Anführer und sperrten sie in das Höffken, ein kleines Polizeigewahrsam hinter dem Rathaus. Unter den einschreitenden Ordnungshütern soll sich natürlich auch Felix Maria befunden haben. Irgendein Witzbold jagte ein Schwein durch die Innenstadt, welches er mit Seife eingerieben hatte, um die Ergreifung des Tieres zu verhindern.

Sieben Tage war reichlich Aufruhr in der Stadt, bis die Staatsmacht ein Einsehen hatte und die alte Ordnung wiederherstellte. Danach durfte in den Kneipen wieder bis zum frühen Morgen gezecht werden. So auch in der Gastwirtschaft Pinkus Müller, in der „Putz" Felix Maria Harpenau als Holzstatue des Bildhauers Anton Bless die Gäste bewacht.

Pinkus Müller (1899–1979) und das münstersche Bier

Das Altbier wurde in Münster schon vor über dreihundert Jahren gebraut – wobei es nicht allen auswärtigen Gästen so gut schmeckte wie den Einheimischen. Das hat sich

War auch als jugendlicher Heldentenor sehr gefragt: Pinkus Müller (1927)

geändert, denn Altbier gehört zu den beliebtesten Getränken und ist besonders bekömmlich. Das frisch Gebraute aus Münster schmeckt, anders als das rheinische, eher herb-säuerlich, ein bisschen nach Wein. Und es sieht rötlich aus. Der Name Altbier bedeutet, dass es auf alte Art hergestellt wurde, nämlich obergärig. Im 19. Jahrhundert gab es zeitweise 150 Brauereien in dieser Stadt. Übrig geblieben ist die Brauerei *Pinkus Müller* in der Kreuzstraße. Das Pinkus-Bier wird aus Biozutaten hergestellt und weltweit exportiert. Unter Bierkennern gilt es als Delikatesse. Der Name ist auf den einstigen Inhaber zurückzuführen, der Anfang des letzten Jahrhunderts die Brauerei um die Gaststätte erweitert hatte.

Eigentlich hieß der Mann Carl Müller. Er hat als Schüler an einem Wettbewerb teilgenommen, bei dem es darum ging, über eine kleine Mauer an der Promenade hinweg eine Laterne auszupinkeln. Carl Müller war der einzige, dem dieses Kunststück gelang, woraufhin ihm seine Mitschüler den Ehrennamen Pinkulus verliehen, der später zu Pinkus verkürzt wurde.

Maria Rohrbach und die Leiche im Aasee

Weniger ein Original als eher die Protagonistin einer Gruselanekdote ist Maria Rohrbach. Die Geschichte beginnt an Münsters beschaulichem

Die Polizei sucht im Aasee.

Grünoase, dem Aasee. An seinem Ufer haben spielende Kinder im Frühjahr 1957 angeschwemmte Leichenteile entdeckt. Der Tote konnte als der Anstreicher Hermann Rohrbach aus der Kerßenbrockstraße 44 identifiziert werden, doch seinen Kopf suchte die Polizei vergeblich. Sofort geriet die Ehefrau ins Visier der Ermittlungen. Es kam zum spektakulärsten Mordprozess der Stadtgeschichte, an dessen Ende Maria Rohrbach aufgrund von Indizien lebenslang eingeknastet werden sollte. Ausschlaggebend für das harte Urteil war ein Gutachten des Sachverständigen Professor Specht aus München. Der Mann war sich sicher, dass Maria Rohrbach ihrem Gatten monatelang das Gift Thallium verabreicht hatte, bevor sie ihm im Schlaf den Schädel einschlug. Den Kopf habe sie dann im heimischen Kohleofen durch den Schornstein gejagt.

Gutachter Spechts Vergangenheit als berüchtigter Propaganda-Experte der SS interessierte das Gericht wenig. Gegen die Angeklagte sprach ihr Lotterleben als sogenanntes Besatzerliebchen. So soll sie sich mit einem britischen Soldaten im Ehebett geschlechtlich betätigt haben, während ihr Mann auf der anderen Seite der Matratze schlief. Dass der Gatte homosexuell war und sein Liebhaber zwei Wochen vor dem Mord ebenfalls ohne Kopf und dazu auch noch tot im Dortmund-Ems-Kanal aufgefunden worden war, spielte im Prozess keine große Rolle.

Ein Jahr nach dem Urteil fand man in einem Bombentrichter den Kopf von Hermann Rohrbach. Hatte Professor Specht nicht festgestellt, dass dessen Frau den Schädel im Ofen verbrannt hatte? Die saß bereits vier Jahre hinter schwedischen Gardinen, als es ihrem Anwalt gelang, eine Wiederaufnahme des Verfahrens zu erwirken. 1961 wurde Maria Rohrbach freigesprochen. Man munkelt, der wahre Mörder soll ein hoch angesehener Münsteraner gewesen sein.

Der Gerichtsirrtum erschütterte die deutsche Justiz und führte zu Änderungen im Strafrecht und zur Neuregelung der Haftentschädigung. Der Bayrische Rundfunk drehte über die Geschichte 1963 einen Fernsehfilm,

2004 folgte die TV-Dokumentation *Die Leiche ohne Kopf* von NDR und Radio Bremen.

DAS NS-REGIME

Münster unter Nazi-Herrschaft

Die Nationalsozialisten machten Münster mit der Regierungsübernahme im Jahr 1933 zum Sitz des Gaus Westfalen-Nord und damit zu einem Zentrum der Kriegsvorbereitungen und der Verfolgung von Menschen aus rassistischen, sozialen, religiösen oder politischen Gründen. Während der Wahlen zum Reichstag am 5. März 1933 wählten 36,1 Prozent der Münsteraner die NSDAP. Bereits wenige Tage später bei der Kommunalwahl kletterte die Zahl auf 40,2 Prozent für die Nazis. Gleich darauf, am 3. April, bot der Magistrat der Stadt Münster Adolf Hitler, der schon ein Jahr vorher in der Halle Münsterland eine Wahlkampfrede gehalten hatte, die Ehrenbürgerschaft an. Alltag und Stadtbild waren geprägt von der nationalsozialistischen Ideologie. Als Ersatz für die katholischen Verbände boten die Nazis bis ins Detail geplante Massenveranstaltungen mit Fackelzügen, Fahnenweihen und Aufmärschen. Am Aasee entstand der repräsentative Neubau der NS-Verwaltung, der jetzt das Studentenwerk beherbergt. Die braunen Machthaber rüsteten in der Domstadt massiv auf. Eine Reihe neuer Kasernen und Stabsgebäude entstand. Das Stabsgebäude des früheren VI Armeekorps am Hindenburgplatz – jetzt Sitz des Deutsch-Niederländischen Korps –, Kasernen in den Stadtteilen Uppenberg, Coerde, Gremmendorf, Gievenbeck und auf der Geist. Entgegen dem Versailler Vertrag hatte Hitler eine deutsche Luftwaffe aufgebaut – auch unter dem Deckmantel der Sportfliegerei. Auch in Münster sollten Jugendliche für den Segelflugsport begeistert und damit auf spätere Einsätze im Militärflug vorbereitet werden.

Das Luftgaukommando errichtete einen großen Neubau an der Manfred-von-Richthofen-Straße, denn Münster war zuständig für die Verteidigung des Luftraumes bis in das Ruhrgebiet. Das Standortlazarett entstand an der Von-Esmarch-Straße, wo sich heute die Universitäts-Hautklinik befindet. Das Heeresverpflegungsamt baute riesige Speicher und eine Großbäckerei an der Stelle der Speicherstadt Coerde, die inzwischen umgebaut wurde und durch Dienstleister wie Agenturen

Das NS-Regime 141

und Verlage neu genutzt wird. Die Geschichte der Speicherstadt ist ein Zeugnis für die zielgerichtete Kriegsvorbereitung der Nazis. Zentrale Elemente in dieser kleinen Militärstadt waren die neun fünfstöckigen Kornspeicher. Die Großbäckerei konnte ein Pensum von bis zu 70 000 Broten pro Tag erfüllen und damit die in Norddeutschland stationierten Garnisonen verpflegen.

Am 10. Oktober 1943 wurden bei einem großen amerikanischen Tagesangriff das Stadtzentrum, das Schloss und der Dom beinahe ganz zerstört, rund 700 Menschen starben. Nach Ausschaltung der deutschen Luftverteidigung wurde das Stadtgebiet in den letzten Kriegsmonaten dem Erdboden gleichgemacht.

Verfolgung und Ermordung

Münster war das Zentrum der nationalsozialistischen Verfolgungsmaßnahmen in Westfalen, deren Ziel die Vernichtung der jüdischen

Alte Synagoge

Neue Synagoge

Während des Krieges war Münster das Ziel von 102 Luftangriffen. Besonders heftig traf es die Stadt 1943. Nach britischen Bombenangriffen auf den Verkehrsknotenpunkt Münster und Industrieanlagen wie den Hafen folgte die britisch-amerikanische Luftoffensive. Der Krieg sollte durch eine Zermürbung der Zivilbevölkerung und Zerstörung der wirtschaftlichen Strukturen schneller beendet werden.

Bevölkerung war. Aber auch Sinti und Roma wurden verfolgt, ebenso Homosexuelle und Prostituierte, politisch Oppositionelle wie KPD- oder SPD-Mitglieder sowie Priester und andere Kirchenleute, außerdem die Zeugen Jehovas. Die Geschichte der Judenverfolgung in Münster ist erforscht, vor allem auch durch

Das jüdische Geschäft *Helene Davids & Co.* war in Münster das führende Geschäft für Mieder und Korsette bis zum Zwangsverkauf 1938.

die Studien von Gisela Möllenhoff und Rita Schlautmann-Overmeyer. Wenig Material gibt es bislang über die Verfolgung anderer Gruppen in der Bevölkerung.

Die Jüdische Gemeinde feierte noch 1930 das 50-jährige Bestehen ihrer 1880 erbauten Synagoge an der Klosterstraße. Mit Kriegsende war die Gemeinde in Münster ausgelöscht. Die endgültige Auslöschung begann mit der ersten der vier Deportationen von ungefähr 125 Juden aus Münster am 13. Dezember 1941 nach Riga in Lettland. Weitere Deportationen vor allem in die Todeslager in besetzten osteuropäischen Gebieten folgten 1942 nach Polen und Theresienstadt, in den "Wartesaal für die Gaskammern des Ostens".

Von den 697 jüdischen Bürgern, die 1933 in Münster lebten, starben 84 vor 1939 zu Hause, 264 wanderten aus und 247 wurden ermordet. 28 überlebten die Deportation. Das Schicksal von 74 jüdischen Bürgern Münsters blieb ungeklärt.

Bis zur Machtübernahme der Nazis gab es zwar gesellschaftliche Barrieren ebenso wie unter Protestanten und Katholiken, doch waren die jüdischen Bürger Mitglieder in Gesangs-, Schützen-, Sport- und Frauenvereinen oder in Bildungsinstitutionen, Berufsverbänden oder bei der Freiwilligen Feuerwehr. Jüdische Kaufleute und Händler waren im Pferde- und Vieh- sowie im Getreide und Futtermittelhandel anzutreffen. Der Großteil der jüdischen Geschäfte gehörte zur Textilbranche.

Schon 1933 begannen die antisemitischen Aktionen, jüdische und marxistische Literatur wurde in einem „Läuterungsfeuer" auf dem Hindenburgplatz verbrannt. Den jüdischen Universitätsdozenten wurde durch das „Gesetz zur Wiederherstellung des Berufsbeamtentums" die berufliche Existenz genommen. Der Zwang zur Emigration bewahrte sie vor dem gewaltsamen Tod. Die Mehrzahl der Juden glaubte zunächst, sich m dem neuen Regime arrangieren zu können. Das änderte sich angesichts der Zerstörung der Privathäuser und -wohnungen sowie der noch verbliebenen zehn Geschäftshäuser während der Reichs-Pogrom-Nacht. In den frühen Morgenstunden des 10. November 1938 setzten die Nationalsozialisten die Synagoge in Brand, von der nur Schutt und Asche übrig blieb – die Trümmer mussten die Mitglieder der Jüdischen Gemeinde selbst beseitigen. Sogar der Kanister Benzin, mit dem der Brand gelegt wurde, wurde der Gemeinde in Rechnung gestellt. Der größte Teil des kulturellen Lebens der Juden in Münster wurde unwiederbringlich ausgelöscht. Die Gemeinde zwang man, das Grundstück zu verkaufen, um das sich verschiedene Interessenten in Münster bis 1945 skrupellos stritten. Bis zur Reichspogromnacht waren 170 jüdische Menschen emigriert.

Da die in der Nacht des 9. November 1938 festgenommenen Juden wieder freigelassen wurden, konnten weitere 110 flüchten. Von den über 130 Menschen, die zwischen 1939 und 1941 noch aus Münster flohen, gelangten manche lediglich in die Nachbarländer und entkamen dem Holocaust damit nur vorübergehend. Sie waren erneut der NS-Verfolgung ausgesetzt; wenige überlebten in Verstecken. Die Alltagssituation für die Juden spitzte sich immer stärker zu. Durch die Einweisung in „Judenhäuser" verschlechterte sich die Wohnungssituation dramatisch. Im Laufe der Deportationen konzentrierte sich das Leben der Juden in Münster um die Marks-Haindorf-Stiftung, die zur letzten Zuflucht wurde. Der Rabbiner der Gemeinde,

Zeitzeugen berichten Schülern in der Villa ten Hompel.

Dr. Steinthal, floh Anfang des Jahres 1939 mit seiner Familie nach Argentinien. Sein Nachfolger, Dr. Julius Voos, wurde 1943 mit seiner Familie in Auschwitz ermordet. Seit Sommer 1941 protestierte Bischof Clemens August Graf von Galen mit drei Predigten gegen das Euthanasie-Programm der Nazis und die Vertreibung von Ordensleuten. Menschen mit tatsächlichen oder vermeintlichen Erbkrankheiten wurden – ohne öffentlichen Protest – sterilisiert.

Als psychisch krank oder behindert eingestufte Menschen wurden auf der Grundlage des „rassenhygienischen Programms" umgebracht. 60 000 behinderte Menschen im ganzen Land wurden durch die Nazis ermordet. Ungefähr 5 000 Patienten aus westfälischen Provinzial- und Pflegeanstalten starben bis 1945 gewaltsam. Für ein Jahr konnte der Bischof die Morde im Münsterland verhindern.

Nach der Zerschlagung des NS-Regimes kehrten nur wenige Juden ins Münsterland zurück. Zu ihnen zählten Siegfried Goldenberg und seine Ehefrau sowie der Warendorfer Viehhändler Hugo Spiegel, der Vater des späteren Präsidenten des Zentralrats der Juden in Deutschland, Paul Spiegel. Am 7. September 1945 feierten sie einen ersten Gottesdienst in Warendorf. Auch die Gemeinde in Münster wuchs und erhielt am 12. März 1961 mit der Weihe der neuen Synagoge an der Stelle der alten wieder ihr gottesdienstliches Zentrum.

Die Villa ten Hompel, damals Unterkunft der für die Deportation zuständigen Polizeidienststelle, ist zu einer Gedenkstätte umgebaut worden. Hier klärt die multimediale Dauerausstellung *Im Auftrag. Polizei, Verwaltung und Verantwortung* über die Geschichte der Ordnungspolizei auf. An der früheren Gaststätte Gertrudenhof (Ecke Warendorfer Straße/Kaiser-Wilhelm-Ring) erinnert eine Tafel an die Gräueltaten der Nazis; ebenso an der Synagoge in der Klosterstraße 8. Der Künstler Gunter Demnig ehrt mit seinem Projekt *Stolpersteine* auch in Münster die Opfer der NS-Zeit, indem er in Boden vor ihrem letzten selbstgewählten Wohnhaus einen Messingstein mit dem Namen einlässt.

Jüdische Gemeinde Münster:
www.jgms.org

Stolpersteine von Gunter Demnig

DIE STADTGESCHICHTE IM ÜBERBLICK

6. Jh. v. Chr.	Bis zu dieser Zeit reichen die Spuren der frühen Besiedlung zurück.
200 n. Chr.	Die Franken errichten eine Siedlung im Bereich der Aa.
793	Der heilige Liudger wird als Missionar im Auftrag Karls des Großen an die Aa in das westliche Sachsenland geschickt und gründet das Kloster Monasterium, dem Münster seinen Namen verdankt.
805	Münster wird Bistum, Liudger sein erster Bischof.
1170	Münster erhält die Stadtrechte.
1264	Der jetzige Dom wird eingeweiht.
1268	Ungefähr in diesem Jahr wird Münster Hansestadt. Ca. 400 Jahre verbleibt die Stadt im Hansebund.
1534	Unter der Führung des Jan van Leyden übernehmen die Täufer die Macht in Münster.
1535	Fürstbischof Franz von Waldeck erobert die Stadt zurück.
1648	In Münster und Osnabrück wird der Westfälische Friedensvertrag unterzeichnet. Damit endet der Dreißigjährige Krieg. Den Westfälischen Frieden feierten Staatsoberhäupter aus ganz Europa am 24. Oktober 1998 im historischen Friedenssaal.
1661	Christoph Bernhard von Galen, der sogenannte Kanonenbischof, erobert Münster.
1757	Johann Conrad Schlaun beendet den Bau des Erbdrostenhofs.
1759	Im Siebenjährigen Krieg (1756–1763) wird Münster mehrfach belagert und erobert.
1764	Auf Anordnung des Staatsministers Franz von Fürstenberg wird die Stadtmauer abgerissen und der Bereich zur Promenade umgebaut.
1777	Die Errichtung des Schlosses wird vollendet. Johann Conrad Schlaun, der die Pläne fertigte, ist bereits vier Jahre tot.

1780	Die Landesuniversität in Münster nimmt ihren Lehrbetrieb auf.
1792	Johann Wolfgang von Goethe kommt auf Einladung der Fürstin Amalie von Gallitzin nach Münster.
1797	Die Dichterin Annette von Droste-Hülshoff wird auf Burg Hülshoff geboren.
1802	Preußen lässt unter dem Kommando des Generalleutnants Blücher die Stadt besetzen.
1802	Das Fürstbistum Münster wird aufgelöst.
1816	Münster wird Hauptstadt der neuen Provinz Westfalen.
1875	Prof. Landois gründet den Zoologischen Garten.
1899	Der Dortmund-Ems-Kanal wird von Kaiser Wilhelm II. eingeweiht. Münster erhält einen Hafen.
1902	Kaiser Wilhelm II. stiftet als König von Preußen die Universität Münster, die von nun an Westfälische Wilhelms-Universität heißt.
1930	Der Zentrumspolitiker und gebürtige Münsteraner Heinrich Brüning wird deutscher Reichskanzler.
1938	In der Reichspogromnacht brennen Nationalsozialisten die Synagoge an der Klosterstraße nieder, misshandeln Juden und zerstören jüdische Wohnungen sowie Geschäfte.
1941	Bischof Clemens August von Galen hält seine berühmten Predigten gegen Euthanasie, die ihm den Beinamen „der Löwe von Münster" einbringen. Die Judendeportationen in das Ghetto von Riga beginnen.
1945	 Nach Bombenangriffen der Alliierten am 2. April ist Münsters Stadtkern zu 91 Prozent zerstört. Das Bild zeigt die Originalgiebel am Prinzipalmarkt vor dessen Zerstörung im Oktober 1943.

1949	Es wird entschieden, die zerstörte Altstadt im historischen Stil wiederaufzubauen.
1956	Der Bau des Stadttheaters wird fertiggestellt.
1975	Im Rahmen der kommunalen Gebietsreform wird die Fläche Münsters vervierfacht. Die Einwohnerzahl wächst von 200 000 auf 265 000.
1977	Münsters erste Skulpturenaustellung findet statt.
1987	Papst Johannes Paul II. besucht Münster.
1987	*Skulptur.Projekte* – die zweite Ausstellung.
1990	Der sowjetische Außenminister Eduard Schewardnadse und der deutsche Außenminister Hans-Dietrich Genscher treffen sich im münsterschen Rathaus, um die deutsche Wiedervereinigung vorzubereiten.
1992	Michail Gorbatschow kommt zu seinem ersten Besuch nach Münster.
1993	Münster feiert sein 1200-jähriges Stadtjubiläum.
1994	Mit Marion Tüns wird erstmals eine Frau Oberbürgermeisterin von Münster.
1997	Unter dem Titel *Skulptur.Projekte* findet die dritte Schau von Kunstwerken statt.
1998	Münster und Osnabrück feiern „350 Jahre Westfälischer Friede".
2004	Münster erhält den LivCom Award, mit dem Jahr für Jahr die lebenswerteste Stadt der Welt prämiert wird.
2005	Das Bistum Münster feiert 1200-jähriges Bestehen.
2007	Am 16. Juni wird die vierte Ausstellung *Skulptur Projekte Münster 07* eröffnet. Die nächste Skulpturenschau kommt 2017.

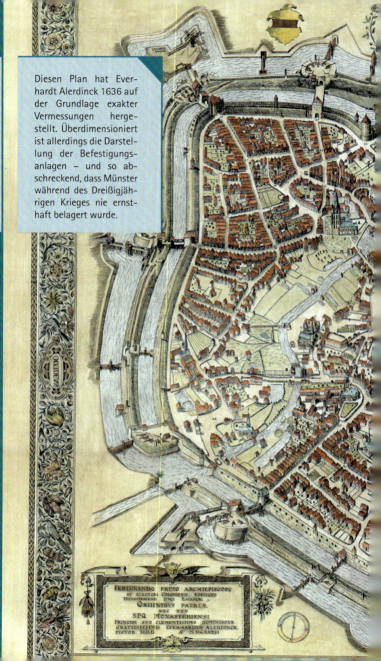

MÜNSTER 1636

Diesen Plan hat Everhardt Alerdinck 1636 auf der Grundlage exakter Vermessungen hergestellt. Überdimensioniert ist allerdings die Darstellung der Befestigungsanlagen – und so abschreckend, dass Münster während des Dreißigjährigen Krieges nie ernsthaft belagert wurde.

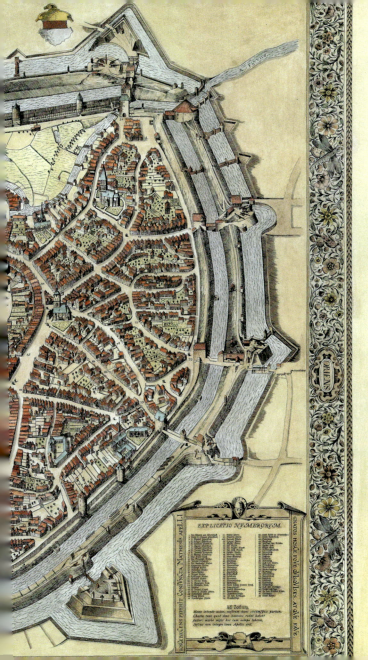

Der Wewerka-Pavillon

KUNST
UND KULTUR

ropas Skulpturen-Hauptstadt | Alte Meister und moderne
nst: Museen und Galerien | Filmstadt | Theater, Shows
d Entertainment | Musikszene Münster

EUROPAS SKULPTUREN-HAUPTSTADT

Künstlerelite entdeckt Münster

Seit der ersten Skulpturenausstellung im Jahr 1977 hat sich Münster zur europäischen Hauptstadt der Skulpturen entwickelt. Zahlreiche Werke herausragender Künstler aus aller Welt blieben auch nach der hundert Tage dauernden Schau in der Stadt und begegnen dem Besucher auf Schritt und Tritt. Alle zehn Jahre laden die Kuratoren die Crème de la Crème der internationalen Kunstszene ein, Skulpturen und Projekte für Münster zu schaffen. Die Stadt verwandelt sich dann in ein Eldorado der Begegnung mit Kunst und Menschen. Rund um die Werke in der Innenstadt und am Aasee hört man, wie japanisch, spanisch und englisch geplaudert wird. Gäste aus aller Herren Länder streifen durch die Stadt oder starten ihre offensichtlich ersten Versuche mit dem Fahrrad.

Fachwelt und Presse feiern die Schau als Pionierprojekt, das Gattungsgrenzen mit Fantasie und Witz sprengt. Während der Ausstellung wird nicht nur heftig diskutiert, sondern mit den Künstlern, den Besuchern und Einwohnern der Stadt auch gefeiert. 1987 wurde unter der digitalen *Laufschriftinstallation* der New Yorker Künstlerin Jenny Holzer im Musik-Club *Odeon* ebenso ausgelassen getanzt wie 1997 auf dem roten Gummirasen in Tobias Rehbergers Freiluftbar auf dem Dach des Hörsaals H1. Das Licht des Projektes *Günter's (wiederbeleuchtet)* brachte

Manch einer hätte die Kugeln gerne in den Aasee gerollt, heute sind sie ein Wahrzeichen der Stadt: *Giant Pool Balls* von Claes Oldenburg (1977).

das ganze Gebäude als Nachttischlampe zum Leuchten.

Parallel zu jeder zweiten *documenta*, die alle fünf Jahre in Kassel stattfindet, wird die *Skulptur Projekte* unter der Leitung des Westfälischen Landesmuseums für Kunst und Kulturgeschichte gezeigt. Gemeinsam sorgten seit 1977 die Visionäre Klaus Bußmann (später Direktor des Landesmuseums) und Kasper König (Museum Ludwig, Köln) mit der Ausstellung für Furore, indem sie die Kraft der Kunst außerhalb des Museums im urbanen Raum auf die Probe stellten. Für 2007 wurde das Kuratorium neben König mit Brigitte Franzen (Landesmuseum) und mit Carina Plath (Direktorin des Westfälischen Kunstvereins) als assoziierter Kuratorin besetzt.

Die Künstlerinnen und Künstler beginnen häufig schon zwei Jahre vor der Ausstellung mit der Recherche für ihre Objekte. Erst während vieler Besuche in Münster entstehen die Konzepte. Das Gespräch mit den Menschen hat dabei eine ebenso inspirierende Wirkung auf die Kunst wie der Ort und das Wissen um seine Geschichte sowie die urbane, architektonische oder soziale Struktur. Den Aufstellungsort kann der Künstler frei wählen.

Da erstaunt es immer wieder, aus welchem Blickwinkel die kreativen Köpfe auf Münster schauen und den Bewohnern und Gästen überraschende Perspektiven eröffnen. Die Stadt ist nicht nur Pionierin für Kunst im öffentlichen Raum, sondern glänzt auch in der Liga internationaler Großausstellungen.

Die Presse gratuliert: „Glückliches Münster. Da kommt die Elite der Künstler aus England und Korea, aus Tokio, Frankreich oder New York ins Westfälische, platziert Werke modernster Art auf Straßen, Seen, Parks und sogar am Himmel – und die Stadt ist einfach begeistert. Kein Stammtisch beschwert sich ob der vermeintlich nutzlosen Objekte, und die Leserbriefseiten der Lokalpresse berühren das Thema kaum." (*Die Woche*, 1997).

Westfälische Kunstbanausen

Im Laufe der Jahre ist es der Ausstellung *Skulptur Projekte* gelungen, einen Dialog zwischen den Künstlern untereinander, mit den Münsteranern und darüber hinaus mit der internationalen Kunstszene in Gang zu setzen. Ehrlicherweise muss der Münsteraner aber zugeben: Bis die Schau zum Fest für die Stadt avancierte, vergingen ein paar Jahre intensiver Überzeugungsarbeit nach allen Regeln der Kunst.

Das Kunstereignis und den weltoffenen Stil hat die Stadt nämlich dem Umstand zu verdanken, dass sie noch in den siebziger Jahren voller Kunstbanausen steckte, die sich angesichts des geplanten Kaufs einer modernen Plastik in jahrelange emotionsgeladene Proteste verbissen. Bis dahin lebten die Bürger einträchtig mit ihren Denkmälern, Heiligenstatuen oder Ochs und Pferd am Ludgeriplatz. Keine moderne Skulptur weit und breit.

Das muss sich ändern, beschloss eine eigens einberufene Kunstkommission einmütig und empfahl der Stadt Mitte der siebziger Jahre den Kauf der Skulptur *Drei rotierende Quadrate Variation II* (1973) des Künstlers George Rickey. Die Plastik dieses weltweit für seine kinetischen Kunstwerke berühmten Amerikaners zum Preis von 130 000 DM sollte auf der Rasenfläche an der Engelenschanze aufgestellt werden – was erst nach langen Querelen gelungen ist. Denn man hatte die Rechnung ohne den Westfalen gemacht. Die Bewohner Münsters machten ihrem konservativen Image alle Ehre und füllten die Zeitungen mit Leserbriefen, in denen selbst Gott angefleht wurde, die städtischen Kunstkäufer von ihrer Geschmacksverirrung zu heilen. Sogar als die damalige Landesbank, die heutige WestLB, die Quadrate bezahlte und der Stadt schenkte, ließ die Entrüstung nicht nach.

Also beschlossen einige Experten um Klaus Bußmann und Kasper König, den Münsteranern eine Lektion in Sachen Kunst im öffentlichen Raum zu erteilen und sie an diesen Anblick zu gewöhnen. Für 1977 wurde eine Ausstellung im Landesmuseum und im Außenraum geplant. Zehn international anerkannte Künstler, darunter Carl Andre, Joseph Beuys, Richard Long, Ulrich Rückriem, Richard Serra und Claes Oldenburg, waren eingeladen, Objekte zu schaffen – neun wurden schließlich realisiert.

Wieder hagelte es wütende Proteste, und Debatten um Kunst entbrannten. Selbst Wissenschaftler von Weltrang wie der Philosoph Prof. Dr. Josef Pieper begaben sich in die Niederungen des verbalen Schlagabtauschs. Teilweise konnten die Künstler nur unter Polizeischutz ar-

Münster sprang im Quadrat, bis drei rotieren durften.

beiten. In der Nacht vom 1. auf den 2. Juli 1977 musste die Polizei ausrücken, als zweihundert Leute, meist Studierende, die *Giant Pool Balls*, drei große Betonkugeln von Claes Oldenburg in den Aasee rollen wollten. Es gelang ihnen sogar, eine der jeweils elf Tonnen schwerer Kugeln aus der Verankerung zu reißen.

Schon die erste Ausstellung 1977 lockte immerhin einige tausend Besucher in die Stadt und war damit der Start in eine glänzende Zukunft für die zeitgenössische Kunst in Münster.

Kunst und Öffentlichkeit

1997 waren die beiden Begriffe Skulptur und Projekte im Titel der Schau noch durch einen Punkt getrennt. Für 2007 wurde das Pünktchen gestrichen; der Titel ist Programm. Rund fünfunddreißig Künstlerinnen und Künstler wurden eingeladen auszuloten, was zeitgenössische Skulptur heute sein kann, wie sie sich im öffentlichen Raum positionieren und ihn verändern kann. Unter ihnen Rosemarie Trockel, Dominique Gonzàlez-Foerster, Mike Kelley, Deimantas Narkevičius und Susan Phillipsz.

Einige Kunstwerke vergangener Schauen sind entlang des Rundgangs durch die Altstadt zu entdecken. Sie wurden nach Ende der Ausstellungszeit von der Stadt, dem Landschaftsverband, dem Landesmuseum oder von Sponsoren gekauft. Zahlreiche Skulpturen gehören zu Münster wie der Dom. Der Titel „Projekte" beinhaltet zugleich, dass manche Kunstwerke nur temporär geschaffen werden. Andere werden gar nicht realisiert, weil die Stadt oder ein anderer Grundstückseigentümer ein Veto einlegt. Zum Beispiel wollte die Istanbulerin Ayşe Erkmen dem Betrachter mit Installationen am Dom neue Blickwinkel auf die alte Kirche eröffnen, was das Domkapitel jedoch nicht erlaubte. Sie realisierte aber ihr Projekt *Sculptures on the Air* (1997), bei dem Steinstatuen aus dem Depot des Landesmuseums an einen Hubschrauber gehängt wurden, der einige Runden über den Dächern der Stadt drehte und die Statue schließlich auf dem Museumsdach absetzte. Diese spektakuläre Aktion wurde vor tausenden von Augenpaaren mehrfach wiederholt.

Ein alter Bekannter der Schau ist Michael Asher, den man für 2007 schon zum vierten Mal eingeladen hat. 1977 löste der Künstler noch unverständiges Kopfschütteln bei den Besuchern aus, als er seinen vier Meter langen Caravan an verschiedenen Orten Münsters aufstellte.

Zum Erstaunen der Kunstinteressierten wiederholte er die Aktion auch in den folgenden Jahrzehnten. Für ihn ist das Projekt ein stetiges Feilen an der Arbeit, ein Prozess der Klärung. Immer wieder zog er den Wohnwagen, der sich dreißig Jahre lang nicht verändert hat, an feste Stationen und führt damit vor Augen, wie sich die Stadt in dieser Zeit gewandelt hat. Die gebürtige Iranerin Shirazeh Houshiary erinnerte 1987 mit einer Turmwand aus Lehm und Stroh an die mittelalterliche Bauweise der Armen, die auf den Fundamenten der ehemaligen Stadtmauer ihre Hütten errichteten. Dazu machte sie einen alten Korbflechter im Münsterland ausfindig, der das Flechtwerk für die Lehmbauweise noch beherrschte.

Sculptures on the Air – so sinnlich kann abgehobene Kunst sein.

Keine Angst vor Knöllchen! Nam June Paiks Werk *32 Cars for the 20th Century: Play Mozart's Requiem quietly*

Der gebürtige Holländer Hermann de Vries hat sein Kunstwerk *Sanctuarium* der Natur gewidmet, die ihm nun den Gefallen tut, in alle Richtungen zu sprießen. Auf der Wiese im nördlichen Schlossgarten in der Nähe der Einsteinstraße hat der Künstler 1997 aus 20 000 Backsteinen einen Rundtempel nach einer traditionellen Mauertechnik des 18. Jahrhunderts gebaut.

Für die Schau 2007 kam dem Düsseldorfer Hans-Peter Feldmann eine Idee, für die ihm die Münsteraner noch lange dankbar sein werden: Er beschloss, die öffentlichen Toilettenräume, die unterirdisch auf dem Domplatz die Zeit überdauert haben, komplett zu sanieren, um Menschen mit einem dringender Bedürfnis einen ästhetischen Schock zu ersparen.

Eine andere Installation löste in der Stadt der Fahrradfahrer bei den Besuchern der verschiedensten Nationalitäten ein breites Grinsen aus: Martin Kippenberger errichtete 1997 auf der Promenade in Höhe der Kreuzschanze einen U-Bahn-Entlüftungsschacht mit dem Namen *Metro-Net. Subway around the world* direkt gegenüber der Büste von Annette von Droste-Hülshoff. Damit erweiterte er sein fiktives weltweites Metronetz. Regelmäßig rauschte hier eine Untergrundbahn – akustisch – vorbei. Die Fahrradstadt Münster liegt auch dem israelischen Künstler Guy Ben-Ner (Teilnehmer 2007) am Herzen. Sein Werk funktioniert so: Die Besucher können auf Fahrrädern Platz nehmen, die mit Bildschirmen und Videoplayern ausgestattet sind.

Café *Gasolin* mit *Auto Office Haus*

Über die Pedale können die Kunstbeflissenen diese Bild-Maschinen, also die Geschwindigkeit dem Films, selbst steuern. Und vorwärts oder rückwärts anschauen.

Vor dem Schloss konnte man 1997 aus Elektroschrott wie alten Radios oder Fernsehern leise Mozarts Requiem hören. Die Relikte vom Beginn des Medienzeitalters arrangierte der Anfang 2006 verstorbene Videokunst-Star Nam June Paik in 32 silbern lackierten Autos. Für die bekannte Skulptur *32 Cars for the 20th Century: Play Mozart's Requiem quietly* hatte er amerikanische Fahrzeuge jeweils nach ihren Baujahren 1920, 1930, 1940 und 1950 auf dem Schlossplatz zu geometrischen Figuren angeordnet.

Etwas unfreiwillig ist Münster zur Wahlheimat einer anderen Skulptur geworden. Die Installation *Auto Office Haus* hat der Kanadier Kim Adams 1997 auf das Flachdach einer ehemaligen Tankstelle an der Aegidiistraße (nicht weit vom Aasee) gestellt. Die Räumlichkeiten unter der Skulptur beherbergen inzwischen das Szenecafé *Gasolin*. Das sechs Kubikmeter große Kunstwerk besteht aus einer halb verglasten Stahltonne, von deren Dach an Schwenkarmen Lenkräder, Reifen oder Rasenmäher hängen. Der Künstler hatte das Werk im dreißig Kilometer entfernter Emsdetten zusammengebaut und mit einem Lkw in die Aegidiistraße transportiert. Er war davon ausgegangen, dass das Landesmuseum ihm die Skulptur nach der Schau nach Hause liefert. Das sah der Museumschef aber anders. Der Streit um die Kosten blieb ergebnislos und das Kunstwerk an seinem Platz. Dort steht es, bis es dem Künstler gelingt, die Skulptur an jemanden zu verkaufen, der sie auf eigene Kosten abtransportiert. Also für immer.

Die Metamorphose eines zweidimensionalen Fotos in eine dreidimensionale Arbeit präsentierte de Franzose Daniel Buren 1997. E hatte eine Postkarte aus den siebziger Jahren vom karnevalistisch mi Wimpeln in den Farben des Stadt wappens geschmückten Prinzipal markts entdeckt. Dieses Motiv regte den Künstler zu einer weiß-rot-weißen Festdekoration der Altstadt an. In denselben Farben leuchtet seit 1987 sein lackiertes Aluminiumtor an der Domgasse.

Zur deutschen Künstleravantgarde gehört die Berlinerin Isa Genzken, 2007 schon eine alte Bekannte der Ausstellung. Im Jahr 1997 ließ sie an den Aaseewiesen einen *Vollmond* aus Milchglas zwischen den Baumwipfeln aufgehen. Damit knüpfte sie an ihre Arbeit von 1987 an, als sie zwei Edelstahlrahmen auf Betonsäulen befestigte, in die die Erscheinungen des Himmels bildhaft integriert wurden. Den kritischen Dialog der Künstler mit der jeweiligen historischen Situation des Aufstellungsortes zeigen andere Arbeiten von 1987; angefangen von Ludger Gerdes' *Schiff für Münster* am Horstmarer Landweg über Lothar Baumgartens *Drei Irrlichter* – eine ebenso diskrete wie eindringliche permanente Erinnerung an das Schicksal der Wiedertäufer in den Käfigen an der Lambertikirche – bis zu Rebecca Horns Beschwörung der Geschichte im Zwinger *Das gegenläufige Konzert*.

Kann es künstlerische Antworten auf die Schrecken des Holocaust geben? Diese Diskussion entbrennt immer wieder, nicht nur angesichts des Holocaust-Mahnmals in Berlin. Auch Münster stand vor dieser Frage. Am Widerstand der Universität scheiterte der Plan, eine Skulptur des Künstlers Sol Le Witt zu behalten. Der errichtete einen großen schwarzen Betonblock vor dem Schloss, der den Blick auf das Eingangsportal versperrte. Eine weiße Pyramide im Botanischen Garten befand sich in einer Linie zu diesem Klotz. Block und Pyramide symbolisierten Tod und Leben. Die Skulptur *White Pyramid/Black Form, Dedicated to the Missing Jews* sollte nicht nur an die ermordeten Juden, sondern auch an die fehlenden Nachfahren erinnern; die ungeborenen Kinder, die zum Beispiel an diesem Ort hätten studieren oder lehren können. Das Kunstwerk steht nun vor dem schneeweißen Rathaus in Hamburg-Altona zur Erinnerung an die dortige ehemalige jüdische Gemeinde.

Das Museumsufer am Aasee

Im Laufe der Jahre ist am Aasee ein kleines Museumsufer entstanden. Den Anfang machten die Giant Pool Balls von 1977, die längst ein Wahrzeichen Münsters sind. Claes Oldenburg wollte kolossale Billardkugeln über die ganze Stadt verteilen; sein Entwurf als Mischung aus Zeichnung, Aquarell und Fotomontage verdeutlicht sein Projekt. Es wurden aber nur drei Riesenbälle aus Beton mit einem Durchmesser von dreieinhalb Metern realisiert, die wie Billardkugeln an den Aaseeterrassen arrangiert wurden. Von hier aus geht man über die Autobrücke (Goldene Brücke) zum Uferweg. Man muss schon einen knappen Kilometer laufen und kann dabei die Natur genießen, ehe man auf das nächste Kunstwerk stößt. Es ist der Pier des gebürtigen Kubaners Jorge Pardo, der in Los Angeles lebt. Er baute 1997 einen vierzig Meter langen *Pier*

Pier von Jorge Pardo

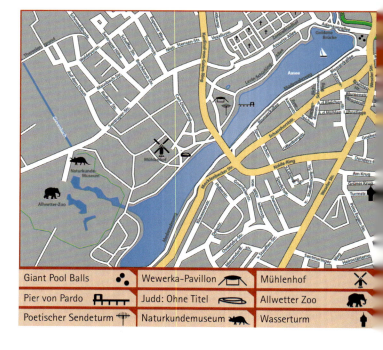

aus einem Holz seiner kalifornischen Heimat, dem Redwood, mit asymmetrischer Aussichtsplattform und offenem, sechseckigem Pavillon in den See hinein. Mit seiner Kunst gelingt ihm die Verbindung von ästhetischer Wahrnehmung und alltäglichem Gebrauch. Nur einige Meter davon entfernt ragt der „poetische Sendeturm" von Ilya Kabakov in den Himmel. Mit der Skulptur **Blickst Du hinauf und liest die Worte** (1997) geht der so poetisch auf Sendung, dass sich eisern das Gerücht hält, die Geschichte aus dünnen Drahtbuchstaben sei von Goethe. Die schönen Worte stammen jedoch aus der Feder des Künstlers selbst.

Am besten legt man sich ins grüne Gras und schaut in den Himmel. Auf den Querstreben in dreizehn Metern Höhe erkennt man Buchstaben aus dünnem Draht, die sich zu Wörtern formen. Ein himmlischer Genuss.

Im Hintergrund sieht man den **Wewerka-Pavillon** – das „Schaufenster" der Kunstakademie. Das markante Objekt des Architekten und Künstlers Stefan Wewerka ist eine Skulptur der *documenta 8* von 1987. Studierende der Akademie oder eingeladene Künstler zeigen darin Arbeiten, die auf diesen Raum hin entwickelt wurden.

Auf der großen Wiese kann man von allen Seiten einen Blick auf die

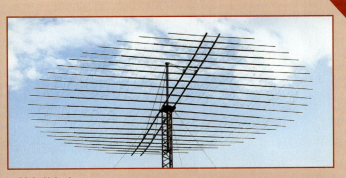

„Mein Lieber!
Du liegst im Gras, den Kopf im Nacken, um dich herum keine Menschenseele, du hörst nur den Wind und schaust hinauf in den offenen Himmel – in das Blau dort oben, wo die Wolken ziehen – das ist vielleicht das Schönste, was du im Leben getan und gesehen hast."

Ilya Kabakov, 1997

Kunst in dem gläsernen, verschlossenen Bauwerk werfen.

Wer dem Uferweg unter der Brücke folgt, sieht auf den sanft abfallenden Rasenflächen das Werk des Minimalisten Donald Judd von 1977 Ohne Titel. Mit den beiden konzentrischen Kreisen aus Beton bietet sich die Chance, eines der wenigen von Judd für den Außenraum realisierten Objekte zu sehen. Der Amerikaner betonte, dass seine Werke unabhängig vom Ort überall stehen könnten. Doch nimmt er hier Bezug auf die Wiese als Hang und den geraden Wasserspiegel des Aasees. Hinter den Bäumen liegt das Museumsdorf Mühlenhof. Nach soviel schöner Kunst kann man entweder umkehren oder die Eindrücke beim Umrunden des Aasees auf sich wirken lassen. Die ganze Runde ist fünf Kilometer lang. Dabei fallen auf der anderen Uferseite nostalgische Straßenschilder ins Auge. Hier wird ein ganz anderes Kunstkapitel aufgeschlagen. Die Schilder erinnern an das Malerehepaar Otto Modersohn und Paula Modersohn-Becker. Die Landschaft am Aaseetal lieferte das Motiv für einige Arbeiten aus dem Frühwerk des Künstlers.

Skulptur Projekte Münster:
www.skulptur-projekte.de

Eine der seltenen Skulpturen des Künstlers Donald Judd im Außenraum

Otto Modersohn (1865–1943) und Paula Modersohn-Becker (1876–1907)

Der bekannte deutsche Landschaftsmaler des 19. und 20. Jahrhunderts, Otto Modersohn, ist in der Friedensstraße in Münster aufgewachsen. Er gehörte zu den Gründern der Worpsweder Künstlerkolonie, wo er seit 1889 lebte. Der Begegnung mit seiner zweiten Frau Paula Becker im Jahr 1901 folgten zahlreiche Reisen in Deutschland und Frankreich. Zwischen 1901 und 1907 besuchten sie auch Münster regelmäßig. Hunderte von Skizzen entstanden dabei, rund 90 Gemälde und Studien. Malstandort des Künstlers für das Gemälde *Sommerfreuden* (mit Blick auf das Haus Kump) war südlich des Aasees. Es ist das Stimmungsbild einer Morgenlandschaft, eine Sinfonie von Licht und Farben. Die Gestaltung dieses großformatigen Gemäldes markiert einen Wendepunkt seines künstlerischen Schaffens, weg von der komponierten Ideallandschaft, hin zu einer unmittelbaren Naturanschauung.

Die Tafeln entlang des Modersohnwegs durch das malerische Aatal informieren über das Leben der beiden Künstler und die Gemälde, die in und um Münster entstanden sind.

Sommerfreuden (mit Blick auf Haus Kump) (1889) – zu sehen im Stadtmuseum

Otto Modersohn:
www.modersohn-otto.de

ALTE MEISTER UND MODERNE KUNST: MUSEEN UND GALERIEN

Museen

Westfälisches Landesmuseum für Kunst und Kulturgeschichte

Die mittelalterliche Sammlung des Museums ist eng verknüpft mit der Geschichte der Stadt Münster. Die historischen Bestände umfassen bedeutende Kunstwerke seit dem frühen Mittelalter, die in der Region und in den Nachbarschaften entstanden sind, mit Schwerpunkten wie der romanischen und gotischen Monumentalskulptur und der frühwestfälischen Tafelmalerei.

Höhepunkte, denen das Museum internationale Anerkennung verdankt, sind das *Soester Antependium*, die Überwasserskulpturen aus Münster, die Bilder von Konrad von Soest und Johann Koerbecke, die Tafeln von Derick Baegert sowie das Werk des letzten großen Meisters der westfälischen Skulptur, Heinrich Brabender. Ergänzt wird dieser Bestand mittelalterlicher Kunst durch die nichtwestfälische Sammlung mittelalterlicher Glasscheiben des Freiherrn vom Stein, unter anderem die weltberühmten romanischen Glasfenster des Meisters Gerlachus.

Die Renaissance ist hervorragend vertreten durch die münstersche Malerfamilie tom Ring, aber auch

Gemälde von Derick Baegert im Landesmuseum: *Maria mit Kind, Aposteln und Stifterfamilie*. Öl auf Holz.
Um 1495–1500

durch ein Meisterwerk deutscher Intarsienkunst, den sogenannten Wrangel-Schrank. Die großen Ereignisse der Geschichte in Westfalen, wie die Täuferzeit und der Westfälische Friede, spiegeln sich ebenso in der Sammlung wie die Barockzeit.

In der modernen Abteilung sind Impressionismus, Expressionismus,

Lichthof im Landesmuseum

Bauhaus und Konstruktivismus ebenso wie Pop Art vertreten. Das Landesmuseum entstand im Zeitalter der Romantik durch die Initiative des Westfälischen Kunstvereins und des Altertumsvereins für Westfalen. Das zentrale Kunstmuseum Westfalens befindet sich seit 1908 am Domplatz. 1970 wurde ein Neubau im damaligen Stil an das Gebäude angebaut. Träger des Landesmuseums ist der Landschaftsverband Westfalen-Lippe (LWL), der seine Wurzeln in der Selbstverwaltung der preußischen Provinzen hat. Ein weiterer Museumsneubau unter Einbe-

Timm Ulrichs: Ich kann keine Kunst mehr sehen

Der Künstler, Professor, Dichter, Fotograf, Performer, Bildhauer, Grafiker und Galerist Timm Ulrichs ist eine der herausragenden Figuren der deutschen Kunstszene. Seine außergewöhnliche Position in der zeitgenössischen Kunst wirkt über Deutschland hinaus. Jahrzehntelang – bis 2005 – versammelte der Künstler Scharen von Studierenden an der Kunstakademie um sich. Dazu wäre es fast nicht gekommen, denn als der gebürtige Berliner 1972 zum Professor in Münster berufen wurde, attestierte ihm der Amtsarzt noch „einen verwahrlosten Zustand ohne Socken." Die hätte er auch danach nicht gebraucht, denn dieser Mann bekam auch in Konfrontation mit dem etablierten Kunstbetrieb keine kalten Füße. Seine menschliche Wärme liebten die Studenten genauso wie die wahnwitzigen Aktionen des Totalkünstlers. Zur Teilnahme an der Ausstellung *Skulptur Projekte* wurde Ulrichs, der in Hannover und Münster lebt, allerdings nie eingeladen.

Feinsinn und Streitlust, Ironie und Humor paaren sich in diesem Ausnahmekünstler. Mit experimenteller Freude und Neugier schaut er auf die Welt, auf den Menschen in Verbindung mit der Natur und hinterfragt wirklich alles. Ulrichs findet das Ungenügen und die Brüche, kündigt den üblichen Gebrauch auf und fordert: „Trauen Sie Ihren Augen nicht, Sie sehen sie nicht einmal." Die Ironie und der spezielle Humor erinnern an Dadaisten wie Kurt Schwitters oder an Till Eulenspiegel. Seine Maxime „Kunst ist Leben, Leben ist Kunst" stellt er ständig selbst unter Beweis: 1961 erklärte sich der Gründer der Werbezentrale für Totalkunst zum ersten lebenden Kunstwerk und stellte sich in einem Glaskasten aus. Zu den Olympischen Spielen 1972 lief er in einem mannshohen Hamsterrad täglich einen Marathon in der Münchener Innenstadt und verteilte anschließend Manifeste – zur Wut mancher Passanten.

Der Findling heißt eine Performance aus dem Jahr 1978, bei der ein steinerner Solitär für seinen schmächtigen Körper ausgehöhlt wurde, dessen Querschnitt an Da Vincis Kind im Mutterbauch erinnerte. Zehn Stunden verbrachte Timm Ulrichs in dem harten, kalten Granitstein, der vor Urzeiten nach Deutschland geschwemmt wurde. Seinen Körper hat das „Ego-Genie" nach allen Regeln der naturwissenschaftlichen Kunst untersucht. Auf sein rechtes Augenlid ließ er sich die Worte „The End" tätowieren.

In München erinnert der Künstler an das Schicksal des Dorfes Fröttmaning, an dessen Stelle mittlerweile die Allianz-Arena steht. Seit den fünfziger Jahren mussten die Häuser einer Mülldeponie weichen, allein die Dorfkirche konnte gerettet werden. Die hat Ulrichs geklont – so entstand 2006 die Architekturskulptur *Versunkenes Dorf*. Die maschinengeschriebenen Gedichte des Klassikers der konkreten Poesie fanden Eingang in die Schulbücher; Werke wie sein Glückswürfel mit sechs Augen auf jeder Seite werden mannigfach kopiert. Ob mit Visueller Poesie, Land-Art, Objets trouvés, Body-Art oder Performances: Die Werke von Timm Ulrichs erreichen die Hirnwindungen – sie bleiben nicht nur auf der Netzhaut.

Timm Ulrichs: www.timm-ulrichs.de

ziehung der bestehenden Gebäude ist geplant. Das Landesmuseum ist Veranstalter der *Skulptur Projekte*.

Domplatz 10 | ☎ *(0251) 59 07 01*
Di, Mi, Fr-So 10-18 Uhr | *Do 10-21 Uhr*
2,10/3,50 €, Kleinkinder frei,
Gruppenrabatt
www.landesmuseum-muenster.de

Alle zehn Jahre während der *Skulptur Projekte*:
Besucherbüro im Landesmuseum
☎ *(0251) 5 90 72 01*
www.skulptur-projekte.de

Westfälischer Kunstverein

Der Westfälische Kunstverein blickte 2005 auf sein 175-jähriges Bestehen zurück. Nach seinen Verdiensten um den Erhalt altwestfälischer Malerei, die der Kunstverein sammelte und in das Landesmuseum zu Anfang des 19. Jahrhunderts als Dauerleihgabe einbrachte, entwickelte er sich nach 1945 zu dem zentralen Ort für zeitgenössische Kunst in Münster. Mit dem Neubau des Landesmuseums erhielt er 1972 seinen lichten und architektonisch interessanten Ausstellungsraum im ersten Obergeschoss, für den in den achtziger und neunziger Jahren internationale Künstler und Künstlerinnen wie Jeff Wall, Fred Sandback, Katharina Fritsch und Rodney Graham Installationen entwickelten. Der Kunstverein zeigt Kunst zum Zeitpunkt ihres Entstehens – genau das Richtige für alle, die aktuelle Kunst auf hohem Niveau sehen wollen.

Domplatz 10 | ☎ *(0251) 4 61 57*
Di, Mi, Fr-So 10-18 Uhr | *Do 10-21 Uhr*
Der Eintritt ist frei.
www.westfaelischer-kunstverein.de

Stadtmuseum Münster

Im Erdgeschoss des Neubaus hinte der historischen Kaufhausfassade von 1910/1911 findet man nicht nu das Museumsfoyer, sondern auch Geschäfte. Vom Museum aus kan man in die Läden des *Salzhofes* und die Eisdiele gehen. Der älteste Konsumtempel Münsters war ein typisches Beispiel früher Kaufhausarchitektur, der bis in die achtziger Jahre erhalten blieb. 1986 wurde er abgerissen, nur die Fassade blieb stehen, hinter der das Stadtmuseum ein neues attraktives Domizil bekam.

Die Sammlung zeigt auf ebenso informative wie unterhaltende Weise die Geschichte der Stadt. Historische Inszenierungen lassen Vergangenes wieder lebendig werden. Eindrucksvolle Beispiele sind der rekonstruierte Wohnraum aus dem Sommerhaus des Jugendstilkünstlers Bernhard Pankok oder das *Café Müller* im Stil der fünfziger Jahre, das hier wiederaufgebaut wurde – genau wie der Laden Henke, ein originales Kolonialwarengeschäft von 1911. Bis 1989 war das Wurstschneiden bei den „Eier-Miezen" in der Raesfeldstraße im Kreuzviertel mit der überdimensionalen Aufschnitt-Maschine ein Erlebnis. Was echte Schießbudenfiguren sind, erfahren die Besucher gleich gegenüber von Henkes Laden an der wohl ältesten erhaltenen Schießhalle dieser Art in Deutschland. In Sonderausstellungen werden dem Publikum spezielle Themen und Aspekte der münsterschen Kultur- und Kunstgeschichte vorgestellt, zum Beispiel das erste Deutschlandkonzert der Rolling Stones in Münster. Die Zeit des Nationalsozialismus und des Zweiten Weltkrieges wird in einer eindringlichen Dokumentation aufgearbeitet. Eine Vielzahl von Modellen zeigt anschaulich Münsters Entwicklung von der ersten Besiedlung zur Großstadt. Münster-Interessierte werden im Museumsshop fündig.

Kinder testen die historischen Schießbudenfiguren auf ihre Standfestigkeit.

Salzstraße 28 | ① (0251) 4 92 45 03
Di–Fr 10-18 Uhr
Sa, So, Ft 11-18 Uhr | Dienstag nach einem Feiertag geschlossen.
Der Eintritt ist frei.
www.muenster.de/stadt/museum

Graphikmuseum Pablo Picasso Münster

Zum Museumsbestand in den ehemaligen Adelshöfen gehören über 800 Lithographien Picassos und damit sein nahezu vollständiges lithographisches Werk. Ergänzt wird diese einzigartige Sammlung durch hundert Radierungen der *Suite*

MEIN MUNSTER

„Wer etwas über die radikalchristliche Sekte der Wiedertäufer erfahren will, die den katholischen Bischof von Münster im 16. Jahrhundert so ärgerte, dass er ihre Anführer auf dem Prinzipalmarkt zu Tode foltern und in die Käfige werfen ließ, die noch heute am Turm der Lambertikirche hängen – dem sei der Gang zum wenige hundert Meter entfernten Stadtmuseum an der Salzstraße empfohlen. Dort, im Kabinett *Das Königreich der Täufer*, gibt es nicht nur originalgetreue Nachbildungen der Käfige, sondern eine anschauliche Einführung in die wohl merkwürdigste Episode der münsterschen Geschichte."

Jürgen Kehrer *(Schriftsteller)*

Vollard, einer Folge von Radierungen des Künstlers aus den Jahren zwischen 1930 und 1936, sowie eine große Auswahl an Werken von Picassos Zeitgenossen wie Henri Matisse, Joan Miró, Marc Chagall und Fernand Léger. Mit 200 graphischen Arbeiten ist Georges Braque vertreten. Das Museum präsentiert nicht, wie häufig üblich, eine feste Dauerausstellung, sondern beleuchtet mit mehrmals im Jahr wechselnden Ausstellungen die verschiedenen Facetten im Œuvre Picassos. Neben thematischen Sonderschauen veranstaltet das Haus auch monographische Ausstellungen über Künstler, die eine Verbindung zu Picasso aufweisen. Somit werden dem Besucher nicht nur ein Einblick in das Schaffen des weltberühmten Spaniers gegeben, sondern auch Informationen über seine Wegbereiter, Freunde und Zeitgenossen.

Königsstraße 5 | ① (0251) 41 44 70
Di–Fr 11–18 Uhr | Sa, So, Ft 10–18 Uhr
4 /6 € | Gruppenrabatt
www.graphikmuseum.de

Friedenssaal

Im Friedenssaal des historischen Rathauses wurde am 15. Mai 1648 ein wichtiger Teilvertrag des West-

Graphikmuseum Pablo Picasso

fälischen Friedens beschworen. Man kann die Portraits der Gesandten, die an den Verhandlungen beteiligt waren, an den Wänden bewundern.

Zu den Ausstellungsstücken gehören auch ein Pantoffel, der vermutlich aus dem 17. Jahrhundert stammt und eine abgeschlagene Hand unbekannter Herkunft sowie der Goldene Hahn, ein Ehrenpokal, der wahrscheinlich um 1600 in Nürnberg angefertigt wurde. Wenn die Stadt im Friedenssaal offizielle Gäste empfängt, die sich in das Goldene Buch eintragen, wird gerne ein Schluck Wein aus dem Goldenen Hahn angeboten. Kippt der Ehrengast den Pokal zu sehr, schlagen ihm die Flügel um die Ohren – zum großen Spaß aller Anwesenden.

Angeblich ist der güldene Gockel die Spende eines münsterschen Ratsherrn. Anlass dafür sei eine Geschichte aus der Belagerung Münsters durch den Kanonenbischof Christoph Bernhard von Galen gewesen.

Ein auffliegender Hahn soll ihm klar gemacht haben, dass eine Hungersnot in der Stadt noch nicht in Sicht sei. Der Pokal wurde aber schon lange zuvor hergestellt, ehe der Kanonenbischof Münster 1657 zum ersten Mal unter Beschuss nahm.

Prinzipalmarkt 10 (im Rathaus)
☎ (0251) 4 92 27 24
Di-Fr 10-17 Uhr | Sa, So 10-16 Uhr
,50 €

Ehrentrunk für den ehemaligen Bundespräsidenten Johannes Rau 2004 im Friedenssaal

Domkammer

Die Domkammer der Kathedralkirche St. Paulus in Münster zeigt Kunst und Kultur aus zwölf Jahrhunderten. Géza Jászai als erster, langjähriger Kustos hat in seiner Konzeption der Domkammer bewusst auf eine museale Ausstellung verzichtet: Statt der Trennung nach Epochen oder Kunstarten sind die Schaustücke nach Themen aufgeteilt. Das Museum ist nicht nur Schatzkammer; die Reliquien und Heiligtümer sind auch für die Gläubigen zur Verehrung ausgestellt. Als Sakristei fungiert die Domkammer, da einige Objekte in der Liturgie des Domes gebraucht werden.

Herausragende Kunstwerke sind das prunkvolle Kapitelkreuz aus dem 13., der Tragaltar aus dem 12. und die

Tragaltar in der Domkammer

Nachbildung eines Weiheschiffs aus dem 17. Jahrhundert.

Horsteberg | ① (0251) 49 53 33
Di-So 11-16 Uhr
2/3 €

Archäologisches Museum

Die Sammlung dient in erster Linie der Lehre und Forschung im Archäologischen Seminar der Universität.

Domplatz 20-22 (im Fürstenberghaus)
① (0251) 8 32 45 81
Di-So 14-16 Uhr
Der Eintritt ist frei.
www.uni-muenster.de/Rektorat/museum/d2museam.htm

Geologisch-Paläontologisches Museum

Im Eiszeitsaal begrüßen unter anderem ein Mammut- und ein Wollnashornskelett die Besucher. Die Exponate aus der Eiszeit, Korallen aus dem Erdaltertum und die herausragende Fischsammlung aus der Kreidezeit sind über die Grenzen Europas hinaus berühmt. Die seltenen Dinosaurierknochen, die man in Ost-Brilon fand, müssen leider aus konservatorischen Gründen unter Verschluss bleiben. Aber die geologischen Proben und Millionen Jahre alten Funde sind hier in der ehemaligen Landsbergschen Kurie untergebracht, einem alten Stadtpalais vom Beginn des 18. Jahrhunderts. Auch Künstler sind an diesem Ort willkommen, wo sie zwischen den Skeletten ausgestorbener Säugetiere Theater spielen oder Ausstellungen organisieren.

Geologisch-Paläontologisches Museum

Pferdegasse 3 | ① (0251) 8 32 39 42
www.uni-muenster.de/Geomuseum
Di-Fr 9-17 Uhr | Sa 10-17 Uhr
So, Ft 14-17 Uhr
Der Eintritt ist frei.

Museum für Lackkunst

In der Bürgervilla von 1914 an der Promenade werden jahrtausende alte Exponate und ganz moderne Lackkunst aus China, Korea, Japan

Schausammlung Japan im Museum für Lackkunst: Eule auf blühendem Pflaumenast, 17. Jahrhundert (Edo-Zeit)

Europa, Russland und aus islamischen Ländern gezeigt.

Das Museum präsentiert nicht nur die Geschichte eines Werkstoffes, sondern auch Lackierungen als Spitzentechnologie in der Kunst, in der Manufaktur und später in der Industrie.

Windthorststraße 26
① (0251) 4 18 51 22
Di 12-20 Uhr | Mi-So, Ft 12-18 Uhr
2/3 € | Dienstags ist der Eintritt frei.
www.museum-fuer-lackkunst.de

Bibelmuseum

Das Museum zeigt anhand von Originalwerken die Geschichte der Bibel seit den handschriftlichen Anfängen. Eine absolute Rarität ist die 1550 gedruckte *Biblia regia*, die in einem Antiquariat in Los Angeles entdeckt wurde.
Weitere Besonderheiten sind das griechische Neue Testament in seiner handschriftlichen Überlieferung und in den Drucken des 16. Jahrhunderts bis zur Gegenwart, Handschriften und Drucke der lateinischen Bibel, Bibelillustrationen sowie ein originalgetreuer Nachbau der Gutenbergpresse. Außerdem gibt es hier die kleinste Bibel der Welt zu sehen – ideal für reiselustige Christen.

Georgskommende 7
① (0251) 8 32 25 80
Mi 11-13 Uhr | Do 17-19 Uhr
1. Sa im Monat: 10-13 Uhr
Der Eintritt ist frei.
www.uni-muenster.de/Bibelmuseum

Geschichtsort Villa ten Hompel

Die Villa ten Hompel dokumentiert in zwei multimedialen Dauerausstellungen zur Polizeigeschichte und „Wiedergutmachung" ihre wechselhafte Vergangenheit. Als Forschungs- und Bildungsstätte bietet der Geschichtsort Recherchemöglichkeiten in Bibliothek und Archiv sowie zahlreiche Workshops, Vortragsreihen und Veranstaltungen. Von 1940 bis 1945 war die Villa der Verwaltungssitz des regionalen Befehlshabers der Ordnungspolizei. Im NS-Regime trug diese Behörde mit ihren Erlassen und Handlungen erheblich zu NS-Verfolgungsaktionen bei, insbesondere auch zum Massenmord an Juden, Sinti und Roma.

Ausstellung in der Villa ten Hompel

Zum Aufgabenfeld von Ordnungspolizisten gehörte die Teilnahme an Erschießungsaktionen ebenso wie die Bewachung von jüdischen Ghettos, die Begleitung von Deportationszügen und die Verhaftung von NS-Gegnern. Die Ausstellung geht mit ihrer Behandlung der Geschichte der Polizei über die Zeit von 1933 bis 1945 hinaus: Sie zeigt prägende Faktoren der Polizeiarbeit auf, thematisiert den Umgang mit der NS-Geschichte und stellt dabei auch die generelle Frage nach der Verantwortung von „Schreibtischtätern".

Nach dem Ende des Zweiten Weltkriegs prägte wiederum Verwaltungsarbeit den Ort Villa ten Hompel. Von 1954 bis 1968 beherbergte das Haus das *Dezernat für Wiedergutmachung* der Bezirksregierung Münster, das über die Entschädigungsanträge von ehemals nationalsozialistisch Verfolgten entschied. Die Ausstellung greift auch diese Geschichte auf. Einzelne Verfolgungs- und Entschädigungsbiographien ergänzen die Überblicksdarstellung.

Zu der Sammlung der Villa gehören die Dokumente, die der 1999 verstorbene Münsteraner Paul Wulf im Laufe von 50 Jahren archiviert hatte. Wulf war 1938 von NS-Ärzten zwangssterilisiert worden und hatte sich die Aufklärung über die nationalsozialistischen Verbrechen zur Lebensaufgabe gemacht. Der unbequeme Antifaschist bekam 1991 das Bundesverdienstkreuz.

Paul Wulf: www.paul-wulf.net

Kaiser-Wilhelm-Ring 28
① (0251) 4 92 71 01
Mi 18-22 Uhr | Do, Fr 12-16 Uhr
So 12-18 Uhr
Der Eintritt ist frei
Bus: Linien 2, 10, 311, 313 bis Haltestelle Hohenzollernring
www.muenster.de/stadt/villa-ten-hompel

Allwetterzoo mit Pferdemuseum

Nicht nur Menschen mit Kindern gönnen sich am Wochenende einen Spaziergang in Münsters Zoo, der 1974 am Aasee als Allwetterzoo neu entstanden ist. Der von Landois gegründete Zoologische Garten an der Promenade musste 1973 dem Neubau einer Bank weichen.

Wie der Name verrät, ist ein Besuch im Allwetterzoo bei jeder Witterung ein Vergnügen. Vor Rege

Eingang zum alten Zoo an der Promenade

Sentruper Straße 313
➲ Allwetterzoo (0251) 8 90 40
➲ Pferdemuseum (0251) 48 42 70
www.allwetterzoo.de
www.hippomaxx-muenster.de
Allwetterzoo und Pferdemuseum:
Täglich ab 9 Uhr geöffnet.
Delphinarium: Täglich ab 10 Uhr bis eine halbe Stunde nach Kassenschluss.
Kassenschluss: April – September um 18 Uhr | März + Oktober um 17 Uhr | November – Februar um 16 Uhr
6,30 €/12,50 €
Bus: Linie 14 hält direkt vor dem Eingang.

oder starker Sommerhitze schützen überdachte Wege zwischen den im Winter beheizten Tierhäusern, in denen Menschenaffen, Elefanten, Bären oder Löwen leben. Kinder lieben den Streichelzoo, die Vorstellungen im Delphinarium und das Tropenhaus. Auf ca. dreißig Hektar bietet der Allwetterzoo rund 450 verschiedenen Tierarten ein artgerechtes Zuhause.

Und da Westfalen eine Hochburg des Pferdesports ist, darf der Besuch des Pferdemuseums nicht fehlen.

Man kann durch die Natur- und Kulturgeschichte des Pferdes in Westfalen traben, eine Runde auf dem Reitsimulator galoppieren oder sich in einer Pferdeshow vergnügen. Im Kinder- und Pferdepark leben verschiedene Pferderassen und ein Poitu-Riesenesel.

Naturkundemuseum mit Planetarium

Es gibt einen Ort, an dem kann man den Himmel auf Erden erleben und in Sekundenschnelle eine Zeitreise ins Erdmittelalter unternehmen: Für Sterngucker, Dinosaurier-Fans und alle, die an Natur und Menschen interessiert sind, ist das Westfälische Museum für Naturkunde das Richtige. Die Dinosaurier begrüßen die Besucher schon auf dem Platz vor dem Museum des Landschaftsverbandes Westfalen-Lippe (LWL). Das Haus zeigt einmalige Exponate wie das sechzehn Meter lange Skelett eines Tyrannosaurus Rex und Überreste von Dinos, die vor 100 Millionen Jahren in Westfalen gelebt haben.

Der etwas jüngeren Geschichte widmet sich die Ausstellung *Westfalen im Wandel – Von der Mammutsteppe zur Agrarlandschaft*

Eine große Schau mit historischen und modernen Objekten zeigt das Leben der Plainsindianer bis in die Gegenwart.

80 Millionen Jahre blieb der *Parapuzosia seppenradensis* verborgen, bis er 1895 vom Gründer des Museums Professor Hermann Landois bei Seppenrade entdeckt wurde. Der dreieinhalb Tonnen schwere Riesenammonit mit einem Durchmesser von 1,80 Metern steht im Eingangsbereich des Naturkundemuseums – wenn er nicht gerade an ein anderes Museum verliehen wird. Es ist der größte, der je auf der Erde gefunden wurde. Das Lebewesen sieht aus wie eine Schnecke, gehört aber zu den Kopffüßlern. Abgüsse davon haben alle großen Naturkundemuseen der Welt.

Im Zeiss Planetarium strahlen 9000 Fixsterne an einer Kuppel von 20 Metern Durchmesser.

Der Museumsshop ist eine Fundgrube.

Sentruper Straße 285
☏ (0251) 5 91 60 50
Tägl. 9-18 Uhr
Nur Naturkundemuseum:
2,10/3,50 €
Nur Planetarium: 2,10/4 €
Museum und Planetarium:
3,10/6,20 €
Familienermäßigungen
Bus: Linie 14 bis Haltestelle Zoo
www.lwl.org/LWL/Kultur/WMfN

Freilichtmuseum Mühlenhof

Den Anfang nahm das kleine Museumsdorf am Aasee, als der „Berufswestfale" und „Windmacher" Theo Breider 1960/61 hier eine alte Bockwindmühle aus dem Jahr 1748 aufstellte – noch im 19. Jahrhundert gehörten zahlreiche Windmühlen zum Bild Münsters.

Im Laufe der Jahre entstand ein Freiluftmuseum mit rund 30 historischen Gebäuden, die an ihren ursprünglichen Standorten abgebaut und originalgetreu im Mühlenhof wieder

Westfälisches Museum für Naturkunde

So lebten die alten Westfalen. Mit dem Mühlenhof ist ein Museumsdorf am Aasee entstanden.

errichtet wurden. Ein Gräftenhof von 1720 mit Backhaus, Spieker und Kötterhaus ist hier entstanden; das Mühlenhaus von 1619 ist mit altem Hausrat ausgestattet. Es gibt einen Dorfladen, ein Schuhmacherhaus, eine Schreinerei, ein Sandsteinhaus, eine Schmiede und die Landschule, in der sogar manchmal unterrichtet wird. Die Häuser vermitteln einen Eindruck von Lebensgewohnheiten und Arbeitsweisen der Menschen, die einst darin wohnten. Mit ein bisschen Glück trifft man auch noch einen echten Kiepenkerl.

Theo-Breider-Weg 1 | ☎ (0251) 98 12 00
16. März bis Oktober: tägl. 10-18 Uhr
November bis 15. März: Mo-Sa 13-16.30 Uhr und So 11-16.30 Uhr
2,50/4 €

Bus: Linie 14 bis Haltestelle Zoo, dann 600 Meter Fußmarsch.
www.freilichtmuseum-muenster.de

Haus Rüschhaus

In dem Kleinod spätbarocker Architektur lebte die Dichterin Annette von Droste-Hülshoff. Ursprünglich baute der Barockmeister Johann Conrad Schlaun das Anwesen, eine Mischung aus Herrenhaus und Münsterländer Bauernhaus, für sich und seine Familie in den Jahren 1745 bis 1748. Der zu Zeiten der Dichterin verwilderte Nutzgarten wurde später als Barockgarten angelegt. Anlässlich des Jubiläumsjahres zum 300. Geburtstag von Schlaun 1995 besuchte der amerikanische Objektkünstler Richard Serra Münster, um die Werke des Architekten zu besichtigen. Im Jahr darauf postierte er seine Skulptur *Dialog mit Johann Conrad Schlaun*, einen zwei Meter hohen, aus Stahl geschmiedeten Quader, in der Allee vor dem Eingangstor. Im Rüschhaus finden regelmäßig Kammerkonzerte statt.

Hülshoffstraße
① (02533) 13 17
Das Haus kann nur mit Führungen besichtigt werden, der Garten ist jederzeit kostenlos zugänglich.

Führungen: Täglich außer montags. Im März, April und November um 11, 12, 14 und 15 Uhr. Von Mai bis Oktober stündlich von 10 bis 17 Uhr.
2/3 €, Gruppenermäßigung
Anfahrt: Haus Rüschhaus liegt im Ortsteil Münster-Nienberge. Mit dem Pkw fährt man die B 54 in Richtung Steinfurt. Ab Ausfahrt Münster-Nienberge ist ausgeschildert.

Bus: Linie 5 bis Haltestelle Haus Rüschhaus.
www.muenster.de/stadt/museum/rueschhaus.html

Kunsthaus Kannen

Das Kunsthaus Kannen ist in den Klinikkomplex des Alexianer-Krankenhauses eingegliedert, einer Fachklinik für Psychotherapie und Psychiatrie. Seit 1996 werden Ausstellungen und Projekte zum Thema „Zeitgenössische Kunst und Psychiatrie" präsentiert. Gezeigt wird Art Brut und Outsider Art aus der eigenen Sammlung und aus ganz Europa, also Werke von Außenseitern oder geistig Behinderten abseits des etablierten Kunstsystems.

Das Museum im Grünen vereint Ausstellungssaal, Ateliers für Patienten, ein Kunstarchiv, Fachbibliothek und

Haus *Rüschhaus*

Museumsladen unter einem Dach. Zum Haus gehört der Sinnespark, wo verschiedene Stationen zu Balanceakten oder ungewohnten Riech-, Hör- und Fühlerlebnissen einladen.

Alexianerweg 5 (im Stadtteil Amelsbüren)
① (02501) 96 65 60
Kunsthaus: Di-So 13-17 Uhr
Sinnespark: tägl. 9-19 Uhr
Der Eintritt ist frei.
Bus: Linie 7 bis Haltestelle Alexianer Krankenhaus.
www.kunsthaus-kannen.de

Lepramuseum Münster-Kinderhaus

Rund fünf Kilometer nördlich der Altstadt im Ortsteil Kinderhaus liegt das bundesweit einzige Lepramuseum im früheren Leprosenhaus Münsters. Schon die älteste urkundliche Erwähnung des Ortsnamens aus dem Jahre 1332 steht in Zusammenhang mit diesem Heim: „domus leprosorum dicte tor Kinderhus". Das bedeutet: Haus der Leprosen, genannt zu Kinderhaus. Der Stadtteilname bezieht sich auf „die armen Kinder Gottes", wie die Patienten im Mittelalter genannt wurden.

In Kinderhaus wurden die leprakranken Bürger der Stadt Münster isoliert. Teile der alten Kapelle und des Provisorenhauses von 1580 sowie das Lazarushäuschen von 1618 sind noch erhalten.

Kinderhaus 15 | ① (0251) 2 85 10
So 15-17 Uhr
Der Eintritt ist frei
Bus: Linie 6 bis Haltestelle Kristiansandstraße.
www.muenster.org/lepramuseum

Galerien

beach (2005), Installation von Martin Wöhrl in der Galerie Stefan Rasche

Galerie Beelte-Preyer

Kunst des 20. und 21. Jahrhunderts Schwerpunkt Skulptur.

Dechaneistraße 29 | ① (0251) 31 10 00
Während der Ausstellungen
Mi-Fr 14-18 Uhr | Sa 13-16 Uhr
www.galerie-preyer.de

Galerie Clasing

Zeitgenössische Kunst in der ältesten Galerie der Stadt.

Prinzipalmarkt 37 | ① (0251) 4 41 65
Mo-Fr 10-18 Uhr | Sa 10-13 Uhr
www.galerie-clasing.de

Galerie Goeken
Moderne Kunst.

Rosenplatz 10
① (0251) 4 24 33
Mi-Fr 15-19 Uhr | Sa 12-16 Uhr

Galerie Hachmeister
Ihren internationalen Ruf hat sich die Galerie Hachmeister mit Ausstellungen moderner Klassiker wie Picasso, Morandi, Tobey, Fautrier erworben. Unter den zeitgenössischen Künstlern der Galerie finden sich etablierte wie der britische Bildhauer Tony Cragg, aber auch Jungstars wie der Fotograf und Installationskünstler Carsten Gliese oder der Maler und Zeichner Christoph Worringer.

Klosterstraße 12 | ① (0251) 5 12 10
Di-Fr 10-13 Uhr und 14-18 Uhr
Sa 10-14 Uhr
www.hachmeister-galerie.de

mike karstens graphics
Mike Karstens hat sein Know-how und Können in Sachen Drucktechnik perfektioniert – mancher Künstler richtet seine Ausstellungspläne ganz auf die Arbeitstermine der Werkstatt von Mike Karstens ein.

Seit 1988 arbeitet er für Künstler, Kunstvereine, Museen und Galerien; zunehmend auch selbst als Verleger von hochwertigen Editionen zeitgenössischer Künstler. Dazu gehören Gerhard Richter, Ilya Kabakov, Ro-

Mike Karstens bei der Arbeit

semarie Trockel und Sigmar Polke. Neben Lithographie, Serigraphie, Holzschnitt und Radierung stehen den Künstlern auch die Mischungen dieser Verfahren zur Verfügung. Der Meisterdrucker kennt die ästhetischen Möglichkeiten der Techniken und bereichert oder modifiziert so das künstlerische Konzept. Die Werkstatt ist noch immer am Hawerkamp, die Galerie befindet sich im Speicher II.

Hafenweg 28
① (0251) 6 06 87 80
Di-Fr 15-19 Uhr | Sa 14-18 Uhr
www.mikekarstensgraphics.com

Galerie Kleinheinrich
Bibliophile Kostbarkeiten und Kunst im Oerschen Hof, dem Adelshof aus dem 18. Jahrhundert.

Königsstraße 42
① Tel. (0251) 4 84 01 93
www.kleinheinrich.de

Galerie König

Wechselnde Ausstellungen klassischer und zeitgenössischer Kunst.

Kesslerweg 21 | ✆ (0251) 6 09 87 80
Mo-Fr 10-13 Uhr
www.galeriekoenigmuenster.de

Kunstkontor

Doris Möllers präsentiert Kunst des 20. und 21. Jahrhunderts, klassische Moderne, Gemälde, Skulpturen und Arbeiten auf Papier.

Rosenplatz 8
✆ (0251) 4 84 12 98
Di-Sa 11-18 Uhr
www.kunstkontor.com

KunstRaum Krüger

Junge Kunst, speziell konzipiert für den KunstRaum zwischen hochwertigen Büro- und Wohnmöbeln. Malerei, Plastiken, Objekte, Foto- und Videoarbeiten.

Krögerweg 33-47
✆ (0251) 62 74 10
www.kruegerms.com

Galerie Nettels

Kunstdrucke, Grafiken, Ölbilder, Skulpturen. Glas- und Keramikarbeiten. Zwischen Dom und Überwasserkirche.

Spiegelturm 3
✆ (0251) 4 62 93
Mo-Fr 9.30-18.30 Uhr | Sa 9.30-16 Uhr
www.nettels.de

Galerie Ostendorff

Klassische Moderne.

Prinzipalmarkt 11 | ✆ (0251) 5 74 04
Di-Fr 9.30-13 Uhr und 14-18.30 Uhr
Sa 10-16 Uhr
www.ostendorff.de

Galerie Stefan Rasche

Anspruchsvolle zeitgenössische Kunst. Herausragende Positionen der Malerei und Fotografie, Installationen und Videokunst.

Warendorfer Straße 18 | ✆ (0251) 2 00 66 48
Mi-Fr 15-19 Uhr | Sa 11-14 Uhr
www.galerie-rasche.de

Galerie Steinrötter

Ausstellungen aktueller moderner Kunst und Beratung in allen Kunstfragen, 40 Jahre Erfahrung.

Rothenburg 16 | ✆ (0251) 4 44 00
Mo-Fr 10-18 Uhr | Sa 10-14 Uhr
www.steinroetter.de

Weitere Schauräume

Ausstellungshalle Zeitgenössische Kunst Münster

Im Dachgeschoss des sanierten Getreidespeichers erwartet einen au tausend Quadratmetern moder ne Kunst. International bekannte Künstler werden ebenso vorgestell wie junge und unbekannte aus de Region. In den vier Etagen darunte arbeiten Künstlerinnen und Künstler aus verschiedenen Bereichen der bildenden Kunst in 32 Ateliers.

Hafenweg 28 | ☏ (0251) 6 74 46 75
während der Ausstellungen:
Di-Fr 14-19 Uhr | Sa, So 12-18 Uhr
Der Eintritt ist frei.
www.muenster.de/stadt/
ausstellungshalle

Kunstakademie Münster auf dem Leonardo-Campus

Ein Nutzungswechsel im besten Sinne hat in der ehemaligen Reiterkaserne stattgefunden, die zwischen 1898 und 1901 gebaut wurde. Aus der Kürassierkaserne an der Steinfurter Straße entstand das neue Hochschulviertel, der Leonardo-Campus. Herzstück ist die Kunstakademie mit Malerei- und Bildhauerklassen und Werkstätten. Diese befinden sich auch in den ehemaligen Stallungen – mit dem Schließen der insgesamt 53 Außentüren ist der Hausmeister mehr als eine Stunde beschäftigt. In der Mitte des Campus steht der streng geometrische Akademie-Neubau; der Architekt Raimund A. Beckmann überarbeitete dafür einen Entwurf des namhaften Grazers Günter Domenig. Besucher erkennen darin einen hockenden Frosch. Einmal im Jahr zeigen die Studierenden bei einem Rundgang ihre Werke der Öffentlichkeit.

Leonardo-Campus 2
☏ (0251) 8 36 13 30
www.kunstakademie-muenster.de

Wewerka-Pavillon

Der gläserne permanente Ausstellungsraum ist das Schaufenster der Kunstakademie Münster. Seit 1989 auf der Wiese am Aasee in Münster, wurde er ursprünglich 1987 anlässlich der documenta 8 in Kassel vom Architekten und Künstler Stefan Wewerka entworfen. Der Pavillon, eine Leihgabe des Eigentümers Axel Bruchhäuser an die Stadt Münster, ist Schnittstelle zwischen Architektur und Skulptur. Die sechs Ausstellungen, die die Akademie pro Jahr darin präsentiert, kann man rund um die Uhr bewundern, da man von außen schaut, ohne das Objekt zu betreten.

Aaseeufer am Kardinal-von-Galen-Ring, nahe der Torminbrücke.
www.kunstakademie-muenster.de/
redaktion/wewerka/wewerka.htm

Ateliergemeinschaft Schulstraße

Keine geregelten Besuchs- oder Öffnungszeiten, aber einmal im Jahr Anfang November zeigen die hier arbeitenden Künstler ihre Werke bei einem Rundgang. Das ist immer ein lohnenswerter Blick auf Münsters Kunstszene.

Schulstraße 22
☏ (0251) 8 36 13 30

FILMSTADT

Film ab!

Die Stadt voller Kinoleidenschaft und mit einem ungewöhnlichen Filmfestival ist auch zum Drehort-Darling geworden.

Vor einigen Jahren haben die Filmschaffenden Münster entdeckt, und sie werden hier mit offenen Armen empfangen. Das Publikum liebt die Münsterkrimis *Wilsberg* und *Tatort*, die auch schon mal im Wochenend-Doppelpack über den Bildschirm flimmern. Das garantiert den Sendern Spitzenquoten. Privatdetektiv Georg Wilsberg (Leonard Lansink) jagt mit Unterstützung des Finanzbeamten Ekki Thalkötter (Oliver Korittke) im ZDF die Ganoven. Am Sonntag ermittelt das witzigste Fahnderduo im *Tatort*: Gerichtsmediziner Karl-Friedrich Boerne (Jan Josef Liefers) und Hauptkommissar Frank Thiel (Axel Prahl) bringen nicht nur den Westfalen als ungleiches Ermittler-Paar den Humor bei.

Die Schauspielerin Mechthild Großmann, die in Münster geboren und aufgewachsen ist, kehrt als Staatsanwältin für die Dreharbeiten an den Ort ihrer Kindheit zurück und zeigt im *Tatort* den Männern, wo es lang geht. Millionen von Zuschauern freuen sich auf die spannende Unterhaltung rund um den Prinzipalmarkt. Auch die Fachpresse feiert die Filmstadt Münster.

Nicht allein das Lokalkolorit, die Einzigartigkeit der Altstadt und die grüne Idylle sind verantwortlich für den Boom. Für die Filmemacher herrschen in Münster einfach paradiesische Zustände. „Drehen ist hier noch

MEINMUNSTER

„In die Kreuzschule bin ich 1955 eingeschult worden und wir wurden in weißen Kleidchen über die Straße in die Kreuzkirche zur Heiligen Erstkommunion geführt. Gegenüber bei *Kiekenbeck* haben wir die Schulhefte gekauft, und dann der Weg nach Hause über die Raesfeldstraße zur Coerdestraße 53, da wohnte ich. Sehnsuchtsvoll sitze ich vorm *Nordstern* und schaue zurück – in meine Kindheit."

Mechthild Großmann
(Schauspielerin)

Axel Prahl und Jan Josef Liefers im Tatort *Mörderspiele*. Die Geschichte nimmt Bezug auf den Fall Maria Rohrbach (siehe S. 138).

ein bisschen wie Ferien", bringt es der *Wilsberg*-Produzent Anton Moho auf den Punkt. Den Filmemachern wird das Arbeiten in Stadt und Region leicht gemacht. Wenn eine Kamera auftaucht, gibt es noch strahlende Gesichter. Und bei einer Straßensperrung wegen eines Drehs hagelt es keine Beschwerden. Statt ellenlanger Wartezeiten auf Locations erwartet die Leute von Film und Fernsehen tatkräftige Unterstützung.

Die Stadtverwaltung unterstreicht ihre filmfreundliche Haltung durch die Einrichtung *Filmservice Münster.Land*, und auch die Filmwerkstatt Münster ist Anlaufstelle für die Profis. Der Erfinder des Münster-Krimis ist Schriftsteller Jürgen Kehrer mit seiner sympathischen Romanfigur Georg Wilsberg. In einer Mischung aus Satire, Krimi und soziologischen Einblicken lässt Kehrer seinen Privatdetektiv knifflige Mordfälle in der Domstadt lösen. Seit 1990 ist Lokalkolorit plus Spannung das Erfolgsgeheimnis der Münster-Krimis. Damit hat er eine Flut von Kriminalromanen ausgelöst, die in der Region und ihrer Hauptstadt spielen. Neben den *Tatort-* und *Wilsberg*-Klassikern avancierte Münster

Das *Wilsberg*-Team

auch mit anderen TV- und Kinofilmen zur gefragten Kulisse. Beispiele sind der ZDF-Zweiteiler *Das große Ding* mit Jürgen Vogel über das Gladbecker Geiseldrama oder der Science-Fiction-Film *Blueprint* mit Franka Potente.

Star-Schauspieler Til Schweiger entdeckte Münsters denkmalgeschütztes Gefängnis als ideale Location für den Kinofilm *Blaze*. Schweiger stellt in der 150 Jahre alten Justizvollzugsanstalt einen unschuldig Verhafteten dar. Die Handlung spielt zwar in New York, aber die Atmosphäre der JVA lockte die Filmemacher nach Münster, da sie exakt ihren Vorstellungen eines typischen New Yorker Knast-Ambientes entsprach.

Die Münsteranerin Emmy Herzog entwickelte sich im hohen Alter zum Medienstar. Ihr jüdischer Mann, der Motorrad-Rennfahrer Leo Steinweg, wurde von den Nazis ermordet. Im

Auch mit 100 noch auf Tempo 100: Emmy Herzog

Jahr 2004 war sie bereits 101, als ihr der Autor Christoph Busch die Fernsehdokumentation *Emmy – ich hab´ nie einen Liebeskummer gehabt* widmete. Busch, der bis 1990 in Münster lebte und mit seinem Szenario für die Verfilmung der *Jahrestage* von Uwe Johnson für Furore sorgte, schrieb ein Drehbuch nach ihrem autobiographischen Roman *Leben mit Leo*. In dem Spielfilm spielt Veronica Ferres die Rolle der Emmy Herzog. Ein Hase aus Münster hat sogar Hollywoodstar Leonardo Di Caprio vom ersten Platz der deutschen Kinocharts verdrängt. Der weltberühmte Kinderliebling aus dem Coppenrath Verlag am Hafen kam als *Felix – Ein Hase auf Weltreise* auf die Leinwand. 2006 folgten mit *Felix 2 – Ein Hase und die verflixte Zeitmaschine* weitere Abenteuer der kleinen Sophie und ihres Kuscheltieres. Prominente aus Film und Fernsehen wie Hugo Egon Balder, Sonja Kirchberger, Sunnyi Melles oder Hans Werner Olm liehen den Zeichentrickfiguren ihre Stimmen.

Die Serie aus dem Allwetterzoo *Pinguin, Löwe & Co.* mit Bettina Böttinger vom WDR entwickelte sich zur bundesweit gefragten Doku-Soap über tierisches Leben. Zoodirektor Jörg Adler kann es in Sachen Reklameideen mit seinem Vorgänger und Zoogründer Prof. Landois durchaus aufnehmen. Adler ist ein geborener Marketingexperte und wurde schon – nebst Pinguin – in die Show von Harald Schmidt eingeladen.

Jürgen Kehrer:
www.juergen-kehrer.de
Christoph Busch:
www.busch.adamriese.net
Filmservice Münster.Land:
www.muenster.de/stadt/filmservice

Alle Jahre wieder

Kultstatus hat ein Film erlangt, der schon 1967 in Münster gedreht wurde. *Alle Jahre wieder* mit Sabine Sinjen, Ulla Jacobsson und Hans-Dieter Schwarze prägte für Jahrzehnte das Bild vom weihnachtlichen Münster. Ulrich Schamoni schrieb gemeinsam mit Michael Lentz das Drehbuch und führte Regie, Peter Schamoni produzierte den Streifen. Die Protagonisten des Jungen Deutschen Films setzten der Stadt ihrer Schulzeit damit ein cineastisches Denkmal. Das scharfe Portrait deutscher Provinz wirft einen liebevollen Blick auf den gutbürgerlichen Schein. Zwar konnten sich zahlreiche Kritiker nicht mit dem Stoff anfreunden, doch das Werk wurde mit dem Bundesfilmpreis ausgezeichnet und ebnete damit den Weg für eine Kino-Sensation: Mit dem Preisgeld realisierte Peter Schamoni, heute einer der bedeutendsten deutschen Regisseure, den Film *Zur Sache, Schätzchen* mit Uschi Glas, der wochenlang in den deutschen Lichtspielhäusern für ausverkaufte Vorstellungen sorgte.

Die Filmer haben einige Münsteraner Originale in *Alle Jahre wieder* eingebaut. So hält der münstersche Volksschauspieler Busso Mehring in seiner Rolle als Museumswärter einen urkomischen Monolog über seine Mitbürger und den Dom. Der Musiklehrer Dr. Dr. Albert Allerup vom Schlaun-Gymnasium, in den sechziger Jahren wegen seiner skurrilen Aussprüche stadtbekannt, hat in dem Film mehrere Kurzauftritte – unter anderem mit dem berühmten Satz: „Entweder regnet es hier oder die Glocken läuten, oder es wird wieder mal 'ne Kneipe eröffnet."

Alle Jahre wieder läuft der Schwarz-Weiß-Streifen im Kino Schloßtheater und gehört neben der Inszenierung des *Messias* im Theater im Pumpenhaus zum Weihnachtsritual.

Clara Ratzka

Clara Ratzka (1871–1928)

Als der Film noch in den Kinderschuhen steckte, lieferte eine Weltbürgerin aus Münster bereits die Vorlage für zwei berühmte Stummfilme. *Die grüne Manuela* unter der Regie von E.A. Dupont und W. Dieterle, der in ganz Europa und sogar in Amerika gezeigt wurde (1923), sowie *Rutschbahn. Schicksalskämpfe einer Sechzehnjährigen* (Regie R. Eichberg, 1928). Eine der Hauptrollen spielte Schimanskis Vater Heinrich George. Clara Ratzka, die als Romanschriftstellerin in ganz Deutschland einen großen Namen hatte, lebte für die damalige Zeit ein ungewöhnliches Leben. Schon die kleine Clara zeigte sich nicht als perfekte Domschülerin, sondern prügelte sich lieber mit den Jungen auf dem Kirchplatz. Später bereiste die frühe Kosmopolitin und alleinerziehende Mutter die Welt, lebte in London, Paris und New York und war fast so oft verheiratet wie Joschka Fischer.

Mit *Familie Brake* setzte Clara Ratzka 1919 ihrem geliebten Münster ein beeindruckendes Denkmal. Der Roman gilt als bestes Werk der schöngeistigen Literatur über Münster – als intime Kennerin der Atmosphäre der Stadt führt sie die Leser durch die Straßen und Gassen. Man erlebt die Schönheit der Westfalenmetropole, den Glanz der Feste, der

Duft der grünen Promenade und den Klang der alten Kinderlieder – ein wunderbarer Einblick in das Leben zu Anfang des 20. Jahrhunderts.

Die Filmwerkstatt

Die Filmwerkstatt Münster unter der Leitung von Winfried Bettmer ist der Dreh- und Angelpunkt für die Nachwuchsfilmer der Stadt. Schon seit 1981 ist sie das regionale Zentrum für den Film in Münster, in Nordrhein-Westfalen und über dessen Grenzen hinaus. Filmemacher, Produzenten und Cineasten sowie eine große Zahl freier Mitarbeiter sorgen für ein breites Angebot im gesamten Bereich des Filmschaffens. Hier machen junge Regisseure ihre ersten Experimente und legen die Basis für spätere Karrieren. Die Seminare mit berühmten Dozenten wie Peter Greenaway oder Carlos Saura sind legendär.

Zusammen mit den Münsterschen Filmtheaterbetrieben leitet die Filmwerkstatt den ältesten Filmclub Deutschlands, der schon 1948 in der damaligen britischen Besatzungszone gegründet wurde. Das anspruchsvolle Programm reicht von Experimentalfilmen aus der Kunstszene über Retrospektiven bis zu Workshops mit ausgewählten Filmemachern.

Alle zwei Jahre lädt die Filmwerkstatt zum *Filmfestival Münster*, ein Treffpunkt der Filmschaffenden und Kinoereignis mit besonderem Charme. 6 000 Besucher, ein begeistertes Publikum, freuen sich auf die deutschsprachigen Kurzfilme und den europäischen Spielfilmwettbewerb. Heutige Regiegrößen wie Tom Tykwer, der übrigens auch Teilnehmer an dem Seminar mit Greenaway war, zeigten hier ihre ersten Filme; im Jahr 2005 saß der ehemalige Kinderstar Inger Nilsson alias Pippi Langstrumpf in der Jury.

Inger Nilsson, alias Pippi Langstrumpf, begeisterte als Jurymitglied beim Filmfestival tausende Kinofans.

Filmwerkstatt:
www.filmwerkstatt.muenster.de
Filmfestival Münster:
www.filmfestival.muenster.de

Kinos

Das Publikum in Münster liebt das Kino und bekommt in den Lichtspielhäusern ein ausgezeichnetes Programm geboten. Kein Wunder, dass hier ein erfolgreiches Filmfestival entstanden ist. Auch die Leinwandstars mögen die Stadt und präsentieren ihre neuesten Werke.

Das Programmkino Cinema an der Warendorfer Straße heimst als Top-Theater regelmäßig Preise ein. Das schönste Kino in Münster ist das Schloßtheater am Rande des Kreuzviertels, das mit Fünziger-Jahre-Charme und besonderem Ambiente bezaubert. Die geschwungene Form des Gebäudes aus dem Jahr 1953 mit dem großzügigen Foyer erinnert an die Theater der zwanziger Jahre.

Mit dem Kinopalast Cineplex am Stadthafen hat Münster ein markantes Lichtspielhaus mit Glasfassade bekommen, das 2 700 Gästen in neun Sälen Platz bietet. Im Foyer findet sich der Kinobesucher inmitten changierender Lichträume wieder.

Ausgezeichnet! Das Programmkino Cinema sorgt für ein Spitzenprogramm.

Das sind Münsters Kinos:

Cinema
Das Kino bietet Service für Menschen mit Hörbehinderung.

Warendorfer Straße 45-47
☏ (0251) 3 03 00
www.cinema-muenster.de

Cineplex
Albersloher Weg 14
☏ (0251) 98 71 23 33

Schloßtheater
Melchersstraße 81 | ☏ (0251) 2 25 79

Das Kino Schloßtheater im Kreuzviertel mit Fünziger-Jahre-Charme

Stadt New York
Salzstraße 29 | ☏ (0251) 4 44 35

Das Programm für alle Münsteraner Kinos finden Sie unter www.cineplex.de/muenster.

THEATER, SHOWS UND ENTERTAINMENT

Theater

Verglichen mit anderen Städten seiner Größenordnung glänzt Münster mit einer einzigartigen Theaterszene. Neben dem Stadttheater und dem Theater im Pumpenhaus bereichern das Boulevard Münster, das Wolfgang Borchert Theater und das GOP-Varieté das vielfältige Programm der darstellenden Künste. Nicht zu vergessen: Eine große freie Theaterszene, die immer wieder neue Spielstätten wie den Hafen, Friedhöfe oder Parkdecks als Theaterraum entdeckt.

Städtische Bühnen

Am 4. Februar 1956 wurde der erste Theaterneubau in Deutschland nach dem Zweiten Weltkrieg eröffnet und die Architektur des modernen Baus als „kühner Donnerschlag" gefeiert. Das 1895 in direkter Nachbarschaft zum Adelspalais Romberger Hof errichtete Theater war 1941 von einer Bombe getroffen worden und vollständig ausgebrannt. So begann auch die Karriere der späteren Leinwandgröße Ruth Leuwerik 1943 auf einer Ausweichbühne.

Die Realisierung des neuen Theaters nach dem Entwurf des jungen Architektenteams Deilmann, von Hausen, Rave und Ruhnau stieß auf weltweites Interesse. Wegen des

Theater Titanick

Eines der spektakulärsten Straßentheater fasziniert mit aufregenden Shows über Europa hinaus mit pyrotechnischer Perfektion, exzentrischen Charakteren, furioser Live-Musik und brillanten Effekten. Das Open-Air-Theater wurde 1990 von Künstlern aus Münster und Leipzig gegründet, inzwischen ist das Ensemble ebenso international wie die Preise und Erfolge. Die skurrile Inszenierung *Titanic* über den Untergang des Luxusliners zählt dazu, das berauschende *Pax* in den Innenstädten von Münster und Osnabrück oder das Wasserspektakel *Treibgut*. Theater Titanick unter der Leitung des Künstlerpaares Clair Howells und Uwe Köhler greift mythische Themen auf und verbindet die jahrhundertealte Tradition des Volkstheaters mit modernen Ausdrucksformen.

Theater Titanick: www.titanick.de

Die Architektur des Stadttheaters sorgte in den fünfziger Jahren für Furore.

engen Grundstücks richteten die Architekten das Gebäude diagonal aus. Die Ruine des Romberger Hofes ließ man stehen. Sie wurde mit den Platanen im Innenhof zu einer natürlichen Theaterkulisse.

Wer die Stufen zum *Theatercafé* hochgeht, kann diese selbst in Augenschein nehmen. Die zweite Spielstätte, das Kleine Haus, entstand 1969 als Anbau, den auch die nackten Demonstranten bei der Grundsteinlegung nicht verhindern konnten. Die Städtischen Bühnen bieten neben Schauspiel auch Tanz sowie Kinder- und Jugendtheater. Als besonders anspruchsvoll gilt das Musiktheater. Nicht nur die Inszenierung von Wagners Ring zwischen 1999 und 2001 fand internationale Anerkennung.

Neubrückenstraße 63
☎ (0251) 5 90 91 00
Kassenzeiten:
Di-Fr 10-19.30 Uhr | Sa 10 -14 Uhr
www.stadttheater.muenster.de

Urfaust. J.W. Goethe
Dat Spiël van Doktor Faust
Im Platt des Münsterlandes
von Hannes Demming

Nacht
Faust (in einem hochgewölbten, engen gotischen Zimmer unruhig auf seinem Sessel am Pulte)
`k häff nu, ach, de Philosophie,
Medizin un Juristerie
studeert; drto, et dööt mi recht leed,
mook Theologie den Kopp mi heet.
Dao staoh ick nu, ick arme Narr,
nix mähr in `n Kopp, äs `k vüördem har.
Äs Doktor, Professor haug in Ähr
treck ick so all teihn Jaohr un no mähr
harup, hendaal un krüüß un twiärs
miene Schöölers `rüm an iähre Niäs`

Hannes Demming
www.hannesdemming.de

Münsterländer Platt auf der Niederdeutschen Bühne

Immer weniger Menschen – auch auf dem Land – sprechen platt und kennen die direkte und ungekünstelte Sprache mit witzigen Sprichwörtern und Redensarten. Wie gut dass es die Niederdeutsche Bühne am Stadttheater gibt. Dichter wie Augustin Wibbelt, Herman Homann oder Eli Marcus habe den Dialekt in ihren Werken bewahrt. Einer der Mitbegründer war der Lehrer und Heimatforscher Karl Wagenfeld. Zwar hat er sich um das Plattdeutsche verdient gemacht, doch seine Heimat- und Volkstumsgedanken werden durchaus in die Nähe der nazistischen Blut- und Bodenideologie gerückt. Etwa zwei Dutzend Aktive spielen Komödien, Schwänke oder Märchen, aber auch Krimis und Science-Fiction. Dem heutigen Leiter, Hannes Demming, gelang ein Bravourstück: Er übersetzte Goethes Sturm-und-Drang-Drama, den Urfaust, ins Plattdeutsche und feierte damit im Oktober 2006 Premiere.

www.niederdeutsche-buehne-muenster.de

Theater im Pumpenhaus

Die Spielstätte in einem der wenigen Industriedenkmäler Münsters ist die erste Adresse für internationale Theater- und Tanzvorstellungen. Hier trifft sich die Off-Szene und Tanz-Avantgarde. Ebenso bedeutend wie die internationalen Gastspiele ist das Schauspiel freier Theaterlabels. Die besten Produktionen der unabhängigen Theaterszene Münsters, besonders auch Jugendtheater, sind in dem ehemaligen Abwasserpumpwerk zu sehen. Das erste freie Theater in Nordrhein-Westfalen – und eines der profiliertesten – wurde 1985 von der damaligen TIM (Theaterinitiative Münster) gegründet.

Die jungen Schauspieler bekamen damals das Nutzungsrecht für das alte Abwasserpumpwerk, mussten aber im Gegenzug selbst renovieren. Achtzehn Monate lang rackerten die Mimen, stemmten Wände und klopften Steine. Quer durch die

as *fringe ensemble/phoenix 5* im Theater im Pumpenhaus

Räume gingen dicke Eisenrohre, die zu entfernen professionelle Firmen sich weigerten. Also flexten die Sanierungs-Autodidakten die Dinger eigenhändig raus.

Dann drohte amtlicherseits die Verfügung, die Wasserpumpen, von denen einige noch vor der Tür stehen, aus Denkmalschutzgründen an ihrem Ort belassen zu müssen, also mitten im Saal. Die Frage, wie die sperrigen, blauen Geräte in die verschiedenen Bühnenbilder eingebaut werden könnten, sorgte für Kopfzerbrechen. Was für eine Freude für die Bühnenkünstler, als sie die zentnerschweren Pumpen dann doch nach draußen wuchten durften.

Publikum und Künstler lieben diesen besonderen Ort und den Charme des um 1900 entstandenen Gebäudes mit den verzierten Holzbalken.

Gartenstraße 123 | ☏ (0251) 23 34 43
Bürozeiten:
Di-Fr 10-12 Uhr und 14-17 Uhr
www.pumpenhaus.de

Wolfgang Borchert Theater

Seit 1956 ist das Haus fester Bestandteil der münsterschen Theaterlandschaft und damit eines der ältesten Privattheater Deutschlands. Erster Spielort war ein kleiner Raum am Prinzipalmarkt, wo das Haus noch Zimmertheater hieß. Anfang der sechziger Jahre zog die Künstlergemeinschaft in den Bahnhof. Seit der Spielzeit 1999/2000 befindet sich das Theater am Hafen, wo Komödien, Musiktheater und Schauspiel gezeigt werden. Im Wolfgang Borchert Theater sammelte zum Beispiel der Kabarettist Volker Pispers seine ersten Bühnenerfahrungen. Der Star des Hauses war jahrelang Schauspieler Busso Mehring. Ende der fünfziger Jahre hatte der sich als Grabredner verdingt, um sein Jurastudium zu finanzieren. Allerdings soll er die 50 Mark Gage meist direkt bei Stuhlmacher am Prinzipalmarkt vertrunken haben. Zudem war Rainer Christian Mehring, wie er eigentlich hieß, ein fantastischer Parodist. Folgerichtig brach er sein Studium ab und wurde ein hervorragender Schauspieler. Weil er den damaligen Oberbürgermeister von Münster, Busso Peus, perfekt imitieren konnte, bekam er seiner Spitznamen.

Hafenweg 6-8 | ☏ (0251) 4 00 19
Kassenzeiten:
Mo-Fr 10-13 Uhr und 14-16 Uhr
www.wolfgang-borchert-theater.de

Boulevard Münster

Als die Schauspielerin Angelika Obe 1997 das Ensemble des Stadttheaters verließ, um das Boulevard Münster zu gründen, war es für sie da Abenteuer ihres Lebens.

Leichte Unterhaltung macht Vergnügen im Boulevard-Theater von Angelika Ober.

Das Haus in der Königspassage hat nicht nur lustiges Boulevardtheater zu bieten, sondern macht auch mit der Einrichtung Eindruck. Ein gläserner Vorhang bildet den Eingang in das Theater. Die Zuschauer sind umgeben von den Farben des venezianischen Opernhauses La Fenice. Die roten Polstersitze sind auf nur zehn Reihen verteilt, so bleibt die Bühne von allen Plätzen beinahe zum Greifen nahe.

Königsstraße 12-14
(0251) 4 14 04 00
Kassenzeiten:
Mo, Mi-Fr 11-16 Uhr und 18-20 Uhr
Di 11-16 Uhr | Sa 11-20 Uhr
www.boulevard-muenster.de

Studiobühne
An der Studiobühne der Uni Münster proben und spielen zahlreiche studentische Theatergruppen. Gastspiele runden das Programm der Bühne ab. Besonders gefeiert werden die Aufführungen der English Drama Group, die hier seit über 30 Jahren Theater in englischer Sprache spielt.

Domplatz 23a | (0251) 8 32 44 29
www.studiobuehne-muenster.de

Charivari Puppentheater
Wilfried Plein und Thomas Bohrer begeistern Klein und Groß immer wieder mit intelligent-witzigen Geschichten ums Kasperle. Aus der alten Vorkriegsbühne von Karl Pechaschek aus Ratzeburg, einer schwarzen Guckkastenbühne mit rotem Vorhang, mit zwanzig alten Figuren ist ein fester Spielbetrieb mit rund 250

Groß und Klein lockt das Puppentheater Charivari mit Kasper und Frau Marie.

Aufführungen und 14 000 Zuschauern jährlich geworden; 32 Stücke sind im Repertoire des Puppentheaters, in das die Erwachsenen genauso gerne gehen wie ihre Kinder.

Körnerstraße 3
(0251) 52 15 00
www.charivari-theater.de

Kleinkunst

Bodo muss Helge den Tee reichen.

Als Universitätsstadt kann Münster selbstverständlich eine breite Kabarettszene vorweisen, auch wenn es der hiesige Komiker Harald Funke bei Auftritten im Rheinland immer noch vorzieht, sich als Bürger seiner Geburtsstadt Gelsenkirchen auszugeben. Denn die Münsteraner sind ja nicht gerade für ihren überschwänglichen Humor bekannt. Trotzdem wird an der Aa gerne gelacht.

Zu den traditionsreichsten Truppen zählen *Die Kleinen Mäxe* (seit 1982) und Das Kabarett *Schulte-Brömmelkamp* (seit 1983). Bundesweit gefragt ist das Trio *Die Buschtrommel* mit seiner Polit-Satire. Erfolgreiche Solokünstler sind der Gewinner des Kabarettpreises MAX 2005 Thomas Philipzen und TV-Comedian Carsten Höfer. Auch der politische Kabarettist mit bestechendem Wortwitz, Volker Pispers, hat seine Laufbahn in Münster begonnen. Dass Helge Schneider regelmäßig in der Domstadt weilt, hat einen besonderen Grund: Er holt seinen Azubi Bodo Oesterling ab, der seit Jahren fester Bestandteil seiner Bühnenshow ist. Alljährlich zur Narrenzeit gibt sich Münsters Kabarettszene bei der alternativen Karnevalssitzung *Kappe App!* in der Kulturschiene über dem Hauptbahnhof ein lustiges Stelldichein. Münsters Komödianten treten auch in der kulturellen Begegnungsstätte *Kreativ-Haus* im Hansaviertel auf.

Schulte-Brömmelkamp:
www.muenster.org/broemmelkamp
Die kleinen Mäxe:
www.maexe.de
Die Buschtrommel:
www.die-buschtrommel.de
Thomas Philipzen:
www.thomas-philipzen.de
Carsten Höfer:
www.carsten-hoefer.de
Kappe App:
www.kappe-app.de

Kulturschiene
Berliner Platz 23 | ① *(0251) 4 78 49*
www.kulturschiene.de

Kreativ-Haus e.V.
Diepenbrockstraße 28
① *(0251) 8 99 00 90*
www.kreativ-haus.de

GOP-Varieté Münster
Das ehemalige Roland-Theater blick

auf eine bewegte Geschichte zurück. Seit der Eröffnung im Juli 1920 haben die Zuschauer hier Konzerte, Theater, Film- und Varietékunst erlebt. Seit 2005 ist es zum GOP-Varieté umgebaut und neu gestaltet worden. Zu modernen Varietéshows wird kreative Küche serviert.

Bahnhofstraße 20-22
① (0251) 4 90 90 90
Kassenzeiten:
Mo-Sa 10-19 Uhr | So 14-18 Uhr
www.gopmuenster.de

Autorenlesungen

Der Literaturverein Münster sorgt dafür, dass die Stadt regelmäßig von renommierten Autoren aus dem In- und Ausland besucht wird. Rund 15 Mal im Jahr werden Literaten und literarisch interessierte Bürger zusammengeführt. Zu den eingeladenen Autoren der letzten Jahre zählten Cees Nooteboom, Daniel Kehlmann, Sarah Kirsch und der spätere Nobelpreisträger Imre Kertész.
Alle zwei Jahre (2007, 2009...) kommen Poeten aus ganz Europa zum Lyrikertreffen in die Stadt, wo sie dann an verschiedenen Orten aus ihren Werken lesen.
Während viele Lehrer vergeblich versuchen, jungen Menschen Literatur nahe zu bringen, gelingt das dem tätowierten Rock'n'Roller Tom Hollerbach ganz leicht. In seinem *Word Club* begrüßte er schon Autoren wie Christine Westermann, Harry Rowohlt, Benjamin von Stuckrad-Barre und Feridun Zaimoğlu. Gelesen wird meist im Prinzipalsaal am Alten Fischmarkt.
Für Selbstleser erscheint zweimal jährlich (im Frühling und Herbst) beim Daedalus Verlag Münsters Literaturzeitschrift *Am Erker*, die 1998 mit dem Hermann-Hesse-Preis ausgezeichnet wurde.

Wasser oder Bier? Das ist hier die Frage. Harry Rowohlt im *Word Club*

Literaturverein:
www.literaturverein-muenster.de
Lyrikertreffen:
www.lyrikertreffen.muenster.de
Word Club:
www.word-club.de
Am Erker:
www.am-erker.de
Daedalus Verlag:
www.daedalus-verlag.de

MUSIKSZENE MÜNSTER

Kleine Bands und große Bühne

Onkel Willi sitzt auf der linken Seite der Rathaustreppe vor dem altehrwürdigen Friedenssaal und macht fröhlich Musik. Obwohl das an diesem historischen Ort streng verboten ist. Doch dieser Straßenmusikant darf das – mit Sondergenehmigung des Oberbürgermeisters. Welch ein Glück, dass Münster so musikalisch ist. In der Domstadt sind die Karrieren einiger Stars in Schwung gekommen, andere fühlen sich hier sehr zuhause wie Götz Alsmann oder Schlagerstar Roland Kaiser.

Das bunte Musikleben reicht von Rock und Jazz bis Reggae, vom Chorgesang über die Kirchenmusik zum Sinfonieorchester. Klein und Groß können an der Westfälischen Schule für Musik in Aaseenähe die ersten Flötentöne lernen. Die Studentinnen und Studenten vertiefen ihre klassische Ausbildung an der Musikhochschule oder spielen in einer Band. Im Probenzentrum am Hawerkamp üben regelmäßig über hundert Musikgruppen. Discjockeys besorgen sich ihr Equipment bei *Elevator* im Südviertel, Europas größtem DJ-Laden.

Unter den Visionären der deutschen Popmusikbranche ist die Anzahl der Exil-Münsteraner besonders hoch. So hat der Vater der Love-Parade, William Röttger, in Münster den Grundstein für seine Karriere gelegt. Der PopKomm-Erfinder Ralf Plaschke kommt ebenso aus dieser Stadt

Musiker, Entertainer und Frauenschwarm Dr. Ring-Ding, auch bekannt als Richie Senior oder Richard Alexander

wie Metal-Experte Henk Hakker, Deutschlandchef der Plattenfirma Roadrunner Records, die Künstler wie *Nickelback* unter Vertrag hat. Andere wirken bei bedeutenden Labels wie Universal, Sony BMG oder EMI. Die meisten von ihnen waren als Jugendliche oder Studenten selbst aktive Musiker in Westfalen.

Das *Panikorchester* wirft seine Schatten voraus (1971). In der Mitte: Udo Lindenberg und Steffi Stephan

Panikrock und Dauerbeat

Auch in Münster entwickelte sich die Rock- und Popszene in den sechziger Jahren. Zu den aufstrebenden Beatmusikern zählte Steffi Stephan, der später mit der Jovel Music-Hall einen der spektakulärsten Live-Clubs in Deutschland gründete. Mit seiner Band *The Twens* stellte er 1969 einen Weltrekord im Dauerbeat auf.
Mitte der sechziger Jahre lernte er Udo Lindenberg an der Musikhochschule in Münster kennen. Lindenberg studierte klassisches Schlagzeug. Als Steffi Stephan mit seiner Band *Mustangs* einen Aushilfsschlagzeuger für einen Gig im nahen Borghorst suchte, fiel die Wahl auf den jungen Gronauer. „Das war der magische Augenblick", erinnert sich Beatweltmeister Stephan gerne an den Beginn einer großen Freundschaft, lange vor der Gründung des *Panikorchesters*. Steffi Stephans Zuneigung galt bald einem weiteren Mitglied der Familie, nämlich Udo Lindenbergs Schwester. Mit der Geburt von Marvin machte der Münsteraner seinen Freund Udo auch noch zum Onkel. Für die Band *Mustangs* bekam Stephan nicht nur musikalische Rückendeckung, sondern auch mütterliche. Nachdem der 17-Jährige im heißesten Beat-Schuppen der Stadt, dem *Insel Tanzcafé* am Roggenmarkt 11-12, erwischt wurde und als Minderjähriger dort nicht mehr auftreten durfte, trat seine Mutter auf den Plan und setzte sich mit Strickzeug vor die Bühne. In Anwesenheit einer Erziehungsberechtigten konnte die Show offiziell weitergehen.

Mit seiner modernen Einrichtung und der von unten illuminierten Tanzfläche war das *Insel* seiner Zeit voraus. Zudem war es die erste Discothek in Münster, die mit Verzehrkarten arbeitete. Erfinderisch war man auch beim Reglement der Eintrittspreise.

Der Ankunftszeitpunkt des Gastes wurde auf einem vorgedruckten Zifferblatt auf der kreisrunden Verzehrkarte eingezeichnet. Beim Verlassen des Lokals zahlte man dann pro Minute einen Pfennig. Einen DJ gab es noch nicht. Der Einfachheit halber bediente das Türpersonal den Schallplattenspieler.

Panama Drive Band: In Münster wurde die Lemper schon 1976 auf Händen getragen.

Rock, Pop, Jazz und Ska

1986 im *Odeon*

Rock und Jazz prägten die Musikszene der siebziger Jahre. Damit begann auch die Karriere von Ute Lemper. Ihre Großeltern betrieben in der Jüdefelder Straße 46 eine Tierfutterhandlung. Der Musicalstar soll hier als Kind besonders gerne von den Körnern für Kanarienvögel genascht haben. Die ersten Auftritte

WestBam bei *Anormal Null* (1979)

als Sängerin hatte sie mit 15 in Jazzclubs und Bars. Ende der Siebziger sang sie bei der Jazzrock-Formation *Panama Drive Band*. Danach verließ sie Münster in Richtung Berlin und wurde zum Weltstar. Nun lebt sie mit Freund und Kindern in New York.

Mit der Gründung des *Odeon* im Jahr 1977 und des Musikclubs *Jovel* 1979 durch Steffi Stephan, warfen die achtziger Jahre ihre Schatten voraus. Hier sollten sich interessante Szenen entwickeln, die in den verschiedensten Musikrichtungen kreative Köpfe hervorbrachten.
So begann im *Odeon* die DJ-Karriere von Techno-Star WestBam. Bei seiner Geburt hieß der noch Maxi

milian Lenz. Ende der siebziger Jahre aber verkaufte der Schüler des münsterschen Pascalgymnasiums seine Seele dem Punkrock und nannte sich fortan Frank Xerox. So wurde er der Bassist von Münsters erster Punkband *Anormal Null*. Allerdings war 1983 Schluss mit der Punkerei. Seither nennt er sich WestBam, im Langtext Westfalia Bambaataa. Der Trendsetter lebt seit 1984 in Berlin, von wo aus er die deutsche Musikszene entscheidend geprägt hat und international agiert. DJ Raw begründete seine Laufbahn ebenfalls hinter den *Odeon*-Plattentellern. Mit *Dune* stürmte er in den neunziger Jahren die Hitparaden. Die Dance-Band wurde mit Hits wie *Rainbow to the Stars* oder *Million Miles From Home* populär.

Stammen die Mitglieder des Synthipop-Trios *Alphaville* auch ursprünglich aus dem Ostwestfälischen, so haben sie ihre ersten Hits wie *Big in Japan* doch in Münster geschrieben und von hier aus 1984 ihre Weltkarriere gestartet.

Die Sängerin Romy Hoffmüller aus dem münsterländischen Westbevern feierte Anfang der achtziger Jahre in Münster als Romy Cameron erste Erfolge. Als Zeitungen schrieben, sie sei die Tochter der Soulsängerin Etta Cameron, änderte sie ihren Namen erneut. Nun wird Romy Camerun als Jazzinterpretin mit Leib und Seele gefeiert; mittlerweile lebt sie in Bremen.

Mitte der achtziger Jahre behauptete die A-Capella-Truppe *6-Zylinder* noch frech, aus Köln zu stammen, weil Münster zu sehr nach Provinz klinge. Längst bekennen sich die Meister der puren Sangeskunst voller Stolz zu ihrer westfälischen Heimat.

H-Blockx, Stars der deutschen Rockszene

Münster hat ein breites Spektrum an Bands und auch im Umland entstanden Punkgruppen wie die *Donots* in Ibbenbüren oder *Muff Potter* in Rheine, die längst in ihre münsterländische Hauptstadt gezogen sind.
Die Karriere der *H-Blockx*, die ihre ersten großen Erfolge auch auf der *Odeon*-Bühne feierten, nahm in den neunziger Jahren ihren Anfang. Aus einer Schülerband des Gymnasiums Wolbeck entstanden, gehören die *H-Blockx* längst zu den Top-Stars der deutschen Rockszene. Von ihrem Managementbüro an der Rothenburg aus kümmern sie sich aber nicht nur um die eigene Karriere, sondern helfen auch jungen Künstlern bei ihrem Einstieg ins Musikgeschäft – beispielsweise dem Songwriter Pohlmann, der 2001 von Münster nach Hamburg zog. Einer der großen *H-Blockx*-Hits war eine Neuauflage des Johnny Cash-Klassikers *Ring of Fire*. Ihr alter Weggefährte Dr. Ring-Ding würzte den Crossover-Knaller mit seinem in typisch jamaikanischen Stil gehaltenen Sprechgesang, dem sogenannten Toasting. Der Tausendsassa begann seine Laufbahn als Posaunist der Ska-Band *El Bosso und die Ping Pongs* und spielt mit renommierten Ska-Musikern aus aller Welt. Ska ist in den sechziger Jahren in Jamaica entstanden und kann als Vorläufer des Reggaes angesehen werden. Nicht von ungefähr gilt Münster als deutsches Ska-Zentrum. Musikmanager Oswald Münnig betreibt hier das Plattenlabel Grover Records und organisiert Tourneen für die Stars der Szene. Top-Künstlern wie Desmond Dekker (*You Can Get It If You Really Want*), Laurel Aitken oder Judge Dread verhalf er zu unerwarteten Comebacks.
Mit Kinderliedern lässt der Münsteraner Detlev Jöcker Millionen junger Herzen höher schlagen.

Sinfonieorchester Münster:
www.sinfonieorchester-muenster.de
WestBam:
www.westbam.de
DJ Raw:
www.djraw.de
Romy Camerun:
www.romy-camerun.de
Die 6-Zylinder:
www.6-zylinder.de
H-Blockx:
www.h-blockx.de
Dr. Ring-Ding:
www.dr-ring-ding.de
El Bossso und die Ping Pongs:
www.elbosso.net
Detlef Jöcker:
www.detlevjöcker.de
Bands aus Münster:
www.muensterbandnetz.de
Subkultur der achtziger Jahre:
www.adamriese.info

Götz Alsmann

Götz Alsmann ist die personifizierte Reklame für Münster. Gerne outet sich der Star der Fernsehunterhaltung und deutschen Musikszene als passionierter Münsteraner. Der Moderator von *Zimmer frei*, der erfolgreichsten Unterhaltungssendung, die der WDR je für sein drittes Fernsehprogramm produzierte, ist seit über dreißig Jahren eine feste Größe in der hiesigen Musikszene. Der Multi-Instrumentalist spielte sich durch die meisten Musikstile der ersten Hälfte des 20. Jahrhundert.

In den 80er Jahren bediente er außerdem die Keyboards bei einer Funpunk-Band, den *Fidelen Schwagern* mit einer Kultfigur namens Schwein am Bass.

Mit seiner Swingversion des Depeche Mode-Songs *People are People* hatte Alsmann 1985 seinen ersten großen Hit. Mittlerweile spielt der Doktor der Musikwissenschaften deutschen Jazz-Schlager

Lokalmatadore *Götz Alsmann and the Sentimental Pounders*, 1985

und steht mit seiner Band über hundert Mal im Jahr auf der Konzertbühne. Preise für wunderbare Musik (Echo 2004, Goldene Stimmgabel 2006 und diverse Jazz Awards) und noch besseres Aussehen (Brillenträger des Jahres 2000 und Krawattenmann des Jahres 2004) füllen die Fensterbank seines Komponierzimmers.

Sein Talent als Vorleser beweist der Entertainer mit zahlreichen Hörbüchern wie *Die Feuerzangenbowle* oder der Wilhelm Busch-Textauslese mit Schauspieler Otto Sander. Immer wieder steht Alsmann bei Produktionen des Stadttheaters auf der Bühne – ob als *öffentliche Meinung* in Offenbachs *Orpheus in der Unterwelt* oder in seiner gefeierten Michael Jary-Revue. Im Fernsehen moderiert der Unterhaltungsprofi unter anderem die ZDF-Klassik-Show *Eine große Nachtmusik*. Im Radio unternimmt er Woche für Woche musikalische Reisen zu Swing, Jazz oder versunkenen Schlagerwelten.

Die Münsteraner lieben ihren Götzimausi, wie ihn seine Kollegin bei *Zimmer frei*, Christine Westermann, gerne nennt, ebenso wie einst die Kölner ihren Millowitsch oder die Hamburger ihre Heidi Kabel. Das mag daran liegen, dass er nie Zweifel daran aufkommen ließ, seiner Heimatstadt treu zu bleiben, egal ob er für Fernsehsender in Köln, Hamburg oder Berlin arbeitet.

Götz Alsmann:
www.goetz-alsmann.de

Im *Heaven* am Hafen

ZU GAST
IN MÜNSTER

Essen und Trinken | Nachtleben | Einkaufen | Praktische Hinweise

ESSEN UND TRINKEN

Cafés

Schlemmen à la Münsterland

Einkehren gehört auch in Münster zum A und O des Lebensgefühls. Marktgänger genießen den Kaffee am Stand oder im Café; in neu gestylten oder altehrwürdigen Kaffeehäusern lässt man es sich gut gehen. Von früh bis spät schmecken internationale Kleinigkeiten in den zahlreichen Kneipen und Restaurants. Da können die Gäste für kleines Geld satt werden oder sich feine Haute Cuisine schmecken lassen. Münsterländisch, japanisch, indisch oder italienisch. Man trifft sich, um genussvoll zu speisen oder auf einen kleinen Plausch in der Studentenkneipe; trinkt ein kühles Pils im westfälischen Ambiente oder einen Cocktail in der trendigen Bar. In der ganzen Stadt finden die Besucher Lokale nach ihrem Geschmack. In der Innenstadt, am Stadthafen oder in den verschiedenen Stadtvierteln.

Im *Marktcafé*

Die Internetcafés stehen unter den Freizeitadressen auf Seite 114.

INNENSTADT

Café Arte
Nichtrauchercafé mit Kaffee-, Tee- und Kakaospezialitäten vor dem Westfälischen Landesmuseum. Gute Weine, Zeitschriften und Tageszeitungen. Mit Kulturprogramm.

Domplatz 10 | (0251) 4 90 97 71
Di-So 9.30-18.30 Uhr
www.cafe-arte-muenster.de

Café Extrablatt
Beliebter Treff in der City. Die Kette aus dem münsterländischen Emsdetten betreibt bundesweit Cafés – und eine weitere Filiale an der Königsstraße 31.

Salzstraße 7 | (0251) 4 44 45
Mo-Fr 8-1 Uhr | Sa 8-2 Uhr | So 10-1 Uhr
www.cafe-extrablatt.de

Café Grotemeyer
Seit 1850 verbindet sich hier Münsteraner Tradition mit Wiener Kaffeehausstil. Große exquisite Tortenauswahl, Marzipan und Pralinen aus eigener Herstellung. An den Wänden hängen die Gemälde des Historienmalers und Menzel-Schülers Fritz Grotemeyer. Freitags und samstags wird der Kuchen zu Klavierklängen serviert.

Regionale Speisen und Getränke

Altbierbowle
Die Münsteraner lieben es tatsächlich, wenn Früchte wie Pfirsich, Erdbeeren oder Ananas in ihrem Altbier schwimmen. Das wagt man sonst nur in Düsseldorf!

Krüstchen
Eine köstliche Zwischenmahlzeit. Das Schnitzel auf Toast wird mit einem Spiegelei gekrönt und gerne mit einem bunten Salat serviert.

Pfefferpotthast
Für einen westfälischen Pfefferpotthast wird Rindfleisch („Hast") unter Zugabe von Zwiebeln, Mohrüben und Sellerie in einem Pott gekocht. Dazu wird altes Brot gerieben. Die klassischen Beilagen sind Salzkartoffeln und Gewürzgurken.

Pumpernickel
Das sehr dunkle, feste Roggenschwarzbrot ohne Rinde ist eine Delikatesse. Auch wenn Papst Alexancer VII. darüber niederschrieb: „Es stinkt zum Himmel. Nach nur einem Bissen läuft es einem kalt den Rücken herunter."

Struven
An Karfreitag isst man in Münster traditionell Struven, eine Art Eierpfannkuchen mit Hefe gebacken und mit Rosinen gefüllt.

Tango
Tango heißt ein Mischgetränk aus Bier und einer roten Limonade namens Regina, die nur im Münster- und Emsland bekannt ist. Nachdem sich Generationen von Jugendlichen Tango für ihre ersten Alkoholerfahrungen selbst mischen mussten, brachte die Steinfurter Rolinck-Brauerei die Bierbrause im Jahr 2002 erstmals trinkfertig auf den Markt.

Töttchen
Das berühmte Töttchen wurde traditionell aus Innereien vom Kalb wie Lunge, Herz und Hirn zubereitet. Was da genau drin war, verrieten Münsters Kellnerinnen nicht unbedingt jedem Gast. Zumindest nicht vor der Mahlzeit. BSE bescherte Deutschland neue Lebensmittelgesetze, die die Verarbeitung von Kalbshirn und ähnlichen Leckereien verboten. Übrig geblieben sind vergleichsweise harmlose Zutaten wie Zunge, Schulter oder Brust, die mit Zwiebeln und Essig zu einem süßsauren Ragout verkocht werden. Das einstige „Arme-Leute-Essen" Töttchen wird in Münsteraner Feinkostläden als Delikatesse in Dosen verkauft.

Töttchen (um 1965)

Leberbrot und Wurstebrot
Es handelt sich um eine Art Würste mit Leber, Blut und Getreide. Sie werden in Scheiben geschnitten und in Schmalz gebraten. Serviert mit Apfelmus, gebratenen Apfelscheiben, Zwiebeln oder Brot.

Salzstraße 24 | ① (0251) 4 24 77
Mo-Fr 9-19 Uhr | Sa 9-18 Uhr
So 10-18 Uhr
www.grotemeyer.de

Kuchen, Pralinen, Marzipan-Kreationen im Traditions-Café *Grotemeyer*

Café Kleimann

Die Rückwand des *Café Kleimann* enthält ein Stück Original-Mauer (circa 1275) der Dom-Immunität, sie verlief als Vertragsgrenze zwischen dem Dom und der Bürgerstadt.
Der Giebel des Hauses stammt aus dem Jahr 1627 und ist der einzige original erhaltene am Prinzipalmarkt.

Konditormeister Kleimann ist berühmt für seine kunstvollen Marzipanschöpfungen, die im Schaufenster ausgestellt sind, Torten, Trüffel und seine handgemachten Dominosteine zur Weihnachtszeit.

Wappen am Café *Kleimann*

Prinzipalmarkt 48 | ① (0251) 4 30 64
Mo, Di, Do, Fr 9-19 Uhr
Mi 7 bis 19 Uhr | Sa bis 18 Uhr
www.konditorkleimann.de

Diesel

Café und Restaurant für junge Menschen mit großer Außenterrasse am Rande der Fußgängerzone mit Blick auf die Skulptur *Kirschensäule* von Thomas Schütte auf dem Harsewinkelplatz. Der Künstler spielt damit auf den Wiederaufbau der Stadt nach dem Krieg an.

Kirschensäule (1987), Skulptur von Thomas Schütte, vor dem Café *Diesel*

Die Proportionen sind nicht ganz stimmig, außerdem lässt der Sandstein die Säule älter wirken als sie ist – ähnlich wie die Stadt, die 1945 zu 90 Prozent in Schutt und Asche lag und heute im Stil des Mittelalters glänzt.

Die zwei roten Kirschen sollten ursprünglich mit dem Lack der Autos um die Wette strahlen, die dort 1987 bei der Entstehung des Kunstwerks noch parken durften. Ein Beispiel für die Wirkung von Kunst auf Stadtplanung. Der Platz wurde bald zur Fußgängerzone mit einem Brunnen, Standort der orangen Skulptur von Thomas Schütte bei der *Skulptur Projekte 2007*.

Harsewinkelgasse 1
① (0251) 5 79 67
Tägl. 10-1 Uhr

Eiscafé Firenze
Original italienische Gelateria in der Königspassage mit einer zweiten Filiale an der Bogenstraße 15-16.

Königstraße 12
① (0251) 51 84 84
Tägl. 10-24 Uhr

Eiscafé Florenz
Italienisches Eiscafé im *Salzhof* mit ungewöhnlichen Sorten in der Theke.

Salzstraße 26
① (0251) 5 86 09
Tägl. 11-23 Uhr

Floyd Coffee-Lounge
Kaffee-Spezialitäten. Eine weitere Filiale ist an der Stubengasse 20.

Domplatz 6-7
Mo-Sa 8-19 Uhr | So, Ft 9-19 Uhr
www.floyd-coffee.de

La Californie
Wunderschönes Café im Picassomuseum.

Königsstraße 5
① (0251) 4 90 28 69
Di-Fr 11-18 Uhr
Sa, So, Ft 10-18 Uhr

Liebigs am Drubbel
Tagescafé mit Rösti-Karte. Terrasse zum Sehen und Gesehenwerden.

Drubbel 19 | ① (0251) 4 35 13
Mo-Fr 9-21 Uhr
Sa 9-18 Uhr | So 10-18 Uhr

Shoppingpause bei *Liebigs*

Marktcafé
Münsters Treffpunkt am Domplatz mit schönen Terrassen. Eiskarte, Frühstück, Sonntagsbrunch, Mittags- und Abendkarte.

Domplatz 6-7 | ① (0251) 5 75 85
Mo-Fr 9-1 Uhr
Sa 8-1 Uhr | So 10-1 Uhr

Miner's Coffee
Zwar Selbstbedienung, dafür umso nettere, sehr entspannte Atmosphäre

mit interessanten Leuten. Viele arbeiten am Laptop (Kostenloser WLAN-Zugang). Kaffee, Sandwiches, Bagels, Muffins.

Alter Fischmarkt 28
① (0251) 9 81 17 36
Mo-Fr 8.30-20 Uhr
Sa 8.30-18 Uhr | So 14-18 Uhr
www.miners-coffee.de

Pronto Pronto

Italienische Café-Bar mitten in der City gegenüber von Kaufhof. Für den Espresso oder Prosecco im Stehen; leckere Kleinigkeiten. Hier treffen sich die Italiener der Domstadt zum Morgenkaffee.

Ludgeristraße 115
① (0251) 4 50 33
Mo-Fr 8.30-19.30 Uhr | Sa 8.30-18 Uhr

Das Stadtcafé

Das *Stadtcafé*

Schönes Tagescafé vor dem Rathaus-Innenhof. Tapas, Kuchen, Panini.

Klemensstraße 9 | ① (0251) 4 88 82 70
Mo-Fr 8-21 Uhr
Sa 8-18 Uhr | So 12-18 Uhr

KIEPENKERLVIERTEL

Lazzaretti

Lauschiges Plätzchen am Aaseitenweg mit Blick auf die Überwasserkirche. Täglich frisches, hausgemachtes Eis.

Spiekerhof 26
① (0251) 4 84 23 33
Tägl. 8.30 bis 24 Uhr
www.lazzaretti.de

IN BAHNHOFSNÄHE

Café Fundus

Zeitschriften, Milchshakes, kleine Speisen, kostenfreier WLAN-Zugang; über dem Hauptbahnhof.

Berliner Platz 23 | ① (0251) 4 63 59
Tägl. 10-1 Uhr | www.cafe-fundus.de

Montmartre

Französisches Bistro-Café mit studentenfreundlichen Frühstückszeiten.

Wolbecker Straße 30-32
① (0251) 6 74 25 95
Mo-Fr 8-23 Uhr | Sa, So 9-23 Uhr

BEIM SCHLOSS

Café Malik

Studentencafé mit selbstgebackenem Kuchen, ruhigem Garten, bester internationaler Zeitungsauswahl und gelegentlichen Ausstellungen; benannt nach einer Geschichte von Else Lasker-

Schüler; berühmt für sein englisches Frühstück.

Frauenstraße 14
① (0251) 4 42 10
Tägl. 9-1 Uhr
www.cafe-malik.de

HAFENVIERTEL

ExKaffee

Die Inhaber eines Sanierungs-Unternehmens haben ein Café eröffnet. Und damit ist auch schon alles über den Stil gesagt. Hier zeigt sich, wie kultiviert der Charme einer Baustelle sein kann. Essen wie bei Muttern.

Hansaring 25 | ① (0251) 6 74 31 15
Mo-Fr 7-20 Uhr | Sa 9-20 Uhr

KREUZVIERTEL

roestbar

Kleines, liebevoll geführtes Café. Köstlicher Kaffee aus eigener Rösterei. Kuchen von Issel, Schokoladen, leckere kleine Häppchen.

Nordstraße 2
① (0251) 2 84 37 00
Mo-Fr 9-20 Uhr | Sa 9-19 Uhr
www.roestbar.de

Santelia

Eiscafé an der Kreuzkirche.

Hoyastraße 2
① (0251) 29 63 22
Tägl. 8.30-23 Uhr

roestbar

SÜDVIERTEL

Café Issel

Issels Kuchen- und Tortenkreationen sind berühmt.

Hammer Straße 42 | ① (0251) 52 33 52
Di-Fr 9-18 Uhr | Sa 9-17 Uhr
So 11-17.30 Uhr | www.tortwin.de

Restaurants

INNENSTADT

Altes Gasthaus Leve

Das 1607 gegründete Haus ist Münsters älteste Gaststätte. Sie ist bekannt für westfälische Klassiker wie Töttchen, Eisbeinsülze, Pumpernickelschnittchen mit Schinken und Schnaps aus dem Löffel. 1967 diente *Leve* als Schauplatz für legendäre Szenen in Schamonis Münsterfilm *Alle Jahre wieder*. Dass das Lokal wahren Kultstatus hat, beweist auch die Kölner Band *Erdmöbel*. *Altes Gasthaus Love* nannten die Musiker 2003 ihre vierte CD mit einem Cover im *Leve*-Design.

Alter Steinweg 37 | ☎ *(0251) 4 55 95*
Tägl. 11.30-24 Uhr
www.gasthaus-leve.de

Die Kölner Band *Erdmöbel* liebt *Leve*.

Bistro Holstein's
An der Treppe, die zu einem der romantischsten Orte Münsters führt, dem Horsteberg. Für den schnellen Genuss. Wechselnde Gerichte aus der Feinkostküche der Butterhandlung, leckere Weine.

Anke und Klaus Friedrich Helmrich von *Holstein's*

Horsteberg 1 | ☎ *(0251) 4 49 44*
Di-Fr 12 - 19 Uhr | *Sa 12 - 16 Uhr*

Fiu
Gleich neben dem *Mocca d'Or*. Fisch- und Fleischgerichte vom offenen Holzkohlegrill.

Rothenburg 14-16
☎ *(0251) 4 84 04 95*
Tägl. 12-23 Uhr

Holstein Brasserie
Feine kleine Gerichte und gute Weine in den Münster Arkaden. Eine Oase mitten im Einkaufstrubel.

Ludgeristraße 100
☎ *(0251) 4 88 22 88*
Mo-Sa 10-22 Uhr

Kleines Restaurant im Oerschen Hof
Gehobene kreative Küche in historischem Gebäude des Baumeisters Johann Conrad Schlaun. Traumhafter Innenhof mit Bistro- und Restaurantbereich.
Menschen aus der weiten Welt wie das Ehepaar Christo kehren hier ein und schreiben begeistert ins Gästebuch. Reservierung sinnvoll.

Königsstraße 42
☎ *(0251) 4 84 10 83*
Mo-Sa 12-14.30 Uhr und ab 18 Uhr

Mocca d'Or
Pizza aus dem Holzofen, leckere Panini und Bruschetta. Treffpunkt

zum Kaffee, kleinen Snack oder am Abend.

Rothenburg 14-16 | ℐ (0251) 4 82 85 91
Tägl. 10-1 Uhr

Monegro

Erlebnis-Gastronomie. Der Gast stellt sein Gericht am Mongolian Barbecue selbst zusammen.

Frauenstraße 51-52 | ℐ (0251) 4 14 55 61
Tägl. 11.30-24 Uhr
www.monegro.de

Pinkus

Moderne westfälische Küche im Stadthaus 1. Nachmittags Blechkuchen, von Landfrauen gebacken. Benannt nach der Brauerei-Legende Pinkus Müller, aber nicht in Besitz von dessen Familie.

Klemensstraße 10 | ℐ (0251) 9 82 94 74
Mo-Do 9-23 Uhr | Fr, Sa 9-24 Uhr
So 10-18 Uhr

Stuhlmacher

Wer sich stark genug fühlt, echte Westfalen kennen zu lernen, darf einen Besuch in diesem gut bürgerlichen Traditionslokal nicht versäumen. Seit 1890 Treffpunkt für die Freunde frisch gezapfter Biere mit Terrasse am Prinzipalmarkt.

Prinzipalmarkt 6-7 | ℐ (0251) 4 48 77
Mo-Do 10-24 Uhr | Fr, Sa 10-1 Uhr
So 11-24 Uhr
www.gasthaus-stuhlmacher.de

Bei *Stuhlmacher*: Echte Westfalen vor und hinter der Theke

Takanoha

Gute Sushi-Bar.

Königsstraße 45 | ℐ (0251) 5 10 53 29
Mo 17.30-22 Uhr | Di-Sa 12-15 Uhr
und 17.30 bis 22 Uhr
www.takanoha.de

Töddenhoek

Westfälische Traditionsgaststätte. Vor dem Zweiten Weltkrieg als Metzgerei geführt, ist der *Töddenhoek* seit 1956 eine gemütlich eingerichtete Gaststätte, der man durchaus ansieht, dass ihre Inhaber eine Vorliebe für Antiquitäten haben.

Der Name erklärt sich wie folgt: Tödden ist Münsterländer Platt für Tuchhändler, und Hoek heißt Ecke.

Rothenburg 41
① (0251) 4 31 56
Tägl. 10.30 – ca. 1 Uhr
www.toeddenhoek.de

KIEPENKERLVIERTEL

ET up'n Bült
ET ist hier kein Außerirdischer, die Buchstaben stehen für gutes Essen und Trinken in gemütlicher Atmosphäre.

Bült 23 | ① (0251) 4 32 35
Tägl. 17-1 Uhr

Fischbrathalle
Fischrestaurant mit Kultcharakter seit 1926 in norddeutsch-expressionistischer Ziegelarchitektur. Lieblingslokal von Helge Schneider, der behauptet, hier mal als Tänzer gearbeitet zu haben.

Schlaunstraße 8 | ① (0251) 4 31 52
Mo-Do 11-15 Uhr | Sa 11-14.30 Uhr
www.fischbrathalle-muenster.de

Kinowerbung aus den fünfziger Jahren

Fritz
Mediterrane Küche, idyllische Außenterrasse am Aaseitenweg.

Bergstraße 19-20
① (0251) 4 84 24 00
Tägl. 17-1 Uhr

Giverny
Feine, französische Spezialitäten am Fuße des Doms. Kreationen mit besten Zutaten. In eintägigen Kursen kann man sich in die französische Kochkunst einweisen lassen.

Spiekerhof 25
① (0251) 51 14 35
Di-Sa 12-15 Uhr und ab 18 Uhr
www.restaurant-giverny.de

Großer Kiepenkerl
Klassiker für gutbürgerliche und westfälische Küche am Kiepenkerldenkmal. Gelegentlich ermittelt hier TV-Detektiv Wilsberg.

Spiekerhof 45
① (0251) 4 03 35
Mi-Mo 11.30-23.30 Uhr
www.grosser-kiepenkerl.de

Kleiner Kiepenkerl
Ganztägig wohlschmeckende Speisen von traditionsbewusst westfälisch bis international beim Ehepaar Deckenbrock am Kiepenkerldenkmal

Spiekerhof 47 | ① (0251) 4 34 16
Di-So 10.30-24 Uhr
www.kleiner-kiepenkerl.de

Gastlichkeit beim *Großen Kiepenkerl*

IN BAHNHOFSNÄHE

Alex Brasserie
Bistro-Kette, mit Eingang zur Promenade, Dachterrasse in Höhe der Baumkronen.

Salzstraße 35 | ☎ (0251) 9 81 69 80
So-Do 9-1 Uhr | Fr, Sa 9-3 Uhr
www.alexgastro.de

Deniz
Für die Freunde türkischer Küche.

Friedrich-Ebert-Straße 8
☎ (0251) 53 16 46
Mo-Sa 17.30-24 Uhr
So 12-14.30 Uhr und 17.30-24 Uhr

Taj Mahal
Indisches Restaurant mit Tandoori-Spezialitäten, Sitznischen auf dem Boden und Wasserpfeifen.

Bahnhofstraße 64 | ☎ (0251) 51 99 85
Tägl. 18-23.30 Uhr

Tokyo Acacia
Vorzügliche japanische Spezialitäten.

Friedrich-Ebert-Platz 2
☎ (0251) 52 79 95
Di-Sa 18-23 Uhr

RUND UM DAS STADTTHEATER

Bali
Seit über 20 Jahren chinesische und indonesische Spezialitäten.

Neubrückenstraße 28
☎ (0251) 5 15 51
Mo-Sa 12-14.30 Uhr und 18-23.30 Uhr

Christi's am Theater
Griechische Speisen, Terrasse.

Neubrückenstraße 16
☎ (0251) 2 84 67 77
Tägl. 17.30 bis 24 Uhr;
So, Ft auch 12.30-14.30 Uhr

Da Peppinos Kleines Restaurant
Mittagsmenü mit Pasta und Desserts wie bei der italienischen Mama.

Neubrückenstraße 30-31
☎ (0251) 4 84 20 82
Tägl. 12-15 Uhr und 18-23.30 Uhr

Il Teatrino
Hausgemachte Nudeln und frische Antipasti direkt gegenüber vom Stadttheater.

Neubrückenstraße 12 | ☎ (0251) 4 35 40
Tägl. 11.30-14.30 Uhr und 17.30-24 Uhr
www.il-teatrino.com

Kanton
Chinesische Spezialitäten direkt am Theater-Parkhaus.

Tibusstraße 7-11 | ☏ (0251) 4 82 95 75
Tägl. 11.30-15 Uhr und 17.30-23.30 Uhr

La Cantina
Das Team um Georgio Rizzo und Marco ist einfach zauberhaft und übertrifft sich in freundlicher Bedienung. Feine Antipasti und täglich wechselnde leckere italienische Gerichte im stilvollen Kellerrestaurant.

Tibusstraße 7-11 | ☏ (0251) 5 89 63
Mo-Sa 18-1 Uhr

L'Ostaria Pasta e Basta
Das Wohnzimmer Münsters. Regelmäßiges Ausgehen zu Roberto Turchetto ist ein Muss. Einige Stammgäste variieren seit Jahren nur die Vorspeisen vor den Spagehtti de la Casa. Hausgemachte Nudeln und wechselnde saisonale Tagesgerichte. Keine Pizza.

Neubrückenstraße 35-37
☏ (0251) 4 42 94
Mo-Sa 12-14.30 Uhr und 18-23.30 Uhr
So 18-23.30 Uhr

Pham's
Südostasiatische, sehr gepflegte Küche, Grillspezialitäten vom Lavastein, gute Weinkarte.

Stiftsherrenstraße 1
☏ (0251) 4 84 22 08
Mo-Fr 12-14.30 Uhr und tägl. ab 18 Uhr

Schoppenstecher
Beliebtes Weinlokal, feine Gerichte. Hier kehrt Schauspielstar Matthias Habich gerne ein, wenn er im Theater im Pumpenhaus gastiert.

Hörsterstraße 18 | ☏ (0251) 47 11 4
Di-So 18-24 Uhr

BEIM SCHLOSS

Schlossgarten
Café, Bar, Restaurant. Traumhafte Lage mitten im Schlosspark mit Terrassen unter alten Kastanien.

Schlossgarten 4 | ☏ (0251) 9 87 96 96
Mo-Sa 11-1 Uhr | So 10-1 Uhr
www.schlossgarten.com

AM AASEE

Brasucas
Brasilianische Küche, freundliche Atmosphäre.

Moltkestraße 13-15
☏ (0251) 52 28 81
Tägl. 17-1 Uhr
www.brasucas.de

Zum Himmelreich
Gutbürgerliche Küche. Nach Bestattungen auf dem nahe gelegenen Zentralfriedhof wird gewöhnlich zum Beerdigungskaffee ins Himmelreich geladen.

Annette-Allee 9 | ☏ (0251) 8 04 37
Fr-Mi 10-21 Uhr

KUHVIERTEL

Drübbelken
Westfälische Spezialitäten wie Pfefferpotthast oder Töttchen. Urige Einrichtung – zum Beispiel im kleinen Friedenssaal.

Buddenstraße 14-15
① (0251) 4 21 15
Mo-Fr 11.30-14 Uhr und ab 17 Uhr
Sa ab 11 Uhr | So, Ft ab 11.30 Uhr
www.druebbelken.de

Jedermann
Modernes Edelrestaurant mit wechselnder Menükarte. Schicke Lounge mit einladender Bar.

Überwasserstraße 3
① (0251) 5 87 17
Mo-Sa ab 11 Uhr So | Ft ab 18 Uhr
www.jedermann-muenster.de

Pinkus Müller
Westfälische Altbierküche und Brauereiausschank der original Pinkus-Biere. Mit Barbara Müller wird hier schon in der sechsten Generation das leckere Altbier serviert. Ihre Schwester betreibt direkt nebenan die *Biergalerie*. Pinkus-Biere werden weltweit exportiert und in Japan, Australien und den USA ebenso wie in Europa getrunken.

Kreuzstraße 4-10 | ① (0251) 4 51 51
Mo-Sa 12-24 Uhr
www.pinkus.de

Pinkus Müller (1953)

Rico Vollwertrestaurant
Imbiss für die Gesundheitsbewussten. Täglich frische Aufläufe, Wok-Essen, Salate. Vegetarisch, vegan, freitags Fisch. Auch zum Mitnehmen.

Rosenplatz 7
① (0251) 4 59 79
Mo-Sa 11.30-16 Uhr

HAFENVIERTEL

Café Med
Pasta, Fisch und Fleisch in der ehemaligen *Druckwerkstatt*. Spannungsvolle Einrichtung im industriellen Hafenambiente mit Bildern von Gerd Meyerratken. Terrasse am Hafen.

Hafenweg 26a
① (0251) 6 74 95 95
Tägl. 11.30-14.30 Uhr und 18-1 Uhr

Große Freiheit 26
Restaurant und Bar in ehemaligem Lagerhaus. Küche von deftig bis fein, frischer Fisch und Weinkarte.

Hafenweg 26 | ① (0251) 7 47 49 19
Tägl. 18-1 Uhr

Heaven

Das XXL-Clubrestaurant in der ehemaligen Lagerhalle. Große Holztische, schwere Kerzenleuchter, Himmelbetten und loungige Ecken. Heißeste Partylocation der Stadt. Ein Ort zum Speisen, Chillen oder Tanzen bis in den Morgen. Zum Essen am Wochenende unbedingt reservieren.

Hafenweg 31
① (0163) 8 91 32 98
Di-Do 19-1.30 Uhr | Fr-Sa 19-5 Uhr
www.heaven-lounge.de

Wolters im Speicher

Wolters im restaurierten Speicher

Große Terrasse am Wasser, Mittagskarte, Kaffee und Kuchen. Türkische Gerichte aus dem Lehmofen. Weitere Wolters sind in der Hammer Straße 37 und am Alten Steinweg 31.

Hafenweg 46-48 | ① (0251) 6 74 33 12
Januar bis März
Di-Fr ab 17.30 Uhr | Sa ab 16 Uhr
So ab 12 Uhr
April bis September:
Mo-Sa ab 15.30 Uhr | So ab 12 Uhr
Oktober bis Dezember:
Mo-Fr ab 17.30 Uhr | Sa ab 15.30 Uhr
So ab 12 Uhr
www.wolters-imspeicher.de

KREUZVIERTEL

Phoenicia

Im Restaurant *Phoenicia* finden selbst Westfalen Gefallen an orientalischer Stimmung.

Geheimtipp für die Freunde libanesischer Spezialitäten zwischen Kreuzviertel und Schlossgarten.
Das Geschwisterpaar Alya und Khali sorgt für köstliche Gerichte zu fairen Preisen und freundliche Bewirtung. Der berühmte Vorspeisenteller bietet einen schmackhaften Querschnitt der arabischen Küche.

Steinfurter Straße 37
① (0251) 27 87 94
Di-So 17-24 Uhr

Italia
Älteste Pizzeria in Münster, wo Giosino Pasquariello auch nach 30 Jahren selbst am Pizzaofen steht. Der Eingang liegt an der Studtstraße.

Gertrudenstraße 22 | ☏ (0251) 2 52 81
Tägl. 11-14.45 und 17-24 Uhr
www.pizzeria-italia-muenster.de

Trattoria Adria da Leo & Toni
Die Brüder aus Kalabrien servieren Antipasti und italienische Küche, sind immer zu einem Plausch aufgelegt und bringen nicht nur im Fußballfieber italienisches Flair in die Kanalstraße.

Kanalstraße 23 | ☏ (0251) 29 67 00
Tägl. 11-14.30 Uhr und ab 17.30 Uhr

ERPHOVIERTEL

Overbeck's
Anspruchsvolle Küche zu guten Preisen in der Viertelkneipe. Die gutgelaunte Karin kocht mit Leidenschaft.

Warendorfer Straße 34
☏ (0251) 3 94 49 30
Di-Sa 18.30-1 Uhr | So 18-24 Uhr

Villa Medici
Kreative italienische Küche, die auch Thomas Gottschalk und manchem Altbundeskanzler mundete. Laut *Feinschmecker*-Magazin 2005 der „beste Italiener in Nordrhein-Westfalen".

Ostmarkstraße 15 | ☏ (0251) 3 42 18
Di-Sa 12-14 Uhr und ab 18 Uhr
www.villa-medici-muenster.de

AN DER WERSE

Landgasthaus *Pleister Mühle*

Landgasthof Pleister Mühle
Kaffeewirtschaft und Restaurant am Ufer der Werse. Traditionelles Ausflugslokal mit Kanustation, Seeterrasse und Minigolfplatz. Montag ist Reibekuchentag. Wer mit dem eigenen Pferd unterwegs ist, kann es während des Aufenthaltes in der Reitanlage nebenan unterstellen, dort wird es gefüttert und steht im Trockenen.

Pleistermühlenweg 196
☏ (0251) 13 67 60
Mo-Sa ab 8 Uhr | So ab 9 Uhr
www.pleistermuehle.de

Nobis Krug

Ausflugslokal mit gutbürgerlicher Küche und selbstgebackenem Kuchen.

Warendorfer Straße 512
① (0251) 32 92 77
Mi-So ab 11.30 Uhr
www.handorf-aktuell.de/Nobiskrug

Schöne Aussichten

Ausflugslokal im Sportpark Sudmühle. Küchenchefin Lioba serviert leckere Grillteller, argentinische Steaks und marktfrische Salate. Gatte Don Miquele sorgt für anspruchsvolles Kulturprogramm. Die Anlage mit Freibad und Tennisplatz bietet vielfältige Sportmöglichkeiten.

Schöne Aussichten an der Werse

Dyckburgstraße 468
① (0251) 32 42 40
Di-Fr ab 17 Uhr (ab 20 Grad: 13 Uhr)
Sa ab 12 Uhr | So ab 10 Uhr
www.schoene-aussichten-muenster.de

MEINMÜNSTER

„Paddeln auf der Werse: In Paris hat jeder die Seine, in Münster jeder die Werse – behäbiges Versprechen, träges schwarzes Wasser, sich unter überhängenden Uferbäumen windend, Blasen aus morastigem Grund, verwunschene Häuschen im Uferdickicht, Wasserhühner flüchten leichtfüßig über Seerosenblätter, Pärchen in schwankenden Ruderbooten, halbnackte Studenten in Farbe tragenden Kanus; wo bleiben die Alligatoren?
Die Warendorfer oder die Wolbecker Straße hinaus oder mit dem Rad auf schmalen Wegen zu einem der Bootsverleihe etwa an der Pleistermühle oder in Handorf. Zurück in die Stadt den Prozessionsweg nehmen und nichts bereuen."

Christoph Busch *(Drehbuchautor)*

Auch ohne Alligatoren ein Erlebnis: Paddeln auf der Werse

MÜNSTER-NORD

Dining.hof
Gehobene Gastronomie, angenehme Atmosphäre und eine gemütliche Bar auf dem Germania Campus nördlich des Kreuzviertels.

Grevener Straße 91
(0251) 2 39 07 67
Mi-Mo ab 18 Uhr
www.dininghof.de

MÜNSTER-WEST

Hölt'ne Schluse
Hausmannskost im original westfälischen Bauernhaus von 1876, uriges Ambiente mit offener Feuerstelle. Neben dem modernem WC gibt es den Donnerbalken im Garten.

Am Max-Klemens-Kanal 303
(0251) 21 64 40 | Di-Sa 18-23 Uhr

Schloß Wilkinghege
Anspruchsvolle Küche bei Chefkoch Martin Löffler.

Steinfurter Straße 374
(0251) 14 42 70
Tägl. 12-14 Uhr und 18-22 Uhr
www.schloss-wilkinghege.de

SÜDVIERTEL

Hennigs Restaurant El Vino
Gefeierte mediterrane Küche und Live-Musik vom Pianisten.

Hammer Straße 261
(0251) 5 38 98 77
Tägl. 12-1 Uhr
www.el-vino.info

MÜNSTER-ROXEL

Ackermann
Besondere bürgerliche Küche mit westfälischem Akzent.

Roxeler Straße 522
① (02534) 10 76
Mi-Mo 11-15 Uhr und 17-24 Uhr
www.restaurant-ackermann.de

Pantaleon
Gehobene deutsche Küche mit mediterranen Einflüssen in der denkmalgeschützten Villa Schulze-Höping mit dem schönen Garten.

Pantaleonplatz 9
① (02534) 58 12 21
Di-Do, Sa ab 18 Uhr | Fr ab 12 Uhr
So 12-14 und ab 18 Uhr

HILTRUP

Haus Meinolf
Deftige, westfälische Speisen mit ordentlichen Portionen zum guten Kurs bei Henning Overmeyer, der in seiner Freizeit den Damen American Football beibringt. In der Stadthalle Hiltrup.

Westfalenstraße 197
① (02501) 2 44 18
Di-Sa ab 17 Uhr

AMELSBÜREN

Davert Jagdhaus
Feine saisonale deutsche Küche. Raffinierte Kreationen des Küchenchefs Benedikt Freiberger, der Gutes frisch in der Region kauft.

Wiemannstraße 4
① (02501) 5 80 58
Mi-So 11.30-14 Uhr und ab 18 Uhr
www.davert-jagdhaus.de

Bei Kochseminaren im *Davert Jagdhaus* lässt sich Küchenmeister Benedikt Freiberger gerne über die Schulter schauen.

NACHTLEBEN

Das Kuhviertel

Ende des 19. Jahrhunderts gab es über vierhundert Altbierkneipen in Münster, von denen nur wenige den Ersten Weltkrieg überstanden haben. Die Wirte mussten dem Kaiser nämlich ihre Kupferkessel, in denen das Bier gebraut wurde, als Edelmetall für die Waffenproduktion abgeben. Zusätzlich wurde das Bierbrauen durch den Mangel an Getreide erschwert.

Das Kneipensterben begann schon ab 1880. Der erstaunliche Grund für die damalige gastronomische Flaute war keine Form von Prohibition, sondern die erste Wasserleitung Münsters.

Havana, kuschelige Studenten-Bar an der Jüdefelder Straße

Endlich konnten die Bewohner ihren Durst mit Wasser, das nicht aus einem verseuchten Brunnen kam, statt mit Altbier löschen.

In den fünfziger Jahren des letzten Jahrhunderts machte sich dann an Münsters Uni Unmut breit, weil es keine studentische Kneipenszene gab. Der angehende Jurist Wilfried Weustenfeld prangerte diesen Missstand 1958 in einem legendären Artikel in einer Studentenzeitung an. Fazit seiner Schrift war die lateinische Bemerkung „Cavete Monasterium", zu Deutsch: „Hütet Euch vor Münster". Diese Worte wurden schnell zur Parole unter den Studierenden.

Also finanzierte der

Das leckere Altbier von *Pinkus Müller* wird nicht nur im Kuhviertel, sondern rund um den Globus getrunken.

Rektor der Uni 1958 zwei Philosophiestudenten eine Studienreise zur Erforschung der Kneipenkultur in deutschen Universitätsstädten. Das Ergebnis dieser Expedition war die Gründung der ersten „Akademischen Bieranstalt zu Münster", der *Cavete* in der Kreuzstraße, im sogenannten Kuhviertel. In der Nachbarschaft eröffneten bald weitere Trinkstätten.

Inzwischen hat Münster über neunhundert Kneipen, Bars und Restaurants. Zahlreiche Gastwirtschaften liegen im Kuhviertel – mal westfälisch traditionell, mal studentisch originell. Von der Altstadt ist es in wenigen Minuten zu erreichen. Vom Prinzipalmarkt aus geht es vorbei an der Lambertikirche immer geradeaus über Drubbel, Roggenmarkt, Bogenstraße, Spiekerhof, Rosenstraße bis zum Rosenplatz, wo man schon auf das Brauhaus Pinkus Müller schaut. Das Kuhviertel ist nicht nur Ausgehviertel, sondern lockt auch mit Galerien und originellen Geschäften.

Einen schönen Eindruck vom Stadtbild in den Wohnvierteln vor der Kriegszerstörung gibt die Hollenbecker Straße. Zu den unterschiedlichen bürgerlichen Wohnhäusern des 18. Jahrhunderts gehören das spätbarocke Wohnhaus Nr. 24; das klassizistische Haus Nr. 25 aus dem Jahr 1783; das Wohnhaus Nr. 30 eines Steinhauers und Nr. 31/32, das Haus eines Hofvogtes von 1713.

Das gastronomische Leben beginnt im Kuhviertel überwiegend erst abends, einige Lokale wie *Pinkus* haben auch tagsüber geöffnet. Ob in der *Cavete* oder im *Blauen Haus*: In der Kreuzstraße treffen Studierende auf Touristen. Auch in der Jüdefelder Straße findet man eine Studentenkneipe neben der nächsten, in denen man wie in der *Gorilla Bar* Karaoke singen oder wie in der *Destille* auf den Tischen tanzen kann.

Vom Amüsierbetrieb zur Trend-Location

Das Aussterben der klassischen Sex-Bar zugunsten von diskreten Prostituierten-Wohnungen hat bundesweit dazu geführt, dass in der

Räumlichkeiten ehemaliger Eroslokale kleine Clubs und coole Lounges eröffnet werden. In Münster gibt es gleich mehrere Beispiele für diese Art der Nutzungsänderung.

Auf eine lange bewegte Geschichte kann das Haus *Kronenburg* in der Hammer Straße 35/37 zurückblicken. Im Erdgeschoss wird die *Luna Bar* betrieben. Nach dem Zweiten Weltkrieg als *Hotel Kronenburg* eröffnet, war das Haus ab 1974 als Wohnstätte für linke Studenten, Hausbesetzer-Sympathisanten, Punks und andere „Bombenleger" aus den Schlagzeilen der Münsteraner Tagespresse nicht mehr wegzudenken. Laut Polizeiprotokoll von 1982 beherbergte die *Kronenburg* pro Zimmer 3,3 Terroristen. In dem Dokumentarfilm von Robert Krieg über die einstigen Bewohner (*Die Provinz, die Revolte und das Leben danach* von 2004) schildert ein Ordnungshüter sehr eindrucksvoll seine damalige Angst, bei Einsätzen im Hause *Kronenburg* könnten plötzlich Ulrike Meinhof oder der leibhaftige Andreas Baader vor ihm stehen.

Als Treffpunkt der Punks und linken Szene diente auch die als Kollektiv geführte Kneipe namens *Kronenburg* in den Räumen des heutigen *Wolters 1*. Nebenan in der früheren Kleinkunstbar eröffnete 1969 das erste Erotik-Etablissement der Stadt mit „Live-Programm" – die *Kronenburg-Bar*. Jedem Herren, dem Geldbörse und Türsteher Orlando es gestatteten, bot sich hier die Gelegenheit zum

Kronenburg-WG: Die Weltrevolution wird am Küchentisch geplant.

MEIN MÜNSTER

„In *Rick's Café* haben Generationen von Alkohol- und Nikotinabhängigen ein Zuhause gefunden. Mein lieber Freund Gogel hat der Location wieder zu Ruhm und Größe verholfen. Ein paar Meter weiter befindet sich das *Mocca D´Or*. Hier bekommt man die mit Abstand beste Pizza außerhalb von Rom. Ansonsten kann ich das Hafengebiet empfehlen. Neben diversen Kneipen und einer stetig wachsenden Fangemeinde hat die Stadt hier ein Alternativzentrum geschaffen, das seinesgleichen sucht. Das *Café Med* ist nur eine der Möglichkeiten, den Nudelhunger zu stillen.

Aber auch Fans der Eventgastronomie kommen auf ihre Kosten, denn jeden Sommer wird ein Parkplatz in den *Coconut Beach* umgewandelt."

Henning Wehland *(Sänger bei H-Blockx und Söhne Mannheims)*

Amüsement mit leichten Mädchen und Striptease.
Als sich der Sexbar-Betreiber 1997 zur Ruhe setzte, nutzte ein münsterscher Junggastronom die Gunst der Stunde. Der ehemalige *Flippers*-Tourbegleiter Pitti Duyster machte dem finsteren Lasterleben ein Ende und eröffnete die *Luna Bar*, die seitdem Lounging mit einem spannenden Veranstaltungsprogramm verbindet. Duyster installierte das rote Lichterherz hinter dem DJ-Pult, das dem Bühnenbild der *Flippers*-Tour zur CD *Ein Herz aus Schokolade* entstammt. Ansonsten beliefen sich seine Umbaukosten auf null Komma null, denn die glamouröse Einrichtung mit rotem Porscheleder, weichem Plüsch, vielen Spiegeln und diskreten Séparées im Flair der siebziger Jahre war bestens erhalten. Seit 2006 ist Marcial dos Santos Chef der *Luna Bar*.
Die beiden Bars *Mocambo* und *Atelier* in der Innenstadt haben eine ähnliche Geschichte. In der Mocam-

Lokalhelden singen vorm *Flippers*-Herz - *Raumpatrouille* in der Luna Ba

bo Bar kann man bis zum Morgengrauen zechen. Schon am früheren Abend öffnet die *Atelier Bar*, wo man den Verlauf der Nacht bis zum Morgen bei Partystimmung, bierbegleitenden Speisen und guter Musik erleben kann.

Partystimmung

Wer hört denn da noch katholische Glocken läuten? Schwule und Lesben haben gesellschaftlichen Rückhalt in der Stadt. Das zeigt sich nicht zuletzt beim alljährlichen Huren- und Schwulenball, kurz Husch-Ball genannt. Pionierin war Münster im Jahr 1997 mit der Einrichtung einer Arbeitsstelle Antidiskriminierung in kommunaler Trägerschaft, die Vorbildfunktion für Städte wie München hatte. Die Verpflichtung, gleichgeschlechtlich orientierte Menschen gesellschaftlich nicht auszugrenzen, sondern zu stärken, gehört zum Leitbild der Stadtverwaltung und wird quer durch alle Ratsfraktionen unterstützt. Im *KCM Schwulenzentrum Münster e. V.* am Hawerkamp haben Schwule und Lesben ihren Treffpunkt mit Veranstaltungen und Partys.
Der Hawerkamp mit Partys und Konzerten ist Anziehungspunkt für Nachtschwärmer, die die alternative Szene kennen lernen möchten.

In den Clubs am Hawerkamp und in der City durch die Nacht tanzen

Die Fans von Musik und Konzerten jenseits des Mainstream kommen im Rockschuppen *Sputnikhalle* auf ihre Kosten. Der Imbisswagen des *Space Gourmets* auf dem Vorplatz versorgt die Feiernden die Nacht hindurch mit warmen Mahlzeiten.

Fusion gehört zu den wichtigsten Techno-Läden, in dem neuerdings auch Rock- und Reggae-Events stattfinden. Die Betreiber veranstalten unter dem Label Dockland seit den neunziger Jahren Partys mit angesagten DJs aus aller Welt. Auf einer der Partys hat sich der Mann hinter den Turntables in eine Münsteranerin verliebt. Das war *Take That*-Star Howard Donald, der seitdem in dieser Stadt lebt.

Der junge *Club Favela* bietet eine Riesenauswahl an Musikrichtungen von House über Gothic bis Reggae und gelegentliche Live-Acts.

Stimmung im *Gleis 22* mit der Post-Punk-Band *The Robocop Kraus*

Der angesagteste Live-Club ist das *Gleis 22* am Bahnhof im Haus des Kulturzentrums *Jib*. Leser von renommierten Fachzeitschriften wie *Spex* und *Intro* wählen das *Gleis* seit Jahren zum besten Musikclub Deutschlands.

Zu den innovativen Konzertschuppen gehört auch der Jazzkeller *Hot Jazz Club* am Stadthafen mit DJ-Programm. Das Publikum ist dem Studentenalter oft schon entwachsen. Der Stadthafen ist Münsters Amüsiermeile schlechthin – vor malerischer Kulisse kann man im Sommer vor fast jedem Lokal draußen sitzen oder sich am *Coconut Beach* zu den Klängen angesagter DJs den Sand durch die Füße rieseln lassen. Vom *Luv und Lee* am Ende des Hafenbeckens bis zur schicken, kleinen *Hafen Bar*. In der „zweiten Reihe" kann in den Kneipen entlang des Hansarings gefeiert werden.

In der Innenstadt kann das ganze Nachtleben zu Fuß erobert werden. Der Disco-Klassiker ist das *GoGo* mit angeschlossenem *Rose Club*. Jung und minimalistisch ist der *Klup*; Studierende treffen sich im *Grand Café*. Nächtliche, immer rappelvolle Top-Location gleich um die Ecke der Lambertikirche ist *das Schwarze Schaf* mit überwiegend sehr jungem Publikum. Wie man hört, bleibt hier niemand lange allein.

27 Jahre alt sollte der Gast sein, um am Wochenende in der *Lounge 54* gegenüber dem *Grand Café* zu guter Clubmusik zu tanzen. Während der Woche dürfen auch die Jüngeren hier feiern.

Kneipen

INNENSTADT

Bertling
Gastro-Highlight mitten in der City. Schicke Tagesbar von Georg Bertling – der alte Hase in Münsters Ausgehszene erfand die *Mocambo Bar* und betreibt das *Mauritz Torhaus*.

Drubbel 1-2
Tägl. 9-23 Uhr

Bullenkopp
Bierschwemme in rustikalem Ambiente. Beim Bullen wird die Sau rausgelassen und auf den Tischen getanzt.

Alter Fischmarkt 24
(0251) 4 84 12 08
Mo-Sa 19-3 Uhr
www.bullenkopp.com

Der Bunte Vogel
Unter den Kneipen der Klassiker. Kaum ein Student in Münster, der seine Zeit nicht schon an der Theke im *BuVo* verbracht hat, anstatt im Hörsaal zu sitzen.
Eine Kneipe mit ebensoviel Geschichten wie netten Menschen, ob jünger oder älter. Ein Party-Muss zu Weiberfastnacht und Rosenmontag. Dienstags bitten *Memo González &

Szenekneipe *Der bunte Vogel*

The Bluescasters* zur Blues-Session. Von der Terrasse schaut man direkt auf den Erbdrostenhof.

Alter Steinweg 41
(0251) 5 65 24
Mo-Sa ab 11 Uhr; So ab 12 Uhr
www.buntervogel.de

Cadaqués
Spanische Küche und Tapas inmitten zahlreicher Souvenirs aus dem Heimatort von Salvador Dalí.

Ludgeristraße 62
(0251) 4 30 28
Mo-Do 11.30-1 Uhr
Fr, Sa 11.30-3 Uhr
So 18 bis 1 Uhr
www.cadaques-muenster.de

Enchilada
Filiale der Tex-Mex-Kette in den restaurierten Ruinen des Lortzing-Saals, täglich Cocktail-Happy-Hour und Küche. Oft überfüllt.

Arztkarrengasse 12
① (0251) 4 55 66
Mo, Di, Do 18-1 Uhr
Mi, Fr, Sa 18-2 Uhr
www.enchilada.de

La Corrida
Hier können Sie erst die spanischen Spezialitäten genießen und anschließend lange feiern.

Alter Steinweg 32
① (0251) 9 79 59 78
So-Fr ab 16 | Sa ab 12 Uhr

Rick's Café
Ruhiger Biergarten, günstiges Kaffeetrinken, mediterrane Küche, viel Zeitschriften und ein netter Wirt.

Aegidiistraße 56
① (0251) 4 88 23 36
Mo-Fr 9-3 Uhr | Sa 11-3 Uhr | So 10-1 Uhr

Hat in über 20 Jahren schon vielen Gästen Halt gegeben: Die Theke in *Rick's Café*

Das Rock Café
Der Name ist Programm: Dart und Drinks und Rockmusik.

Ludgeristraße 60
① (0251) 4 84 18 39
Mo-Fr ab 18 Uhr | Sa ab 15 Uhr
www.dasrockcafe.com

BAHNHOFSNÄHE

Male
Schwule Party-Location.

Warendorfer Straße 12a
① (0251) 9 87 96 37
Mo-Sa 22-4 Uhr
www.male.de

Mauritz Torhaus
Österreichische Schmankerln im historischen Torhäuschen. Freitags zauberhaft-charmante Atmosphäre bei Petra und Claudia.

Mauritzstraße 27
① (0251) 4 53 73
Tägl. So-Fr ab 16.30 Uhr | Sa ab 11 Uhr

RUND UM DAS STADTTHEATER

America Latina
Leckere Cocktails. Dazu lateinamerikanische Küche und argentinische Steaks von Rindern aus biologischer Haltung.

Neubrückenstraße 50-52
① (0251) 5 56 66
Tägl. 11-1 Uhr

Atelier

Früher sorgten hier Animierdamen für gute Laune, heute der *Cocktail der Woche*. Bei Wirt Möppel herrscht am Abend entspannte Atmosphäre. Feucht-fröhlich wird es mit den Nachtschwärmern.

Bült 2 | ☎ (0251) 5 74 55
So-Do 21-5 Uhr; Fr | Sa 21-6 Uhr
www.atelier-bar.de

Ipanema

Lateinamerikanische Kneipe mit Küche, Cocktail-Happy-Hour und Biergarten.

Mauritzstraße 24
☎ (0251) 4 04 09
Tägl. 12-3 Uhr
www.ipanema-muenster.de

Metro

Rockige Kneipe mit Live-Konzerten bei *Metro*-Chef David Sander und seinen berühmten Partys *Metro on Tour*.

Mauritzstraße 30
☎ (0251) 4 90 29 94
Di-Sa 20 bis ca. 3 Uhr

Mocambo Bar

Es kann ein düsterer Ort sein – mit klarem Blick und zu früher Stunde. Für späte Gäste ist der Absacker in der früheren Erosbar ebenso Pflicht wie Kult.

Mauritzstraße 34 | ☎ (0251) 5 15 33
Tägl. 22-6 Uhr

Na und?!

Älteste Schwulenkneipe der Stadt, am Wochenende Partys und Disco.

Sonnenstraße 43 | ☎ (0251) 4 30 13
Di-Sa ab 20 Uhr | So ab 17 Uhr
www.naund-muenster.de

Pane e Più

Oskar, der freundliche Holländer, bewirtet jeden Gast ganz persönlich und lässt eine sehr kontaktfreudige Stimmung bei den ausgehlustigen Damen und Herren aufkommen. Zu Wein und Bier werden kleine italienische Spezialitäten serviert. Im Sommer wird der Bürgersteig zur Terrasse.

Neubrückenstraße 35-37
☎ (0251) 5 46 45
So-Fr ab 17 Uhr | Sa 13-17 Uhr

BEIM SCHLOSS

Frauenstraße 24

Eine der letzten alternativen Kneipen Münsters in ehemals besetztem Haus. Studentisches Publikum, türkische Küche, fair gehandelter Kaffee und eine große Auswahl an Tees.

Frauenstraße 24
☎ (0251) 4 82 87 39
Tägl. ab 12 Uhr

Kuhlmann

Gastro-Klassiker seit 1923. Pfiffige westfälische Küche in altenglischer

Hausbesetzer als Wandgemälde in der *Frauenstraße 24*

Einrichtung. In diese Viertelkneipe radelt der Münsteraner auch aus anderen Stadtteilen.

Hüfferstraße 26 | ① (0251) 8 04 23
Mo bis Fr 17-1 Uhr
So 17-24 Uhr

Rathlin's Irish Pub
Typischer Irish Pub mit Darts, Rockmusik und kleiner Küche.

Am Stadtgraben 3 | ① (0251) 51 89 89
So bis Do 18-1 Uhr
Fr, Sa 18-2 Uhr

AM AASEE

Gasolin
Relaxter Ort in der ehemaligen Fünfziger-Jahre-Tankstelle mit Wintergarten. Café und Kneipe mit Biergarten und Terrasse. Beim DJ-Programm kann es abends loungig und eng werden.

Aegidiistraße 45 | ① (0251) 5 10 58 97
Tägl. 10-max. 3 Uhr
Sa 11-3 Uhr | So 11-1 Uhr

Fegefeuer
Originelle Mittelalter-Taverne.

Von-Kluck-Straße 15
① (0251) 5 38 96 38
Di-So 18-1 Uhr
www.fegefeuer-muenster.de

Kruse Baimken
Alteingesessenes Lokal mit vielen jungen Leuten im großen Biergarten. Hier kehrte Top-Torwart Jens Lehmann gerne ein.

Am Stadtgraben 52 | ① (0251) 4 63 87
Tägl. 12-1 Uhr
www.kruse-baimken.de

Pipeline
Pils, Snacks und Cocktails.

Aegidiistraße 35 | ① (0163) 8 88 99 59
www.pipeline-muenster.de
Mo-Sa ab 19 Uhr

Bei gutem Wetter immer voll – de Biergarten von *Kruse Baimke*

Uferlos

Studentisch-nette Atmosphäre direkt neben der neuen Mensa. Terrasse mit Blick auf den Aasee. Frühstück bis 13.30 Uhr, sonntags Brunch.

Bismarckallee 5-11
① (0251) 8 37 95 36
Mo-Fr 8.30-24 Uhr
Sa 14-24 Uhr | So, Ft 10-18 Uhr
(April-Oktober bis 20 Uhr)
www.uferlos-muenster.de

KUHVIERTEL

Barzillus

Kleine Bar voller junger Menschen.

Jüdefelderstraße 41
① (0251) 51 99 97
Mo-Do 20-1 Uhr | Fr, Sa 20-2 Uhr

Das blaue Haus

Traditionelle Studentenkneipe. Samstag ab 12 Uhr Marktfrühschoppen mit Reibeplätzchen.

Kreuzstraße 16 | ① (0251) 4 21 51
Tägl. 18-1 Uhr

Die *Cavete*, Münsters erste Studentenkneipe

Cavete

Akademische Bieranstalt seit 1959.

Kreuzstraße 38
Tägl. 19-1 Uhr
www.cavete-muenster.de

Destille

Studentenkneipe mit über dreißigjähriger Tradition und eigenem *Dille-Lied*. Neue Gäste können den Song im Internet zum Auswendiglernen herunterladen, bevor sie auf den Tischen tanzen.

Kuhstraße 10 | ① (0251) 4 37 26
Mo-So 20 bis 1 Uhr
www.destille-muenster.de

Gorilla Bar

Der Sänger der kalifornischen Rockband *Toto* wird vom Türsteher der *Gorilla Bar* gerne eingelassen.

Szenige Rockkneipe mit Cocktailkarte. Gelegentlich Live-Musik.

Jüdefelderstraße 54
① (0251) 4 88 21 88
So-Do 20-2 Uhr | Fr, Sa 20-2.30 Uhr
www.gorilla-bar.de

Havana
Italienische, spanische und lateinamerikanische Küche, Tequila vom Fass, Biergarten.

Münzstraße 49 (Ecke Jüdefelderstraße)
① (0251) 2 65 99 03
Mo-So 18-2 Uhr | Mi 18-3 Uhr
Fr, Sa 18-5 Uhr

Kafé Kelim

Kelims Wasserpfeifen dampfen; im Shop verkaufte Ute Lempers Opa Tierfutter.

Auf dem Boden sitzen, orientalischen Kaffee oder Tee schlürfen und dazu gemütlich eine Wasserpfeife rauchen. Die Shisha, das nötige Zubehör und die passenden Teppiche kann man im gleichnamigen Lädchen gegenüber erwerben. Der Schriftzug *A. Lemper* an dessen Fassade zeugt davon, dass hier Ute Lempers Großeltern eine Tierfutterhandlung betrieben.

Jüdefelder Straße 43
① (0251) 4 41 67
Tägl. ab 15 Uhr

Kleines Brauhaus
Rustikale Kneipe, westfälische und norddeutsche Gerichte.

Hollenbecker Straße 31
① (0251) 4 90 47 00
Di-So 11-14.30 Uhr | 17-24 Uhr

Peacock Lounge
Lounge mit Chill-Out-Ambiente.

Jüdefelderstraße 36
Tägl. 20 Uhr bis die Gäste gehen.

Visages
Studentenkneipe mit Studentenpreisen, Happy Hour.

Münzstraße 51 | ① (0251) 4 84 11 22
Tägl. 17-1 Uhr

Das *Visages*

Ziege
Kleinste Kneipe Münsters – nicht viel größer als ein Kleiderschrank.

Kreuzstraße 34 | ① (0251) 51 90 37
Di-So 18-1 Uhr

HAFENVIERTEL

Blechtrommel
Provencalische Küche und Live-Musik. Jeden ersten Mittwoch im Monat Jazzsession.

Hansaring 26-28
(0251) 6 51 19
Tägl. 18-1 Uhr
www.blechtrommel.net

Hafen Bar
Der ultimative Night-Spot am Hafen. Wenn alle Läden schließen, geht es in der kleinen eleganten Bar im Glaskasten noch weiter. Ciabatta und warme Nachos.

Hafenweg 26
(0251) 2 89 78 10
Mo-Fr ab 10 Uhr | Sa ab 20 Uhr

Hubertihof
Traditionslokal in Klein-Muffi. Kneipe mit hoher Masematte-Wörterdichte. Ganztägig deutsche und Balkan-Küche, Biergarten.

Hubertistraße 14
(0251) 6 45 79
Tägl. 9-1 Uhr

Luv und Lee
Mittagstisch, Kaffee und Partystimmung mit Blick auf Kanal und Hafenbecken. Windgeschützte Sonnenplätze, sobald die erste Frühlingssonne scheint. Donnerstags After-Work-Club.

Hafenweg 46-48
(0251) 6 18 96 18
Mo-Fr 11-1 Uhr
So 10-22 Uhr
www.waterfrontdining.de

Open End in der schicker *Hafen Bar*

Pier House

Schicke, großzügige Location mit Tex-Mex-Küche am Hafenufer, Cocktails und Longdrinks, Tagescocktails zum halben Preis. Terrasse am Hafenbecken.

Hafenweg 22 | ☎ (0251) 8 99 79 99
Mo-Fr 11.30-1 Uhr | Sa 17-1 Uhr
So 13-1 Uhr (Küche von 15-17 Uhr geschlossen)
www.pierhouse.de

Ausgehen mit Blick auf Hafenbecken und Kanal bei *Luv und Lee*

Plan B

Alternative Rock-Kneipe für nette Biertrinker. Kicker und Gesellschaftsspiele.

Hansaring 9
☎ (0251) 6 74 44 22
So-Do 19-3 Uhr
Fr, Sa 19 Uhr bis früh morgens

Raketencafé

Kult-Café mit Flaschenbier, Videovorführungen und Happy Hour. Heiß wird's, wenn DJ Fonzarelli oder Ringo Klem mit Fünfziger-Jahre-Musik die Puppen tanzen lassen.

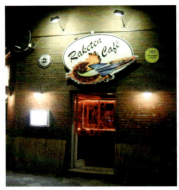

Raketencafé

Hansaring 45
☎ (0251) 6 74 32 06
Tägl. ab 20 Uhr

Watusi Bar

Exotik-Bar mit Giraffenkopf. Musik der Fünfziger, Sechziger und Siebziger.

Dortmunder Straße 34
☎ (0251) 1 36 51 72
Mo-Do 19-3 Uhr | Fr, Sa 19-5 Uhr

KREUZVIERTEL

Joducus

Gemütliche kleine Weinstube mit einer Vielzahl offener Weine, Käsegebäck aus eigener Herstellung. Für Biertrinker ist mit Pinkus aus der Flasche gesorgt.

Finkenstraße 17
☎ (0251) 27 38 93
Mo-Sa ab 19-1 Uhr | So, Ft 20-24 Uhr

Meyer's

Knallrote, gutbesuchte Viertelkneipe im Schatten der Kreuzkirche.

Kampstraße 26
① (0251) 27 47 00
Mo-Sa 18-1 Uhr
So 18-24 Uhr
www.dasmeyers.de

Nordstern

Gutbürgerliche Küche, berühmt für die Brathähnchen.
Nachbarn aus dem Viertel und Kegelfreunde treffen auf Nachteulen und späte Einkehrer, die Freunden aus aller Welt ein kultiges Stück Münster zeigen.

Hoyastraße 3
① (0251) 2 21 41
Mo-Fr 16-3 Uhr
Sa, So 11-3 Uhr

ERPHOVIERTEL

Garbo

Sehr nettes Kinocafé im Cinema mit Abendkarte, Biogemüse und fair gehandeltem Kaffee und Tee. Film- und Kunstzeitschriften. Sonntags Frühstück bis 14.30 Uhr – da freut sich der Student.

Warendorfer Straße 45-47
① (0251) 3 03 00
Mo-Sa 15-0.30 Uhr
So 10-22.15 Uhr
t 12-22.15 Uhr

el bodegón

Nette Bedienung in der Tapasbar mit original spanischen Köstlichkeiten und Weinen.

Warendorfer Straße 43
① (0251) 3 94 43 96
Tägl. 17-1 Uhr

Le Midi

Gastwirt Wolfgang Krause hatte schon halb Cadaqués in seine gleichnamige ehemalige Kneipe geholt. Da er aber ebenso viele Souvenirs aus Südfrankreich gesammelt hat, zapft er nun im französischen Ambiente. Weine befreundeter Winzer, Paella, Couscous und französische Küche. Regelmäßig Kleinkunst und Chansons.

Bohlweg 37
① (0251) 4 45 39
Tägl. 18-1 Uhr

Café Garbo: Amüsement wie zu Gretas Zeiten

Discotheken und Musikclubs

INNENSTADT

Elephant-Lounge
Disco in einer Fußgängerpassage auch für reifere Ausgehlustige – samstags ab 37.

Roggenmarkt 15
① (0251) 4 32 00
Mi, Fr, Sa, vor Feiertagen 21–5 Uhr
www.elephant-lounge.de

Klup
Tim Humpe von den *H-Blockx* hat hier einen schick-gemütlichen Club eingerichtet.

Königsstraße 45
① (0251) 4 84 35 19
Di–Sa 22–5 Uhr
www.klup.net

Salsomania
Salsa-Tanzschule mit Tanzcafé. Heiße Rhythmen und Latin-Hits.

Mauritzstraße 30
① Tel. (0251) 9 81 64 70
Mi, Sa ab 21 Uhr
Fr ab 22.30 Uhr
www.salsomania.de

Schwarzes Schaf
Partystimmung für die ganz Jungen.

Alter Fischmarkt 26
① (0251) 4 84 35 77
Mi–Sa
www.schwarzes-schaf-muenster.de

BAHNHOFSNÄHE

Cuba Nova
Mediterrane Küche, Dachterrasse Konzerte, Partyprogramm auf zwe Dancefloors.

Der Turntable läuft heiß im *Klup*.

Achtermannstraße 10-12
① (0251) 4 82 82 00
Mo-Fr 12.30 -14.30 Uhr und ab 18 Uhr
Sa 19 Uhr bis spät | So 10-14 Uhr
www.cuba-nova.de

Gleis 22

The Blood Brothers aus Seattle bringen das *Gleis* zum Kochen.

Ein verrückter ehrenamtlicher Haufen im Jib (Jugendinformations- und Beratungszentrum der Stadt) liebt Partys und Konzerte. Auch wenn Musiker schon mal nackt spielen oder auf der Bühne in Cola-Flaschen pinkeln – die Konzerte (Indie-Rock, Garagen-Punk, Emo-Core, Power-Pop, Ska) gehören zum Besten, was die Szene zu bieten hat. Tagsüber gibt es vegetarisches Mittagessen.

Hafenstraße 34
① (0251) 492 58 58
Mo, Di, Do, Fr 12-18 Uhr
Mi 12-15 Uhr
Und zu Abendveranstaltungen.
www.gleis22.de

GoGo/Rose Club

Der Ausgehklassiker zählt noch immer zu den zuverlässigsten Club-Adressen der Stadt. Inhaber Marc Brouwer stellt sich selbst gern noch mal an die Turntables.

Wolbecker Straße 1
① (0251) 4 57 26
Mi 22-5 Uhr
Fr, Sa, vor Feiertagen 22-6 Uhr
www.gogo-roseclub.de

Nachtcafé

Junges Abtanzen bei freiem Eintritt.

Bahnhofstraße 44
Mi, Fr, Sa 21-5 Uhr
www.nachtcafe-muenster.de

RUND UM DAS STADTTHEATER

Grand Café

Partys und Cocktails.

Hörster Straße 51
① (0251) 5 75 17
Do 18-1 Uhr
Mi, Fr, Sa 20-5 Uhr
www.grand-cafe.de

Lounge 54

Lounge und Club auf zwei Ebenen. Kein Einlass unter 27 Jahren an den Wochenenden.

Hörster Straße 10-11
① (0251) 5 75 16
Mi, Fr, Sa 21-5 Uhr
www.lounge-54.de

Theatercafé
Am Wochenende Partystimmung bis tief in die Nacht im Stadttheater.

Neubrückenstraße 63
① (0251) 51 13 29
Di-Do, So 18.30-24 Uhr
Fr, Sa 18.30 - max. 5 Uhr

HAFENVIERTEL

Amp
Rockiger Tanzclub in der ehemaligen Bananenreiferei am alten Güterbahnhof.

Hafenstraße 64
Mi-Sa ab 22 Uhr

Hot Jazz Club
Kneipe und Club im Kellergewölbe. Anspruchsvolles Gastspielprogramm mit ungewöhnlichen Künstlern. Jazz, Soul, lateinamerikanische Rhythmen, Blues.

Hafenweg 26b
① (0251) 68 66 79 10
Mo-Do 18-1 Uhr | Sa, So 18-3 Uhr
www.hotjazzclub.de

Komponist Burkhard Fincke live im *Hot Jazz Club*

Halle Münsterland
Weder Musikclub noch Disco, aber Veranstaltungsort großer Konzerte und Events wie Europas größter Kegelparty.

Albersloher Weg 32
① (0251) 6 60 00
www.halle-muensterland.de

Ihr erstes Deutschlandkonzert gaben die *Rolling Stones* am 11. September 1965 in der *Halle Münsterland*.

AM HAWERKAMP

Club Favela
Buntes musikalisches Programm zwischen House, Gothic, Metal und Drum'n'Bass. Anlaufstelle für späte Nachtschwärmer im *Fusion*-Gebäude.

Am Hawerkamp 31f
www.clubfavela.de

Fusion
Techno, House und Chilling. Rock- und Reggae-Events, manchmal Konzerte. Privatdetektiv Wilsberg ermittelte hier.

Am Hawerkamp 31
(0251) 48 16 90
Nur zu Veranstaltungen geöffnet.
www.fusion-club.de

Sputnikhalle
Rock, Alternative, Indie, Hardcore. Jenseits des Mainstream. Konzertschuppen und Rockdisco in der ehemaligen Fabrikhalle.

Am Hawerkamp 31
(0251) 66 20 62
Fr, Sa 23-5 Uhr
www.sputnikhalle.com

Triptychon
Das *Triptychon* war einer der ersten Clubs auf dem Hawerkampgelände. Partys und Konzerte.

Am Hawerkamp 31
(0251) 66 18 88
Nur zu Veranstaltungen geöffnet.
www.triptychon.de.ms (Fanseite)

Fusion, Electronic Music Club am Hawerkamp

SÜDVIERTEL

Luna Bar
Kultiger Plüschladen im ehemaligen Animieretablissement. Gelegentliche Live-Acts.

Hammer Straße 35
Tägl. ab 22 Uhr
www.luna-bar.net

Der Weg zum Hawerkampgelände

Zu Fuß (ca. 15 Min.)
Man verlässt den Bahnhof durch den Ostausgang und geht nach rechts durch die Bremer Straße, dann weiter geradeaus über die Kreuzung Hansaring in den Albersloher Weg, folgt dem Linksknick vorbei an Cineplex und Halle Münsterland. Bei Opel Kiffe biegt man rechts in die Straße Am Hawerkamp, der man bis zum Ende folgt.

Per Bus
Tagsüber: Linie 6 oder 8 bis Haltestellte Halle Münsterland. Zurück fährt der Nachtbus, allerdings nur bis drei Uhr.

Die Münster Arkaden

EINKAUFEN

Shoppen zwischen Bögen und Arkaden

Modische Avantgarde und feine Klassiker, schicke Dessous und individuelle Accessoires, kulinarische Köstlichkeiten und feine Antiquitäten. Die Einkaufsstraßen der City, aber auch die Läden in den angrenzenden Vierteln, laden ein zum Bummeln, Stöbern und Shoppen. Ob große Marke oder kleines Fachgeschäft – in den Flaniermeilen Prinzipalmarkt, Salz- und Ludgeristraße und Kiepenkerlviertel macht die Vielfalt des Angebots den Einkauf zum Vergnügen. Für den besonderen Reiz sorgt die Mischung. Der individuelle Stil der zahlreichen inhabergeführten Geschäfte, Marken-Stores wie Jil Sander, Marc Cain, Orwell oder Marc O'Polo, kleinere und größere Ketten. Überall laden Cafés ein, um sich für die nächste Anprobe zu stärken oder den Menschen beim Flanieren zuzusehen.

Kulturgenuss und Kauflust liegen nahe beieinander, schließlich kann man sogar vom Stadt- oder Picassomuseum in die angrenzenden Einkaufspassagen gehen. Aktueller Lifestyle ist genauso zu finden wie extravagantes Design und Dekoration, Bücher und Schmuck ebenso wie Souvenirs oder Kunst. Die Händler in der Straße Spiekerhof sind vor allem auf Antiquitäten und Einrichtungsideen spezialisiert. Selten verlassen die Besucher Münster ohne eine Delikatesse als Präsent oder für die Gaumenfreude im eigenen Zuhause. Das Schwarzbrot Pumpernickel gehört dazu wie der Münster-Kaffee, Pralinen, Gebäck und Marzipan der Konditoren.

In den Münster Arkaden haben die Geschäfte werktags von 8 bis 20 Uhr, samstags bis 18 Uhr geöffnet. Die meisten Läden in der Innenstadt verkaufen wochentags bis 19 Uhr, die großen Kaufhäuser bis 20 Uhr. Am Samstag kann es einem passieren, dass Geschäfte schon um 16 Uhr schließen.

Die Kaufleute vom Prinzipalmarkt:
www.prinzipalmarkt.de
Die Münster Arkaden:
www.muenster-arkaden.de

Shopping-Adressen

Mode und Accessoires	242
Spielwaren und Kinderkleidung	246
Bücher, CDs und DVDs	247
Schönes und Praktisches	249
Delikatessen	251
Schmuck	252
Antiquitäten und Möbel	253
Haut und Haare	254

Mode und Accessoires

INNENSTADT

Atomic Swing
Witzige T-Shirts und Schlaghosen, Riesenposter und Taschen aus Lkw-Plane.

Winkelstraße 10 | ① (0251) 4 70 49

Benetton
Fashion-Queen Claudia Seegers führte in den achtziger Jahren den Hip-Modeladen *ChaCha* und berät nun hier ebenso witzig wie charmant.

Prinzipalmarkt 11 | ① (0251) 4 82 98 13

df
Sehr exklusive Dessous und Bademoden.

Roggenmarkt 6 | ① (0251) 4 66 11

Elfi
Designerkleidung und ausgefallene Dessous für die Dame; kleinere Abteilung für den Herrn, z.B. Belstaff.

Prinzipalmarkt 24-26 | ① (0251) 4 56 33

Hasard
Junge Mode und Accessoires im 1. und 2. Stock, auch an der Rothenburg 22.

Ludgeristraße 110-111 | ① (0251) 4 38 03

Hasardeur
Top-Designermode. Marken wie Prada, Akris, Dolce e Gabbana, Miu Miu oder Miyake.

*Alter Steinweg 1
① (0251) 4 75 20
www.hasardeur.de*

Koch
So macht Anprobieren Freude. Gute Beratung in Sachen Dessous, Wäsche- und Strumpfmoden.

Ludgeristraße 72 | ① (0251) 4 20 20

Le Shop
Originelle junge Mode der Marken SpringCourt und Kana Beach bei Verena und Rolf. Der Eingang liegt an der Schützenstraße.

*Ludgeristraße 67-69
① (0251) 4 44 66
www.le-shop-ms.de*

Stylisch: *Le Shop*

Malefiz
Unkonventionelle Mode – und da: schon seit den siebziger Jahren Top-Adresse für Boots, Westernstiefel und individuelle Kleidung. Klein Auswahl an Herrenmode, verschie

dene Modestile für Mädchen und Frauen. Christel Bunnefeld (alias Buntes Feld) berät bestens und gibt Styling-Tipps. Marken wie Sendra, Hobo, Ana Alcazar, Aemkei, American Apparel, Drykorn und Rheintöchter.

Rothenburg 45
① (0251) 4 41 12
www.malefiz-shop.de

Mannefeld
Edle Mode für sie und ihn.

Roggenmarkt 7
① (0251) 4 33 14
www.mannefeld.de

Medusa
Winziger Laden, großes Angebot für Mädchen und Frauen, die jugendliche Mode suchen. Marken wie Fornarina, Blutsschwester, Vive Maria, Pussy Deluxe. Gürtel, Schuhe, Taschen und kitschig-schöne Kleinigkeiten.

Syndikatsgasse 9 | ① (0251) 74 77 98 89

Polly
Kleiner Laden mit tollen Unikaten von Designern. Mode für Kids (z.B. Baby of the Beast) und Ladies (z.B. Fornarina, Red Rabbit, Motel). Unkompliziertes Stöbern, während die Kleinen sich am Maltisch beschäftigen.

Lütke Gasse 19-21
① (0251) 4 90 48 65
www.polly-shop.de

Traditionshaus *Schnitzler* am Prinzipalmarkt

Schnitzler
Traditionsreiches Modehaus am Prinzipalmarkt, das die Lebensstationen vieler Münsteraner von Kindesbeinen an modisch begleitet. Mit Kaffeebar und Kinderecke. U.a. Strenesse, Bogner, Armani, JOOP.
Im Eingang am Prinzipalmarkt 40 weisen Markierungen im Fußboden auf Münsters Bebauung um 1150 hin.

Prinzipalmarkt 40 und 43
① (0251) 41 49 00
www.modehaus-schnitzler.de

Signorello by Linea Italiana
Klassisch-schöne und individuelle Mode. Original italienische Kleidung und Schuhe.

Königspassage
① (0251) 5 15 14
www.signorello.de

SØR
Internationale Herrenmode von führenden Luxusmarken.

Roggenmarkt 2
(0251) 4 40 98
www.lenius.com

Tepe
Markenmode von Jil Sander, Strenesse bis D & G und Donna Karan. Junge Abteilung im Erdgeschoss.

Prinzipalmarkt 19
(0251) 48 45 00
www.tepe.de

Titus Rollsport
Zentrale des Skate-Imperiums von Titus Dittmann. Das Kaufhaus im alten Apollo-Kino ist das Nonplusultra für Skater, Jugendliche und Erwachsene, die sportliche Mode lieben.

Königsstraße 32-33
(0251) 14 49 90
www.titus.de

Second-Hand-Schätzchen aus europäischen Metropolen bei *Used Fashion Underground*

Ulmenhof Sylt
Die Fahrt in Deutschlands hohen Norden kann man sich sparen. Hier ist die Filiale der Sylter Boutique mit feschen Marken für sie und ihn.

Rothenburg 14-16
(0251) 9 81 10 84
www.ulmenhof.com

Used Underground Fashion
Zwischen Domplatz und Rothenburg geht man nur eine Treppe hinunter – und schon startet eine Zeitreise durch die Modegeschichte. Kornelia Damer und Wolfgang Pletzer sind in ganz Europa unterwegs und entdecken in London, Paris oder Amsterdam modische Raritäten. Ein Fashionparadies, das selbst Modedesigner in Begeisterung versetzt. Der Eingang liegt am Geisbergweg.

Domplatz 6-7
(0251) 5 86 31
www.used-underground-fashion.eu

Weitkamp
Exklusive Herrenmode und Maßanfertigung.

Prinzipalmarkt 6-7
(0251) 5 47 22
www.weitkamp-online.com

Zumnorde
Alteingesessenes und größtes Schuhhaus Münsters. Hier weiß de Nachwuchs von heute die Holz-

rutschbahn ebenso zu schätzen wie seine Eltern früher.

Prinzipalmarkt 34 | ☎ (0251) 2 02 90

Zumnorde, Rutschvergnügen beim Schuhkauf

KIEPENKERLVIERTEL

Accessori
Feine Krawatten, Hemden und Jacken. Ausgefallene Taschen, Gürtel und Tücher. Kenzo, Versace, Moschino & Co.

Spiekerhof 1
☎ (0251) 5 66 44

Peters Men-Shop
Exklusive Mode und Accessoires aus Italien, von Cerruti 1881 über Ludwig Reiter bis Kiton, Schuhe aus Wien. Zusammen mit der Wäsche kann man auch gleich den Wein und Pasta für das Abendessen kaufen.

Bogenstraße 15-16
☎ (0251) 5 42 83
www.peters-menshop.de

Stefan Krursel – der Schuhsalon
Edles Schuhwerk, Lederwaren und Geschenkideen. Aktuelle Kollektionen von Unützer, Brunate, Crockett & Jones, Strenesse.
Ebenfalls im Angebot: Kaffee und Schokolade aus der *roestbar* sowie internationale Modezeitschriften.

Bogenstraße 4
☎ (0251) 4 84 48 48
www.krursel.com

IN BAHNHOFSNÄHE

Teufelsküche
Gothic-Fans geht das Herz auf. Historische Mode, Schmuck, Doc Martens-Boots, Perücken.

Bahnhofstraße 6 | ☎ (0251) 5 10 58 51
www.teufelskueche.net

RUND UM DAS STADTTHEATER

Colette
Tolle Designerkleidung aus zweiter Hand – häufig wie nagelneu. Gucci, Prada, Armani, Dries van Noten.
Mit Glück bekommt man Jil Sander-Taschen zum Schnäppchenpreis.

Hörsterstraße 39 | ☎ (0251) 4 84 24 82

Old Daddy
Junge Mode, neu und aus zweiter Hand.

Mauritzstraße 4-6
☎ (0251) 4 84 24 61

Ralph Gladen

Der Münsteraner Modedesigner zieht internationale Kunden an. Prominente wie Thomas Gottschalk lassen sich die ungewöhnlichen Kreationen auf den Leib schneidern. Im Ralph Gladen MonoStore sind die neuesten Kollektionen, inspiriert aus den großen Modemetropolen, zu sehen.

Hörsterstraße 20
① (02534) 97 78 20
www.ralphgladen.de

KUHVIERTEL

mon a mour

Die beiden Mädels bieten Haar- und Makeup-Styling plus bunter Mode. Witzige, bestickte Einzelteile, frische neue Marken.

Jüdefelder Straße 43
① (0251) 4 84 03 56
www.monamour-muenster.de

HAFENVIERTEL

Spiegelburg

Die Modedesignerin Siggi Spiegelburg zieht internationale Kundinnen und Kunden an und überrascht in ihrem Geschäft immer wieder neu mit origineller Ware und Schmuckkollektion (Yuta Pasch). Für beides gilt: Siggi Spiegelburg schwelgt in schönen Stoffen und Farben. Die ausgefallene Mode ihrer Maßschneiderei trägt unverwechselbar ihre Handschrift. Überall in der Welt kauft sie für ihre Kunden schöne Dinge ein – von Tapeten über Tücher bis zu Vasen oder Körben aus Afrika.

Hafenweg 28 | ① (0251) 1 33 36 31

Spielwaren und Kinderkleidung

INNENSTADT

Die kleine Hose

Edles für Kinder bis Größe 176 und Schuhe bis Größe 40. Hier werden auch kleine, schlanke Frauen fündig. Kenzo, DKNY oder Lily Gaufrette.

Königsstraße 51-53 | ① (0251) 4 56 20

Kokon

Schickes Styling macht die Schwangerschaft noch schöner. Auch Babykleidung. Im selben Ladenlokal wie *Die kleine Hose*.

Königsstraße 51-53
① (0251) 4 49 99
www.kokon-muenster.de

MuKK

Münsters ungewöhnliches Kinderkaufhaus ist ein wahres Kinderparadies. Die Kleinen sind über Stunden in der riesigen Spielzeugwelt versunken. Auch die Großen lassen sich oft schwer von schönen Puppen oder Steifftieren weglocken. Eine kleine Filiale befindet sich auch in den Münster Arkaden.

Voßgasse 3
① (0251) 4 52 32
www.mukk.de

MuKK, großes Kinderparadies

Bücher, CDs und DVDs

INNENSTADT

Discoteca
Wein und Klassik-CDs in angenehmem Ambiente.

Windthorststraße 48
① (0251) 5 67 54

Jörgs CD-Forum
Die letzte unabhängige Anlaufstelle für Popularmusikliebhaber in Münsters Innenstadt.

Alter Steinweg 4-5
① (0251) 5 88 89
www.cd-forum.com

Medium Mini
Buchmarkt und modernes Antiquariat. Reichlich Sonderangebote.

Roggenmarkt 15 | ① (0251) 4 30 47

Michael Solder
Antiquariat. Geisteswissenschaften, Kunst, Lexika und natürlich Wilsberg-DVDs.

Frauenstraße 49/50
① (0251) 4 53 39
www.antiquariat.net/solder

Poertgen-Herder
Haus der Bücher auf vier Stockwerken, auch Münster-relevante Schriften sowie Bücher in Münsterländer Platt und Masematte.

Salzstraße 56
① (0251) 49 01 40
www.thalia.de

Ringold
Spezialisiert auf theologische Bücher. Außerdem Belletristik und meditative Musik auf CD. Am *Erbdrostenhof*.

Ringoldsgasse 1-2 | ① (0251) 4 33 23

Rosta
Die Alternative in Münster für jede Art von Literatur und Treffpunkt der *Büchergilde Gutenberg*.

Aegidiistraße 12
① (0251) 4 49 26
www.rosta-online.de

Salamon

Bilder, Karten, Bücher und eine große Auswahl an Kalendern beim ehemaligen Rock-Bassisten Jürgen Salamon und seiner Gattin Gerlinde.

Windthorststraße 45-47
① (0251) 6 25 54 06

Salamon

Thalia

Großzügige Filiale der Buchhandelskette in den Münster Arkaden. Lädt ein zum Verweilen. Umfangreiche Auswahl an Münster-Literatur.

Ludgeristraße 100 | ① (0251) 41 86 00
www.thalia.de

KIEPENKERLVIERTEL

eXtrabuch

Aktuelle Fachliteratur aus den Bereichen Architektur, Fotografie, Kunst und Design.

Spiekerhof 23
① (0251) 8 99 37 14

IN BAHNHOFSNÄHE

Bahnhofsbuchhandlung Falter

Nationale und internationale Presse, Comics, Hörbücher und Reiselektüre im Hauptbahnhof.

Bahnhofsstraße 15 | ① (0251) 1 32 32 55

Comic Planet

Gut sortierter Comicladen.

Bremer Platz 44 | ① (0251) 9 22 59 86

Green Hell Records

Underground Music und Punkrock-Spezialitäten aus Expertenhand. Viel Vinyl.

Von-Steuben-Straße 17
① (0251) 4 77 00
www.greenhell.de

Der *Green Hell*-Laden vor der Sanierung

Zühlke

Über 6 000 Zeitungen und Zeitschriften, Fachbücher und alles für die Reise neben dem Haupteingang vom Bahnhof.

Von-Steuben-Straße 17
① (0251) 4 77 00

RUND UM DAS STADTTHEATER

Delibrium
Antiquariat von Liebhaber Eugen Küpper.

Hörsterstraße 35
① (0251) 51 88 70

Schatzinsel
Engagierter Kinder- und Jugendbuchladen.

Neubrückenstraße 72
① (0251) 4 84 48 80
www.buchhandlung-schatzinsel.de

KUHVIERTEL

Ellens Buchhandlung
Individuelle Auswahl an Taschenbüchern, Belletristik, Kinder- und Jugendbüchern.

Münzstraße 48 | ① (0251) 5 74 41
www.ellens-buecher.de

Medium Buchmarkt
Modernes Antiquariat, preisreduzierte Bücher aus den Bereichen Kunst, Architektur, Design, Fotografie, Kochen und Kinder, Reiseliteratur. Und ein umfassendes Angebot an Musikbüchern. Als der Laden noch in der Kreuzstraße war, jobbte ein Student namens Götz Alsmann bei *Medium*.

Rosenstraße 5-6
① (0251) 4 60 00
www.mediumbooks.de

Musikbücher bei *Medium*

HAFENVIERTEL

Bang! Bang! Records
Retro-Sound der fünfziger bis siebziger, Ska, Soul, Funk und einiges mehr. Beim Probehören der alten Vinylschätzchen serviert Inhaber Doc Müller auch gerne einen Kaffee.

Soester Straße 43
① (0251) 6 25 67 43

Schönes und Praktisches

INNENSTADT

Crazy
Verrückte Gag-Artikel.

Rothenburg 52
① (0251) 4 43 44

Kösters
Das Haus für Wohnkultur ist seit 1891 eine feine Adresse für ebenso feines Porzellan. Modernes Design

und Antiquitäten, Besteck und das gesamte Kochequipment. Da stellen Brautpaare gerne ihre Wunschliste zusammen.

Prinzipalmarkt 45-46
① (0251) 4 28 73
www.koesters-online.com

Kuhlmann
Traditionshaus für Devotionalien, Souvenirs, christliches Kunsthandwerk und Kerzen.

Salzstraße 11-13
① (0251) 4 34 37
www.kuhlmann-muenster.de

Luftschloß
Der Laden für Kitsch und edle Unikate, Geschenke und Design wie Mickey Mouse, Pylones, en Soie Zürich.

Rothenburg 37 | ① (0251) 4 09 40
www.luftschloss-muenster.de

Münster Shop
Der Laden für Münster-Souvenirs, gegenüber von Karstadt. Vom akustischen Stadtführer *Citywalk* über T-Shirts und Schokolade bis zum Münster-Krimi.

Heinrich-Brüning-Straße 7
① (0251) 4 90 49 88
www.muenster-shop.de

Papierpalast
Alles für die perfekte Geschenkverpackung in der Königspassage.

Königsstraße 12-14
① (0251) 51 17 16
www.papierpalast.de

Papiertiger
Schönes aus Papier und exklusive Schreibgeräte.

Klosterstraße 1
① (0251) 51 89 22

Per'la Donna
Modeschmuck und Perlen aus aller Welt – auch zum Selbermachen; handgearbeitete Accessoires.

Neubrückenstraße 27
① (0251) 6 25 30 63

Tucano
Zum Schweben: Hängematten und Wohntextilien aus aller Welt.

Salzstraße 14-15
① (0251) 4 24 45
www.tucano-gmbh.com

Souvenirs im *Münster Shop*

Tuchfühlung Kemper

In Rita Kempers Maßschneiderei und Stoffhandel gibt es Designerstoffe zum Beispiel von Chanel, Versace oder Valentino. Auch Komplettausstattung für Bräute.

Georgskommende 9
(0251) 4 90 27 65

Voilà

Schmuck zum Selbermachen. Ein Meer von Perlen, Knöpfen und Bordüren.

Ludgeristraße 61
(0251) 4 75 75

KIEPENKERLVIERTEL

Herlitzius

Seit 1881 weiß Familie Herlitzius, welche Schneidwaren den besten Schliff haben. Küchenzubehör und eigene Werkstatt.

Bogenstraße 8
(0251) 5 60 46

KREUZVIERTEL

tischkultur!

Außergewöhnliche Deko-Artikel für die heimische Tafel und Feste aller Art. Geschenke und Schmuck. Innenraumberatung.

Melchersstraße 30
(0251) 27 92 73

Delikatessen

INNENSTADT

Aux Chocolats

Köstlichkeiten von französischen Chocolatiers. Ein Besuch in dem duftenden Laden betört die Sinne.

Königstraße 46
(0251) 48 82 08 00

Bären-Treff

Lustiger Fruchtgummiladen.

Windthorststraße 45
(0251) 4 68 84
www.baeren-treff.de

Flaschengeist

Originelles Lädchen für Wein, Öl, Essig und Artverwandtes mit zweiter Filiale in der Harsewinkelgasse 1-4.

Salzstraße 40
(0251) 1 44 99 90
www.flaschengeist.de

Hassenkamp

Edle Weinhandlung seit 1840 in dem Gebäude aus dem Jahr 1911.

Ludgeristraße 58/59
(0251) 4 38 43
www.hassenkamp.de

SuperBioMarkt

Gesund und lecker – hier geht beides. Die Münsteraner Kette hat allein in dieser Stadt vier weitere Filialen.

Ludgeristraße 100
① (0251) 6 86 50 33
www.superbiomarkt.de

Tollkötter

Tollkötters Hausbrot wird in die ganze Welt exportiert. Das alte Familienrezept verlangt eine aufwändige Zubereitung und lange Reifezeit des Teiges. Die Traditionsbäckerei hat sieben Filialen in der Innenstadt.

Rothenburg 20
① (0251) 4 03 77
www.tollkoetter.de

KIEPENKERLVIERTEL

Butterhandlung Holstein

Ein Delikatessengeschäft, das nicht nur in Münster seinesgleichen sucht. Die Butterhandlung existiert schon seit den zwanziger Jahren und hat längst nicht mehr nur Molkereiprodukte im Sortiment.

Den Kunden läuft schon an der Ladentheke angesichts der hausgemachten Salate, Köstlichkeiten aus der Region und internationaler Delikatessen das Wasser im Mund zusammen. Exil-Münsteraner warten sehnsüchtig auf den Besuch aus der Heimatstadt, der pflichtgemäß die Dill-Senf-Sauce von *Holstein* im Gepäck hat.

Bogenstraße 9
① (0251) 4 49 44
www.butterhandlung-holstein.de

Delikatessen aus nah und fern in der *Butterhandlung Holstein*

Teehaus Tropic

Duftendes Lädchen bietet Tee, Gewürze, asiatische Lebensmittel, Buddhafiguren und netten Nippes.

Spiekerhof 32 | ① (0251) 5 59 44

KUHVIERTEL

La Bodega

Urlaubsstimmung im winzigen Lädchen bei Serrano-Schinken, Manchego-Käse und Weinen aus Spanien.

Rosenstraße 2 | ① (0251) 4 14 07 53

Schmuck

INNENSTADT

Alte Armbanduhren

Hochwertige Zeitmesser, z.B. Rolex, Breitling, Hamilton.

Königsstraße 15
① (0251) 5 60 42
www.alte-armbanduhr.de

Creole

Schmuck-Boutique mit angeschlossenem Piercing-Studio.

Salzstraße 61
① (0251) 4 53 03
www.creole-piercing.de

Freisfeld

Luxuskollektionen wie Bulgari, Jaeger Le Coultre und Eigenkollektion an zwei Standorten (auch Klemensstraße 1). Andreas Freisfeld ist Gründer des Collegium Cadoro. Der Slogan für Freisfelds Schmuckideen aus Münster: Westfälische Strenge, die über die Stränge schlägt.

Salzstraße 36
① (0251) 48 22 50
www.freisfeld.com

Marrying bei Nonhoff

Trauringe in Gold und Platin in den Münster Arkaden.

Ludgeristraße 100
① (0251) 6 86 77 66
www.marrying.de

Oeding-Erdel

Hochwertiges Sortiment an Luxusuhren, Perlen und schönem Schmuck für alle Lebenslagen.

Prinzipalmarkt 29 | ① (0251) 59 05 30
www.oeding-erdel.de

J.C. Osthues

Das älteste Schmuckfachgeschäft Deutschlands, ein Traditionsjuwelier seit 1756.
Eigenkollektion und Unikate, Schmuck und Uhren renommierter Hersteller wie Cartier, Jochen Pohl oder Niessing.

Prinzipalmarkt 35
① (0251) 48 27 44
www.juwelier-osthues.de

KUHVIERTEL

Müller Tenckhoff

Schmuckstücke aus Meisterhand. Individuelle Eigenkollektion und Anfertigungen nach Kundenwünschen.

Kreuzstraße 33
① (0251) 4 38 56
www.mueller-tenckhoff.de

Antiquitäten und Möbel

KIEPENKERLVIERTEL

Antiquitäten Eibel

Schönes Geschäft auf Münsters Antiquitätenmeile am Spiekerhof.
Original Biedermeier- und Barockmöbel. Dazu antike und wertvolle neue Silbergegenstände.

Spiekerhof 2
① (0251) 6 20 58 10

Antiquitäten Magdalena Pehrs

Feine Antiquitäten. Möbel, Schmuck, Silber und Porzellan aus drei Jahrhunderten.

Spiekerhof 40
☎ (0251) 51 82 48
www.pehrs.de

Kunsthandel Peter Schlächter

Antikes aus verschiedenen Stilepochen plus modernes Design. Die Kollekton *Masterpieces* des Münsteraner Designers Dieter Sieger ist nicht nur in Moskau, New York und Dubai, sondern auch am Spiekerhof zu sehen.

Spiekerhof 6-11 | ☎ (0251) 4 20 02
www.kunst-handel.com

KUHVIERTEL

Belle Époque

Inhaberin Rita Overmann hat Freude an schönen Möbeln und Schmuck der zwanziger Jahre. Eine weitere Filiale ist an der Hörsterstraße 49-50.

Rosenplatz 10 | ☎ (0251) 51 13 07

HAFENVIERTEL

Krukenkamp am Kai

Ausgefallene Möbel und hochwertige Wohnaccessoires.

Hafenweg 14
☎ (0251) 4 90 97 97
www.krukenkamp.de

Haut und Haare

INNENSTADT

Hülya exklusiv

Maniküre, japanische Entspannungsmassagen und typgerechte Haarschnitte über *Café Grotemeyer*.

Salzstraße 24
☎ (0251) 4 84 46 06
www.friseur-huelya.de

Junge Köpfe

Preiswerte Haarschnitte ohne Termin.

Moltkestraße 5-7
☎ (0251) 2 84 48 41
www.junge-köpfe.de (mit ö!)

Kosmetik Bazar

Kleines, aber gut sortiertes Lädchen für Naturkosmetikprodukte.

Ludgeristraße 68
☎ (0251) 51 85 05

Kosmetikstudio Isabell

Top-Nagelstudio und Permanent-Make-Up in der Königspassage.

Königsstraße 14
☎ (0251) 52 58 82

Ostendorf

Individuelle Beratung und Privatparfümerie.
Exklusive Parfüms von Etro, englische Düfte (Floris, Creed) oder Düfte aus dem Oman wie Amouage.

Rothenburg 46
① (0251) 4 43 25

RUND UM DAS STADTTHEATER

Koch
Klassisch-guter Friseursalon.

Neubrückenstraße 59
① (0251) 4 56 71

United Beauty
Haareschneiden und Entspannen in der Ruheoase bei Ulrich und Rudolf. Exklusives Day-Spa in der alten Ziegelsteinvilla. Produkte mit reinen Pflanzen- und Blütenessenzen wie Aveda.

Hörsterstraße 54
① (0251) 4 36 73
www.ulrich-und-rudolf.de

HAFENVIERTEL

Cabelo
Frisiersalon, Farblichttherapie, Permanent Make-Up, Wimperndauerwelle.

Hafenweg 46-48
① (0251) 6 74 43 33
www.cabelo.de

Kaiserschnitt
Trend-Frisuren bei Bodypainting-Künstler Dirk Muerköster und seinem Team. Außerdem werden Make-Up-Workshops angeboten.

Avantgarde à la *Kaiserschnitt*.
Prof. Landois mit seinem Vogelnistkasten im Zylinder wäre begeistert gewesen.

Bernhard-Ernst-Straße 21
① (0251) 53 43 53
www.kaiserschnitt.de

Tätowiersucht
Die Fans lassen sich von Tanina Palazzolo stechen.

Hansaring 34
① (0251) 4 36 51
www.taetowiersucht.de

KREUZVIERTEL

Udo S.
In-Friseur mit eigenem Kosmetikstudio.

Maximilianstraße 29
① (0251) 29 64 37
www.udo-s.com

HILTRUP

Profumo
Parfümerie und Kosmetikinstitut mit Produkten wie La Prairie. Bei Tina Coloma können Sie entspannende Behandlungen genießen.

Marktallee 48
① (02501) 88 86
www.profumo-parfuemerie.de

PRAKTISCHE HINWEISE

Ärztliche Notdienste

Für Kassenpatienten:
(0251) 1 92 92 bzw.
(02501) 1 92 92 für MS-Hiltrup

Für privat Versicherte:
(0251) 48 82 08 84

Zahnärztlicher Notdienst:
(0251) 1 44 95 88

Reise-Informationen

Anreise
...mit dem Auto
Münster ist von Norden und Süden gut über die A 1 zu erreichen. Aus Richtung Süden verläuft ab Wuppertal auch die A 43, auf der oft mit etwas weniger Verkehrsaufkommen zu rechnen ist.

Anreise
...mit der Bahn
Vom Bahnhof mit seinen IC, ICE und EC-Verbindungen erreichen Sie die Innenstadt zu Fuß in wenigen Minuten. Lassen Sie sich durch den Bahnhof nicht von einem Münster-Besuch abschrecken!
Leider ist dieser Ort nicht nur ein hässliches Entrée in die Stadt, sondern mit großem Gepäck und besonders für körperlich gehandicapte Menschen sehr beschwerlich.

Hauptbahnhof Münster. Fühlen Sie sich trotzdem willkommen.

Anreise
...mit dem Flugzeug
Der internationale Verkehrsflughafen Münster-Osnabrück ist per Bus- und Taxitransfer in ca. 25 Minuten zu erreichen, der Flughafen Dortmund ist nur circa 30 Autominuten entfernt.

Flughafen Münster-Osnabrück
www.fmo.de

Übernachtungs-möglichkeiten

Günstige Unterkünfte	257
Hotels in Mittlerer Preiskategorie	257
Luxushotels	259

Günstige Unterkünfte

IN BAHNHOFSNÄHE

Sleep Station
1-8 Bettenzimmer zu kleinen Preisen, nicht nur für Rucksackreisende.

Wolbecker Straße 1
48155 Münster
☎ (0251) 4 82 81 55
www.sleep-station.de

AM AASEE

Jugendgästehaus Aasee
Ein Jugendherbergsausweis ist erforderlich.

Bismarckallee 31
48151 Münster
☎ (0251) 5 30 28 12
www.djh.de

SÜDVIERTEL

Hotel Krone
Ideal für junge Leute, familiäre Atmosphäre. Die angeschlossene Kneipe serviert leckere Salate und italienische Gerichte (Mo-Fr 11.30-1 Uhr | Sa 10.30-1 Uhr | So 10.30-24 Uhr).

Hammer Straße 67
48153 Münster
☎ (0251) 7 38 68
www.hotel-ami.de/hotel/krone-muenster

AN DER WERSE

Campingplatz Münster

Laerer Werseufer 7
48157 Münster
☎ (0251) 31 19 82
www.campingplatz-muenster.de

Hotels in mittlerer Preiskategorie

INNENSTADT

Central Hotel
Schönes Hotel mit Faible für Kunst. So hängt zum Beispiel in jedem Zimmer mindestens ein Kunstwerk von Joseph Beuys.

Aegidiistraße 1
48143 Münster
☎ (0251) 51 01 50
www.central-hotel-muenster.de

Hotel Feldmann
Mittendrin und trotzdem ruhig. Restaurant mit feiner, regionaler Küche (Mo-Sa 12-14.30 Uhr und ab 28 Uhr).

*An der Clemenskirche 14
48143 Münster
☎ 0151/41 44 90
www.hotel-feldmann.de*

Stadthotel Münster

Angenehmes Hotel in der City. Wenn Wahl-Berliner Henning Wehland von den *H-Blockx* seine Heimatstadt besucht, hält man Zimmer 101 bereit – für ihn „das schönste der Stadt". Das Restaurant hat Mo-Sa 11-14.30 Uhr und 18-22 Uhr sowie So 11-14.30 Uhr geöffnet.

*Aegidiistraße 21
48143 Münster
☎ (0251) 4 81 20
www.stadthotel-muenster.de*

KIEPENKERLVIERTEL

Hotel Busche

Drehplatz für die Filmlegende *Alle Jahre wieder* am Kiepenkerldenkmal. Spuren aus den sechziger Jahren lassen sich noch entdecken.

*Bogenstraße 10
48143 Münster
☎ (0251) 4 64 44
www.hotel-busche.de*

IN BAHNHOFSNÄHE

Hotel Kaiserhof

4-Sterne-Hotel direkt am Bahnhof. Restaurant *Luisensaal* Mo-Sa 12-14 Uhr und 18-22 Uhr.

*Bahnhofstraße 14
48143Münster
☎ (0251) 4 17 80
www.kaiserhof-muenster.de*

Hotel Mercure

Logis-Chef Çetin Coşkan brachte die türkische Gastfreundschaft nach Westfalen. 4 Sterne. Internationale Küche im Restaurant (tägl. 12-14.30 Uhr und 18.30-22 Uhr).

*Engelstraße 39
48143 Münster
☎ (0251) 4 17 10
www.mercure.com*

AM AASEE

Hotel Mövenpick

4-Sterne-Hotel mitten im Grünen am Aasee. Gute Küche im Restaurant *Chesa Roessli* (tägl. 6.30-23.30 Uhr).

*Kardinal-von-Galen-Ring 65
48149 Münster
☎ (0251) 8 90 20
www.moevenpick-hotels.com*

MÜNSTER-NORD

Hotel Wienburg

Kleines Hotel mitten im idyllischen Wienburgpark. Das Restaurant ist ein beliebtes Ausflugslokal (Di-So 7-24 Uhr).

*Kanalstraße 237 | 48147 Münster
☎ (0251) 2 01 28 00
www.wienburg.de*

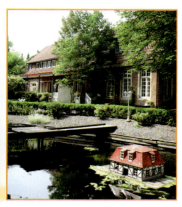

Ausflugsziel *Wienburg*

Luxushotels

MÜNSTER-WEST

Schloß Wilkinghege
Idyllisches Hotel in der Wasserburg mit prachtvollen Sälen und Salons im Spätrenaissancesti. Nahe dem Herrensitz aus dem 16. Jahrhundert liegt ein 18-Loch Golfplatz mit alten Bäumen. Das Restaurant bietet hervorragende klassische Küche (tägl. 12-14 Uhr und 18-22 Uhr).

Steinfurter Straße 374
48159 Münster
① (0251) 14 42 70
www.schloss-wilkinghege.de

ROXEL

Parkhotel Schloß Hohenfeld
Gehobene Gastlichkeit mitten im schönen Park. Im Kaminzimmer wird fürstlich gespeist (tägl. 12-21.30 Uhr).

Dingbängerweg 400
48161 Münster
① (02534) 80 80
www.parkhotel-hohenfeld.de

HANDORF

Ringhotel Landhaus Eggert
Wellness-Hotel im Gutshofcharakter mit Blick auf die Werseauen. Inmitten der Münsterländer Parklandschaft. Ausgezeichnetes Restaurant (tägl. 12-13.45 Uhr und 18-21 Uhr)

Zur Haskenau 81
48157 Münster
① (0251) 32 80 40
www.landhaus-eggert.de

Romantikhotel Hof zur Linde
Familie Löfken führt das Hotel im rustikal-edlen Landhausstil. Das angeschlossene Restaurant lockt mit Herdfeuer und erstklassiger Küche (tägl. 12-14 Uhr und ab 18.30 Uhr).

Hotel *Schloß Wilkinghege*

*Handorfer Werseufer 1
48157 Münster
① (0251) 3 27 50
www.hof-zur-linde.de*

HILTRUP

Best Western Premier Hotel Krautkrämer
Hotel am See. Ausgezeichnete Küche und erlesene Weine. Hier soll Hollands Weltklassespieler Johann Cruyff 1974 zur Fußball-WM eine Pool-Orgie veranstaltet haben. Nicht bewiesen ist, dass diese Meldung in der Bildzeitung die Kicker um Franz Beckenbauer zum legendären Geist von Malente beflügelt hat. Im Restaurant gibt es westfälische Küche mit Einflüssen aus der ganzen Welt (tägl. 7-23 Uhr).

*Zum Hiltruper See 173
① (02501) 80 50
www.krautkraemer.de*

Informieren über Münster

Münster Information
Geballte Information – kostenlos und übersichtlich. Touristeninformationen vom Golf-Guide bis zum Busplan, Programme der Kulturbetriebe, aktuelle Tipps und Stadtpläne. Gegenüber Karstadt.

*Heinrich-Brüning-Straße 9
48143 Münster
① (0251) 4 92 27 10
Mo-Fr 9.30-18 Uhr | Sa 9.30-13 Uhr
www.muenster.de/tourismus*

Münster Marketing/ Touristik-Angebote
Münster-Arrangements und Hotelbuchungen, Ballonfahrten, Gourmetreisen oder Literaturausflüge für Einzelgäste und Gruppen.

*Klemensstraße 10 | 48143 Münster
① (0251) 4 92 27 26
www.tourismus.muenster.de*

Fremdenverkehrsverband Münsterland Touristik, Grünes Band e.V.
Pauschalangebote von der Pättkestour bis zur Schlösserroute; Ferienwohnungen, Urlaub auf dem Bauernhof. Freizeitkarten und Kataloge.

*An der Hohen Schule 13 | 48565 Steinfurt
① (02551) 93 92 91
kostenlose Service-Hotline:
 0800/9 39 29 19
www.muensterland-tourismus.de*

StattReisen
Sightseeing mit großem Unterhaltungswert. Historische Stadtrundgänge, Radtouren ins Umland oder kreative Stadtspiele. Themenführungen mal gruselig, mal amüsant, unter literarischen und kulinarischen Aspekten. Berühmt ist der Nachtwächter-Rundgang im Laternenschein.

*Rothenburg 47 | 48143 Münster
① (0251) 4 14 03 33*

Info-Line (0251) 41 40 35 5
Mo-Do 10-13 Uhr
und 14.30-16.30 Uhr | Fr 10-13 Uhr
www.stattreisen-muenster.de

Selbstverständlich per Fahrrad: Der StattReisen-Nachtwächter auf dem Weg zur Arbeit

Medien vor Ort

Der ortsansässige Aschendorff Verlag hat schon zwischen 1763 und 1849 das *Münsterische Intelligenzblatt* herausgegeben. Bei der Namensgebung für die Zeitung war man später bescheidener: *Westfälische Nachrichten* heißt die Tageszeitung, die von den Münsteranern „die große Zeitung" genannt wird. Ebenso etabliert ist „die Kleine", die *Münstersche Zeitung*.

Menschen mit Interesse an junger Kultur informieren sich 14-tägig im *Ultimo* oder jeden Monat im *GIG*. Beide Stadtmagazine liegen kostenlos in Kneipen und Geschäften aus, ebenso die wöchentlich erscheinende *Na dann*, die wegen ihres Veranstaltungskalenders und umfangreichen WG-Wohnungsmarktes Pflichtlektüre für alle Studierenden ist.

Die beiden Service-Guides *Münster kauft ein* und *Münster geht aus* liegen entweder kostenlos aus oder können in den Buchhandlungen *Thalia* und *Poertgen-Herder* für kleines Geld erworben werden. Das ebenfalls kostenfrei ausliegende Interviewmagazin *Stadtgeflüster* stellt Münsteraner und prominente Fans der Stadt vor. Die Wochenzeitungen, die umsonst an alle Haushalte verteilt werden, heißen *Kaufen und Sparen*, *Hallo Münster*, *Münstersche Sonntagszeitung* und *Münster am Sonntag*. Obdachlose bieten ihre Zeitung *draußen!* monatlich in der Fußgängerzone der Innenstadt an.

Das Landesstudio Münster des WDR sorgt für Regionalnachrichten in Funk und Fernsehen. Der private, lokale Radiosender heißt Antenne Münster (95,4 MHz), der Campus-Sender für Studierende Radio Q (90.9 MHz).

Im Buchhandel erhalten Sie das Hörbuch *Citywalk Münster*, das Ihnen einen akustischen Stadtrundgang beschert.

Die Tageszeitungen:
www.westline.de
Ultimo:
www.ultimo-muenster.de
GIG:
www.gig-online.de
Na Dann:
www.nadann.de
Stadtgeflüster:
www.stadtgeflüster-muenster.de

WDR:
www.wdr.de/studio/muenster
Antenne Münster:
www.antenne-muenster.de
Radio Q:
www.radioq.de
Citywalk:
www.citywalk.ms

Stadtlupe e.V.

Bei der Freizeitgestaltung in Münster hilft der Verein Stadtlupe im *Stadthaus 1.*
Angeboten werden Führungen durch die Stadt, Touren per Fahrrad, Heißluftballon oder Kutsche, Fahrten zu den Wasserburgen im Umland, sportliche Aktivitäten, Kinderbelustigungen und kulturelle Events.

Klemensstraße 10
48143 Münster
① (0251) 4 92 27 70
Mo-Fr 9.30-18 Uhr
Sa 9.30-13 Uhr
www.stadt-lupe.de

Autonome Frauenforschungsstelle Schwarze Witwe Münster e.V.

Der feministische Ort in Münster seit Mitte der achtziger Jahre. Frauenarchiv und Bibliothek zu allen Themen aus der Frauenperspektive mit Nachschlagewerken und über 50 Zeitschriften und Videos.

Die Frauenforschungsstelle bietet auch Führungen durch die Stadt an, bei denen man das Frauenleben in Münster von einst und jetzt kennenlernt. Erstaunliche Begebenheiten, Schicksale, Frauenberufe, lustige und traurige Ereignisse.
Außerdem haben die Historikerinnen Rundgänge in einfacher Sprache sowie für Gehörlose und Blinde entwickelt.

Achtermannstraße 10-12
48143 Münster
① (0251) 51 11 95
Mo 14-16 Uhr | Di-Fr 10-12 Uhr
www.muenster.org/schwarze-witwe
www.muenster.org/frauenstadtrundgang

Kirchenfoyer Münster

Ausstellungen und Informationen zum kirchlichen Leben in der Stadt. Gottesdienstzeiten entnimmt man dem hier ausliegenden Flyer oder der Tageszeitung.

Salzstraße 1
48143 Münster
① (0251) 4 84 19 45
Mo-Fr 10 -18 Uhr | Sa 10-16 Uhr
www.kirchenfoyer.de

Karten-Vorverkauf

Billets für die meisten kulturellen Veranstaltungen erhalten Sie bei den Geschäftsstellen der beiden örtlichen Tageszeitungen:

MZ Ticket Corner

Drubbel 20
48143 Münster
① (0251) 5 92 52 52
Mo-Fr 9-18 Uhr | Sa 9-13 Uhr

WN-Ticket-Shop

Prinzipalmarkt 13-14
48143 Münster
① (0251) 69 05 93
Mo-Fr 9-18 Uhr | Sa 9-13 Uhr

TIPP für Menschen mit Behinderungen

Ausführliches Material, Wegweiser und einen Stadtplan bekommt man in der Münster-Information. Im Internet informiert der Online-Stadtführer KOMM Münster. Hier gibt es auch Faxvordrucke für einen Notruf.

Hörgeschädigte Menschen bestellen ihr Taxi per Fax bei der Taxi-Zentrale (0251) 9 87 79 47 oder bei Taxi-Ruf (0251) 2 55 19.

Auch in Tastmodellen können die Besucher einen Eindruck von Münster bekommen: Bronzemodelle der Innenstadt stehen zwischen Rathaus und Domplatz sowie auf dem Lambertikirchplatz. Eine Beschreibung in Blindenschrift ergänzt die Modelle.

Die Altstadt mit den Gebäuden innerhalb des Promenadenrings steht als Modell am Ende der Salzstraße vor dem Kino Stadt New York und auf dem Hindenburgplatz.

Eine Bronzetafel in der Form des Rathauses ist gegenüber vom Rathaus angebracht und ermöglicht blinden Menschen das Ertasten der Form des Giebels. Eine weitere Tafel in Blindenschrift gibt Einblicke in die Geschichte des Rathauses.

Das bundesweit beachtete Buch *Münster – ein Reiseführer in leichter Sprache* des Vereins *Zugvogel* führt Menschen, die Lernschwierigkeiten haben oder nicht gut lesen können, durch die Stadt.

Außerdem können Rundgänge in leichter Sprache sowie für Sehbehinderte und Gehörlose bei der Frauenforschungsstelle nachgefragt werden.

Münster zum Anfassen

KOMM Münster: www.muenster.de/komm

Mobil in Münster

Fahrradverleiher

Münster lässt sich prima per Drahtesel erkunden. Hier können Sie Räder ausleihen:

Radstation am Bahnhof

Die Leihgebühr beträgt 7 Euro am Tag. Für 70 Cent pro Tag können Sie auch Ihr eigenes Fahrrad parken.

Berliner Platz 27a
① (0251) 4 84 01 70
www.muenster.de/stadt/radstation

Fahrräder Bernhard Kneuertz
Jüdefelderstraße 55a | ① (0251) 4 29 86

Weitere Fahrradverleiher in Münster: www.muenster.de/stadt/tourismus/anreise_radverleih.html

Auto

In der Innenstadt gibt es Parkhäuser am Theater, an der Stubengasse und unter dem Aegidiimarkt. Rund um den Bahnhof sind sie an der Bahnhofstraße, dem Bremer Platz und an der Engelenschanze. Kosten: 1€ pro Stunde, höchstens 10 € am Tag.

Parkhäuser in Münster:
www.stadt-muenster.de/parkhaeuser

Münsters Radstation ist mit 3 300 Stellplätzen die größte in Deutschland.

Autovermietungen

AVIS Autovermietung
Georgskommende 10
☏ *(0251) 4 31 43*
www.avis.de

Hertz Autovermietung GmbH
Geister Landweg 3
☏ *(0251) 7 62 45 03*
www.hertz.de

Sixt GmbH & Co.
Autovermietung KG
Weseler Straße 539
☏ *(0251) 32 53 10*
www.e-sixt.de

Bus und Bahn
In Münster fährt jeder Linienbus über den Hauptbahnhof. So muss man höchstens einmal umsteigen, egal wohin man möchte.

Busfahrplan für Münster und das Münsterland im Internet:
www.stadtwerke-muenster.de
Download auf das Mobiltelefon:
www.mofahr.de

Mobilé
Fahrkartenverkauf für Bus und Bahn gegenüber dem Hauptbahnhof.

Berliner Platz 22
☏ *01803/50 40 30 (kostenpflichtig)*
Mo-Fr 7-19 Uhr | Sa 9-14 Uhr
www.mobile-muenster.de

Taxi
Hier werden Sie gefahren:

Taxi-Zentrale	(0251) 6 00 11
City Taxi	(0251) 2 27 00
TaxiRuf	(0251) 2 55 00

DIE AUTOREN

Christa Farwick

Die Autorin arbeitet in der Werbe- und Medienbranche, ist freie Journalistin und PR-Spezialistin. Als junge Reporterin erforschte sie mit Empathie das Leben des Münsterländers. Im Studium der Ethnologie führte sie der Weg dann zu den außereuropäischen Kulturen.
Seit Jahren ist Christa Farwick im Kulturleben der Stadt fest verwurzelt. Mit ihrem Know-how macht sie sich auch für die freie Kulturszene in Münster stark und kann dabei beruflich ihren Leidenschaften Theater und Film frönen. Mit ebenso großem Vergnügen ist sie Mutter, ihr Sohn Fabian wurde 1989 geboren.

Adam Riese

Der Münsteraner Adam Riese wurde in den 80er Jahren als Sänger von Punkrock-Bands wie *Die Fidelen Schwager* oder *Äni(x)Väx* populär. Vor allem *Äni(x)Väx* spielten spektakuläre Konzerte in allen Winkeln der Republik. Schon damals war Riese auch als Entertainer unterwegs.
In den 90ern war er Veranstalter obskurer Events und wurde Münsters erster Schlager-DJ. Riese moderiert seither Musikfestivals, Shows, Filmpartys und politische Diskussionen. Zwischendurch erlebt man ihn bei Lesungen eigener Texte.
2001 schuf er ein Internetlexikon über Münsters Kulturszene der 80er Jahre. Ende 2004 veröffentlichte er den *Citywalk Münster*, einen akustischen Stadtführer im Hörbuch-Format.

Christa Farwick und Adam Riese

Danke!

Für ihre Zeilen:
Dr. Götz Alsmann, Christoph Busch, Hannes Demming, Titus Dittmann, Mechthild Großmarn, Wolfgang Hölker, Jürgen Kehrer, Ingrid Klimke, Barbara Müller, Dr. h.c. Ludwig Poullain, Dieter Sieger, Henning Wehland

Für Rat und Tat:
Jutta Balster, Josef Bromenne, Ulla Flesch, Yvonne Happe, Hiltrud Herbst, Thomas Holz, Josef Horstmöller, Dr. Gabriele Kahlert-Dunkel, Devrim Karahasan, Dr. Thomas Kleinknecht, Prof. Dr. Kaspe-König, Rainer Kossuch, Petra Landwerth, Antonia Lotz, Benni Meier, Roman Mensing, Claudia Miklis, Anne Neugebauer, Dr. Carina Plath, Anja Reining-Evering, Christel Riese, Wolfgang Scherbening, Jürgen Schröder, Gabi Seifert, Hermann Stagnier, Steffi Stephan, Anne Surmund, Martin Trunz, Babsi Vahle, Nadja von Lüpke, Joscha Werschbizky

Für das Korrekturlesen:
Ylva Schwoon

Für Herz und Verstand:
Meram Karahasan
Fabian Farwick

TIPPS ZUM WEITERLESEN

Die umfassendste Sammlung von Münster-Literatur ist die Privatbibliothek von Walter Kutsch. Hier sind Rezensionen, Presseartikel und die komplette Literatur zu finden, die direkt oder indirekt mit Münster zu tun hat.
Datenbank von Walter Kusch:
www.muenster.org/kutsch

Reiseliteratur

Baer-Schremmer, Ann:
Der Ausflugs-Verführer Münsterland. Ars vivendi, 2005.
Bauhüs, Helmut:
Das Münsterland. Die 100 Schlösser-Route. Ehrler-Mühle Verlag, 2006.
Reichert-Maja, Erika:
Münster – Kinder auf den Spuren der Stadt. Aschendorff Verlag, 2005.
Steinbicker, Otmar:
Die schönsten Radtouren im Münsterland. BVA Bielefelder Verlag, 1994.

Sachbücher

Balster, Jutta:
Clara Ratzka. Leben und Werk einer münsterschen Schriftstellerin. Aschendorff Verlag, 2002.

Balster, Jutta:
Das Kreuzviertel in Münster. Bilder aus seiner Geschichte. Aschendorff-Verlag, 2004.

Hagemann, Karl:
Schöne Kirchen im Münsterland. Aschendorff Verlag, 2001.

Möllenhoff, Gisela und Schlautmann-Overmeyer, Rita:
Jüdische Familien in Münster, Bd. 2/2, 1935-1945. Verlag Westfälisches Dampfboot, 2001.

Rademacher, Jörg W. und Steinhagen, Christian:
Gelehrtes Münster und rundum. Der Dichter und Denker Stadtplan, Band 1988, Jena Verlag 1800, 2005.

Schulz, Petra und Bell, Erpho (Hg.):
Meine Seele ist auf der Spitze meiner Feder. Amalia Fürstin von Gallitzin (1748–1806). Ardey Verlag, 1998.

Justin, Harald:
Gut geraten – Das Münster-Quiz. Daedalus Verlag, 2004

Ratzka, Clara:
Familie Brake. Roman. Agenda Verlag, 2000

Riese, Adam:
Citywalk – Münsters akustischer Stadtführer auf CD, BASS, 2005.

Belletristik und Unterhaltung

Als Jürgen Kehrer 1990 seinen ersten Münster-Krimi mit dem Privatdetektiv Georg Wilsberg schrieb, war er ein Vorreiter; mittlerweile gibt es reichlich Mordgeschichten mit münsterländischem Lokalkolorit von Autoren wie Ursula Meyer, Andre Lütke-Bohmert, Andreas Busch, Gisela Pauly, Michael Bresser und Martin Springenberg.

Register ausgewählter Stichworte

0-9

100 Arme der Guan-yin 55
32 Cars for the 20th Century: Play Mozart's Requiem quietly 157, 158

A

Aa 58, 98f
Aasee 11, 71, 99f, 110, 115, 121, 138f, 152, 155, 158ff, 172, 175f, 181
Aaseitenweg 98f
Abt, Felicitas 124
Adams, Dennis 52
Adams, Kim 158
Adler, Jörg 184
Aegidiikirche 54
Alexander VII., Papst 17, 21, 205
Alle Jahre wieder 42, 185f, 209, 258
Allwetterzoo – siehe Zoo
Alphaville 199
Alsmann, Götz 59f, 64, 100, 196, 201
Altbier 138, 205, 215, 221f
Angelmodde 102, 128
Anneke, Mathilde Franziska 124
Archäologisches Museum 49, 50, 170
Asher, Michael 155
Astronomische Uhr 31, 46
Aufstieg, der 25
Ausstellungshalle Zeitgenössische Kunst 37, 92, 180f
Auto Office Haus 158

B

Baumberge 42, 65, 67, 98, 104f, 114
Bäumer, Heinrich 54
Baumgarten, Lothar 37, 159
Beerbaum, Ludger 109

Ben-Ner, Guy 157
Beuys, Joseph 61, 154, 257
Bibelmuseum 171
Bierkrieg 135ff
Blickst Du hinauf und liest die Worte 161
Blücher, General Gebhard Leberecht von 45, 65, 146
Bockelson, Johann – siehe Leyden, Jan van
Bolles-Wilson, Julia 29
Bomberg, der Tolle 51, 81f, 133ff
Botanischer Garten 70f, 159
Brabender, Heinrich 76, 164
Breilmann, Rudolf 98
Bruno, Bruder 69
Buddenboem, Elsa 124
Buddenturm 63, 75ff, 82
Bünichmann, Greta 124
Buren, Daniel 158
Bus Shelter IV 52
Busch, Christoph 38, 184, 218
Busche, Hotel 42, 258
Bußmann, Klaus 153f

C

Camerun, Romy 199f
Cavete 221f, 231
Chigi, Fabio – siehe Alexander VII.
Chillida, Eduardo 21
Cineplex 91, 188
Clemenskirche 16, 23ff, 28
Coppenrath Verlag 91, 93, 184
Corfey, Friedrich von 28

D

Demming, Hannes 190f
Dialog mit Johann Conrad Schlaun 177
Diözesanbibliothek 59
Dittmann, Titus 56, 112, 244

Divara 35, 38
Dolomit zugeschnitten 98f
Dom 14f, 16, 18, 31, 42ff, 58, 104, 141, 145, 155, 186, 206
Domburg 16, 42, 45
Domdechanei 48
Dominikanerkirche 28f
Domkammer 47, 169f
Domplatz 23, 42ff, 120, 157, 164, 207, 263
Donald, Howard 74, 225
Dortmund-Ems-Kanal 11, 83, 87ff, 103, 139, 146, 233f
Drei Irrlichter 37, 159
Drei rotierende Quadrate Variation II 154
Dreißigjähriger Krieg 20f, 67, 145, 148
Droste-Hülshoff, Annette von 39, 76f, 104, 125, 127, 128ff, 146, 157, 176
Drostenhof 103
Druffelscher Hof 52
Dune 59, 199
Dyckburg, Haus 102

E

Ehning, Markus 109
Erbdrostenhof 16, 24ff, 27ff, 145, 227
Erkmen, Ayşe 155
Essink, Franz 51, 133, 134ff
Eurocityfest 121
Euthymia – siehe Maria Euthymia, Schwester

F

Fahrrad 10ff, 17, 49, 62f, 64, 72, 111, 122, 152, 157f, 261, 262, 264
Felix Maria Harpenau 135ff
familia sacra – siehe Kreis von Münster, der
Felix, der Hase 93, 184
Filmfestival Münster 122, 182, 187, 188
Filmwerkstatt Münster 183, 187
Fleige, Heinrich 77

Flohmarkt 63, 120
Freundlich, Otto 25
Friedenssaal 18, 20ff, 42, 118, 123, 145, 168f, 196
Fürstenberg, Franz von 11, 49, 50f, 63, 67, 96, 124, 126ff, 145

G

Galen, Christoph Bernhard von 45, 47f, 145, 169
Galen, Kardinal Clemens August Graf von 32, 42f, 48, 144, 146
Gallitzin, Amalie von 39, 51, 70, 102, 126ff, 130, 146
Gegenläufige Konzert, das 97, 159
Geisberg, Max 76, 79
Genzken, Isa 159
Geologisch-Paläontologisches Museum 48ff, 170
Gerdemann, Linus 111
Gerdes, Ludger 159
Giant Pool Balls 152, 155, 159f
Glockenspiele 31, 46, 52, 57
Gock, Lutz 91f
Goethe, Johann Wolfgang von 35, 39f, 127, 130, 146, 161, 190f
Goldenberg, Siegfried 144
Gorbatschow, Michail 147
Graphikmuseum Pablo Picasso 16, 17, 52f, 56, 167f, 207, 241
Großmann, Mechthild 182
Guldenarm, Haus 52
Gute Montag, der 119, 121

H

Hafen 11, 61, 83ff, 141, 146, 184, 188, 192, 204, 215, 224, 226, 233f
Hafenfest 121
Hafenviertel 83ff
Hamann, Johann Georg 70, 127

Handorf 102, 218
Hanse 26f, 31, 45, 47,104, 121, 122, 145
Haus der Niederlande 30
Hawerkamp 95, 179, 196, 225, 238f
H-Blockx 59, 199f, 224, 236, 258
Heeremannscher Hof 53f
Heidenreich, Adolph 26
Hemsterhuis, Franz 127
Hertel, Hilger 32, 79
Herz-Jesu-Kirche 83
Herzog, Emmy 184
Heuss, Theodor 41
Hexen 123f
Hindenburgplatz 61ff, 111, 120ff, 142, 263
Hittorf, Johann Wilhelm 78
Hockende Weib, das 107
Höfer, Carsten 194
Hölker, Wolfgang 64, 92
Holthaus, Anna 124
Holland – siehe Niederlande
Horn, Rebecca 97, 159
Horsteberg 42, 44, 210
Houshiary, Shirazeh 156
Huang Yong Ping 55
Hülshoff, Burg 104, 129f, 146

J

Johannimloh, Norbert 38
Jovel 88, 197, 198
Judd, Donald 162
Jüdische Gemeinde in Münster 45, 142f, 146

K

Kabakov, Ilya 161, 179
Kanonenbischof – siehe Galen, Christoph Bernhard von
Kapuzinerkloster 54, 69,
Karneval 22, 26, 62, 120, 194

Karstens, Mike 92, 179
Kehrer, Jürgen 38, 168, 183
Kettelerscher Hof 53
Kiepenkerl 40f, 176
Kiepenkerldenkmal 16, 40ff
Kiepenkerlviertel 40ff, 98
Kippenberger, Martin 157
Kirschensäule 206
Kleihues, Josef Paul 92, 104
Kleimann, Adolph 76
Klein-Muffi 11, 83ff
Klimke, Ingrid 49, 109
Klimke, Reiner 109
Knipperdolling, Bernd 35ff
Knüppel, Adolf 20, 23
König, Kasper 40, 153f
Koons, Jeff 40f
Krameramtshaus 30
Kreativkai – siehe Hafen
Krechting, Bernd 37
Krechting, Heinrich 35ff
Kreis von Münster, der 51, 70, 126ff, 130
Kreuzkirche 74, 75, 78f, 83, 182, 235
Kreuzschanze 76, 79, 157
Kreuztor 17, 76, 128
Kreuzviertel 11, 49, 72ff, 121, 167, 188
Kronenburg 223f
KÜ 103
Kuhlmann, Philipp 31
Kuhviertel 11, 58, 86, 221f
Kunstakademie Münster 161, 165, 181
Kunsthaus Kannen 177f
Kutscher, Marco 109

L

Lambertikirche 16, 29ff, 43, 58, 83, 132, 159, 168
Lambertussingen 119, 122
Landesmuseum – siehe Westfälisches Landesmuseum für Kunst und Kulturgeschichte
Landois, Hermann 51f, 77, 99f, 131ff, 134ff, 146, 172, 175, 184, 255

Lansink, Leonard 60, 182f
Large Vertebrae 58, 70f
Le Witt, Sol 159
Lehmann, Jens 74, 230
Lemper, Ute 198, 232
Leonardo-Campus 181
Lepramuseum Münster-Kinderhaus 178
Leyden, Jan van 35ff, 42, 123, 132, 145
Liebfrauen-Überwasserkirche 58f, 76, 221
Liefers, Jan Josef 69, 182f
Lindenberg, Udo 88, 197
Lipper, Wilhelm Ferdinand 26, 32, 65, 69, 124
Literaturverein 195
Liudger 44f, 145
LivCom Award 147
Löns, Hermann 75, 132
Loreto-Kapelle 102
Ludgerikirche 16, 54f
Lüdinghausen 105
Luftschutzbunker an der Lazarettstraße 75, 82
Luna Bar 223f, 239
Lyrikertreffen 120, 195

M

Maria Euthymia, Schwester 25
Marienplatz 55
Markt 11, 49, 120, 204
Masematte 11, 58, 83f, 233, 247
Mataré, Ewald 46
Mathys, Jan 34f
Mehring, Busso 185, 192
Merfelder Bruch 106
Metro-Net. Subway around the world 157
Meyerratken, Gerd 61, 215
Midy, Louis 81f, 134
Mimigernaford 17, 44
Modersohn, Otto 162f
Modersohn-Becker, Paula 162f
Montgolfiade 108, 121
Moore, Henry 70f

Mühlenhof, Freilichtmuseum 100, 115, 122, 160, 162, 175f
Müller, Barbara 122, 215
Müller, Pinkus – siehe Pinkus Müller
Münster Arkaden 53, 55f, 240f
Münster Monster Mastership 56, 121
Münster verwöhnt 121, 122
Münsterland-Giro 111, 122
Münster-Marathon 110f, 122
Museum für Lackkunst 170f

N

Nachi, Tomitaro 28
Nam June Paik 157f
Nationalsozialismus 32, 43, 97, 140ff, 146, 167, 171f
Naturkundemuseum 100, 132, 174f
Ney, Elisabeth 50, 125
Niederdeutsche Bühne 190f
Niederlande 21ff, 30, 37, 60, 83, 111
Nonhoff, Wilhelm 52f
Nordkirchen 106

O

Odeon 59f, 92, 152, 198ff
Oerscher Hof 17, 53, 179, 210
Ökologischer Markt 120
Oldenburg, Claes 152, 154f, 159f
Onkel Willi 196
Ostholt, Frank 109
Otterness, Tom 29
Overberg, Bernhard Heinrich 51, 127

P

Papst Benedikt XVI. – siehe Ratzinger, Joseph
Pardo, Jorge 160

Partnerstädte 28f
Paulinum 22, 44f, 131f
Petrikirche 98
Pinkus Müller 122, 136ff, 211, 215, 221f
Platt, Münsterländer 83, 133, 190f, 211, 247
Pleistermühle 102, 115, 217, 218
Poullain, Ludwig 71
Prinzipalmarkt 9, 16ff, 27, 35, 39, 40, 42, 56, 121, 122, 134, 137, 146, 158, 168, 182, 192, 206, 211, 222, 241, 243
Promenade 11, 12, 17, 31, 45, 58, 62f, 70, 72, 77, 96f, 110, 128, 138, 145, 157, 174, 187, 263
Pumpernickel 9, 205, 209, 241

R

Rathaus 16ff, 25, 37, 42, 45, 58, 62, 118, 119, 137, 147, 168f, 196, 263
Ratzinger, Joseph 43, 50, 111
Ratzka, Clara 186f, 267, 268
Rau, Johannes 169
Rickey, George 154
Rieselfelder 101
Rohrbach, Maria 138ff, 183
Romberger Hof 40, 189f
Rothmann, Bernhard 32, 37
Rückriem, Ulrich 98f, 154
Rüdiger, Elise 131
Rüller, Anton 35, 39, 77
Rüschhaus, Haus 130, 176f

S

Salzstraße 24ff, 31, 168, 263
Sanctuarium 157
Sandstein 24, 28, 42, 52, 65, 103, 104f, 176, 206
SC Preußen Münster 107
Schamoni, Peter 185, 209
Schamoni, Ulrich 185

Schauraum – Fest der Museen und Galerien 122
Schiff für Münster 159
Schlaun, Johann Conrad 24ff, 28, 32, 54, 63, 65ff, 69, 79, 96f, 102, 106, 145, 176, 210
Schloss Münster 24, 31, 42, 58, 60f, 62ff, 109, 121, 122, 141, 145, 157ff, 159
Schlosspark 12, 31, 69ff, 121, 127, 157, 214
Schneider, Helge 194, 212
Schneider, Robert 38
Schücking, Levin 131
Schütte, Thomas 206f
Sculptures on the Air 155f
Send 61f, 120ff
Sendenscher Hof 53
Serra, Richard 154, 177
Servatiikirche 25
Siebenjähriger Krieg 51, 96, 145
Sieger, Dieter 17, 77, 193, 254
Sinjen, Sabine 42, 185
Skateboard 56, 112, 121, 244
Skulptur Projekte 10, 37, 40, 48, 55, 97, 122, 147, 152ff, 165, 166, 207
Spiegel, Hugo 144
Spiegel, Paul 144
Spiegelburg, Siggi 92, 246
Sprickmann, Anton Mathias 127, 130
Stadtbücherei 29f
Stadthaus 1 23, 211, 262
Stadthausturm 31, 56f
Städtische Bühnen 40, 147, 189ff, 192, 201, 238
Stadtmuseum Münster 27, 80, 95, 133, 163, 166f, 168
Stadtweinhaus 20f
Stein, Edith 42, 60
Stein, Heinrich Friedrich Karl vom 65, 164
Steinthal, Fritz 144
Steinweg, Leo 184
Stephan, Steffi 88, 197f
Sternwarte 99
Swift, Jonathan 99
Synagoge 45, 141ff, 146

T

Take That 74, 225
Tatort 182f
Täufer 18, 31ff, 45, 59, 67, 76, 123, 132, 145, 159, 164, 168
Tecklenburg 107
Telgte 104
Terborch, Gerard 21f
Theater im Pumpenhaus 38, 186, 189, 191f, 214
Theater Titanick 87, 189
Toleranz durch Dialog 22ff
tom Ring, Hermann 20, 164
tom Ring, Ludger 47. 164
Tuckesburg 132f
Tüns, Marion 123, 147
Türmer von St. Lamberti 39
Turnier der Sieger 64, 109, 121

U

Überfrau 29
Überwasserkirche – siehe Liebfrauen-Überwasserkirche
Ulrichs, Timm 165f
Unschlitt/Tallow (Wärmeskulptur auf Zeit hin angelegt) 61
USC 107

V

Villa ten Hompel 143f, 171f
Villa Terfloth 75, 77
von Waldeck, Franz 35ff, 145
Voos, Dr. Julius 144
Vries, Hermann de 157

W

Wandscherer, Elisabeth 36
Wegmann, Fabian 111
Wehland, Henning 224, 258
Weihnachtsmarkt 120, 122
Weltzeituhr 31, 51
Werse 11, 102, 217ff
WestBam 59, 198ff
Westfälische Wilhelms-Universität 10, 49, 50f, 64, 67f, 70, 72, 78, 99, 111, 132, 140, 146, 159, 170f, 193, 221f
Westfälischer Friede 9, 17ff, 30, 123, 145, 147, 164, 168f
Westfälischer Kunstverein 153, 164, 166
Westfälisches Landesmuseum für Kunst und Kulturgeschichte 36, 48ff, 61, 71, 76, 153ff, 158, 163ff
Wewerka, Stefan 150f, 161, 181
Wewerka-Pavillon 161, 181
White Pyramid/Black Form, Dedicated to the Missing Jews 159
Wiedertäufer – siehe Täufer
Wienburg 72, 101, 258f
Wilsberg 38, 60, 61, 182f, 212, 238, 247, 268
Wilson, Peter 29
Wolbeck 37, 103
Wolfgang Borchert Theater 87, 91, 92, 189, 192

Z

Zoo 100, 115, 121, 131ff, 146, 160, 172ff, 184
Zwinger 63, 96f, 98

Bildnachweise

Allwetterzoo Münster: S. 173, 174 | Bistumsarchiv Münster: S. 170 links | Susanne Bakenecker: S. 100 | Jutta Balster: S. 79 | Thilo Beu: S. 189 | Ingrid Bleil: S. 11, 42, 49 oben, 88, 92, 93, 99, 190 rechts, 204, 206 (2 Bilder), 207, 208, 216 links, 221, 222, 231 links, 232 (2 Bilder), 233, 234 rechts, 248 links, 256, 264, 266 | Familie Bückmann: S. 26 unten, 146 unten | Joachim Busch (Presseamt Stadt Münster): S. 39, 175, 183 rechts, 190 links | Arturo Camus: S. 218 oben | Ellen Dabelstein: S. 197 links | Peter Grewer (Presseamt Stadt Münster): S. 64 links, 164 rechts | Willi Hänscheid (Presseamt Stadt Münster): S. 238 rechts | Dr. Herwig Happe: S. 18 (2 Bilder), 41, 47 oben, 205 | Wilfred Hiegemann (Presseamt Stadt Münster): S. 107 | Gabriel Hildebrand (Kungliga Myntkabinettet Stockholm): S. 17 unten | Wilfried Hockmann: S. 218 unten | Harald Hoffmann/www.haraldhoffmann.com: Umschlag (Alsmann) | Angelika Klauser (Presseamt Stadt Münster): S. 68, 103 | David Kluge: S. 187 | Sarah Koska/www.sarahkoska.com: S. 195 | Lehmann: S. 17 oben, 49 unten | LWL: S. 119, 185 | Roman Mensing/www.artcoc.de: S. 23 unten, 37, 150/151, 154, 156, 157, 160, 161, 162 | Münsterland Touristik Grünes Band e. V.: S. 109, 114 | Museum für Lackkunst: S. 171 | NDR: S. 139 | Till Oellerking: S. 194 | Otto-Modersohn-Museum, Fischerhude: S. 163 | Photocase/www.photocase.de: S. 10 | Dr. h.c. Ludwig Poullain: S. 71 oben | Presseamt Stadt Münster: S. 19, 20, 25, 27, 30 oben, 43, 53, 63, 102, 108, 110, 121, 123, 129, 132 oben (2 Bilder), 134, 142, 143, 145, 146 oben, 148/149, 167, 169, 170 rechts, 182, 223 | Holde Schneicer: S. 112 unten | Staatsbibliothek zu Berlin – Preußischer Kulturbesitz: S. 45 | Stadtarchiv Münster: S. 21, 22, 36 oben, 51 oben, 89, 125, 126, 128, 136 oben rechts, 141 links, 186 | StattReisen e.V.: S. 60 rechts, 261 | Rasmus Trunz: S. 56 oben, 112 oben | Timm Ulrichs: S. 165 | Matthias Wiedemann: S. 87 | Rüdiger Wölk/www.gutmensch.com: S. 71 unten, 115, Umschlag (Aasee) | Matthias Zölle: S. 168 oben | Villa ten Hompel: S. 172 | WDR: S. 183 links | Westfälisches Landesmuseum für Kunst und Kulturgeschichte Münster: S. 36 unten (Rudolf Wakonigg), 164 links

Alle anderen: M4Media (96 Bilder) und Privatarchiv (56 Bilder).

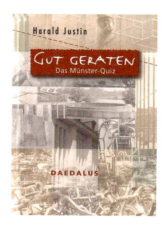

Harald Justin
Gut geraten
Das Münster-Quiz

3. Auflage
144 Seiten, zahlr. Abb.
ISBN-10: 3-89126-139-X
ISBN-13: 978-3-89126-139-2

„Wer mitmacht bei diesem vergnüglichen Quiz, lernt allerlei über Münster, und mancher wird sich eingestehen müssen, dass er doch eigentlich recht wenig wusste über die Stadt."
Westfälische Nachrichten

Fliegende Wörter
Postkartenkalender
56 Blatt – vierfarbig

Jedes Jahr neu – ab August:
53 Qualitätsgedichte zum
Verschreiben und Verbleiben.

„Der Literaturkalender gehört
einfach in jeden Haushalt."
Münstersche Zeitung

„Ein Klassiker."
Die Zeit

Daedalus Verlag

A

Aakamp C2
Achtermannstr. C3
Adenauerallee B3
Adolfstr. D2
Aegidiistr. B3
Albersloher Weg C4-D4
Alkuinstr. D4
Alsenstr. D1
Alter Fischmarkt C2
Alter Steinweg C2
Altumstr. B1
Am Hawerkamp D4
Am Hörster Friedhof C2
Am Kanonengraben B3
Am Kreuztor B2
Am Krug B4
Am Mittelhafen D4
Am Schlossgarten A2
Am Stadtgraben B2-B3
An den Bleichen B4
An den Mühlen B4
An der Apostelkirche C2
Annenstr. C4
Annette-Allee A3-B3
Antoniusstr. B4
Apenrader Str. D1
Apfelstaedtstr. A1
Auf der Horst D2
Augustastr. C4
Averkampstr. A4

B

Bäckergasse B2
Badestr. B2-B3
Bahlmannstr. C1
Bahnhofstr. C3-C4
Beckhofstr. D2
Beldensnyderweg D1-D2
Bergstr. B2-C2
Bernhard-Ernst-Str. C4
Bernhardstr. B4-C4
Bernsmeyerstiege D3
Bismarckallee A4-B3
Bispinghof B3
Blücherstr. C4
Blumenstr. B4
Boeckmannstiege B4
Bogenstr. C2
Bohlweg C2-D2
Breite Gasse B3
Bremer Str. C3-C4
Breul B2-C2
Brüderstr. D2
Brunnenstr. B4
Brunostr. D3
Büchnerstr. B1
Buddenstr. B2
Bült C2
Burchardstr. D2
Burgstr. B4

C

Carl-Diem-Weg A4
Catharina-Müller-Str. A1
Cheruskerring B1-C1
Coerdestr. B1-C2
Corrensstr. A1-A2

D

Dahlweg B4
Dammstr. C4
Dechaneistr. D2
Dettenstr. B1
Dieckstr. D1
Diepenbrockstr. D3
Dodostr. D2
Domagkstr. A2-A3
Domplatz B2-C2
Dondersring B4
Dorotheenstr. D3
Dortmunder Str. D3-D4
Drubbel C2
Dunantstr. A4
Dürerstr. B1-C1

E

Eckenerstr. C1
Edith-Stein-Str. A2
Egbertstr. D2
Einsteinstr. A2
Eisenbahnstr. C3
Elisabeth-Ney-Str. D2
Elisabethstr. C3
Emdener Str. D3-D4
Emsländer Weg C3
Engelstr. C3
Enkingweg C1-D1
Erphostr. D2
Ewaldistr. D3-D4

F

Ferdinand-Freiligrath-Str. B1
Ferdinandstr. C1
Finkenstr. B1-B2
Flandernstr. C1
Flensburger Str. D1
Försterstr. A2
Franz-Essink-Str. C1-D1
Franz-Ludwig-Weg B1
Frauenstr. B2
Friedensstr. D3
Friedrich-Ebert-Str. C4
Friedrichstr. C3
Friesenring B2
Frie-Vendt-Str. C4

Fritz-Greis-Weg B3
Fürstenbergstr. C2

G

Gartenstr. C1-C2
Gasselstiege A1
Geisbergweg C2-C3
Geiststr. B4
Georgskommende B3
Gereonstr. D2
Gerichtsstr. B2
Gertrudenstr. B1
Goebenstr. B4
Goerdelerstr. A4
Goldstr. C2-D1
Görresstr. B1
Gottfriedstr. B4
Graelstr. C4
Greifswaldweg D1
Grevener Str. A2-B1
Grimmstr. B1-B2
Gropperstr. C2-D2
Grüne Gasse B3
Grüner Krug B4
Gutenbergstr. D3

H

Hafengrenzweg D4
Hafenstr. C3-C4
Hafenweg C4-D4
Hagenschneiderweg C4
Hals B3
Hamburger Str. C3-D3
Hammer Str. B4-C3
Hansaring C4-D3
Harsewinkelgasse C3
Havichhorststr. D2
Heerdestr. B2

Heinrich-Brüning-Str. C2-C3
Heisstr. D3
Hermannstr. B3-B4
Hedwigstr. B1
Himmelreichallee A3-B3
Hindenburgplatz B2
Hittorfstr. A2
Hochstr. B4
Hohenzollernring D2-D3
Hoher Heckenweg C1-D1
Hollenbeckerstr. B2
Holsteiner Str. D1
Hoppendamm B4
Hoppengarten D1
Hornstr. B4
Horsteberg C2
Hörsterstr. C2
Horstmarer Landweg A1
Hötteweg C3
Hoyastr. B1
Huberstr. A4
Hubertistr. D4
Hüfferstr. A2-A3
Humborgweg B2

I

Innsbruckweg D1

J

Jägerstr. B4-C4
Jahnstr. B1
Jeilerstr. C2-D2
Jessingstr. A1
Johannisstr. B3
Johanniterstr. C3-D3
Josefstr. B4
Jöttenweg A3
Jüdefelderstr. B2

Junkerstr. C4

K

Kaiser-Wilhelm-Ring D2
Kampstr. B1-B2
Kanalstr. C1
Kanonierstr. B1
Kapuzinerstr. A1
Kardinal-von-Galen-Ring A3-A4
Karlstr. C2
Kastellstr. B3
Katharinenstr. D3
Katthagen B2
Kellermannstr. B1
Kerßenbrockstr. C1
Kettelerstr. B1-C1
Kiesekamps Mühle D4
Kinderhauser Str. B1
Kirchstr. D2
Kleimannstr. B2
Kleine Wienburgstr. B1
Klemensstr. C3
Klosterstr. C3
Kolde-Ring A4-B4
Kolpingstr. C1-D1
Königsstr. B3-C3
Korduanenstr. C2
Körnerstr. B3-B4
Kreuzschanze B2
Kreuzstr. B2
Kronprinzenstr. C4
Krumme Str. B3
Krummer Timpen B2-B3
Kuhstr. B2
Kurze Str. B4

L

Lambertistr. D4
Landoisstr. A3
Langemarckstr. C1
Lazarettstr. B2
Leerer Str. D4
Leonardo Campus A1
Leostr. C4
Levin-Schücking-Allee A3-A4
Lingener Str. D4
Linnebornstiege C3-D3
Lippstädter Str. C4
Loestr. C3
Lönsstr. D2
Lortzingstr. D3
Lotharingerstr. C2
Lublinring C1
Ludgeriplatz B3-C3
Ludgeristr. C3
Ludwig Dürr-Str. C1
Ludwigstr. C4
Lühnstiege B4
Lütke Gasse B3
Lütkenbecker Weg D4

M

Magdalenenstr. B2
Manfredstr. D2
Manfred-von-Richthofen-Str. D3
Margaretenstr. D3
Marientalstr. B1
Martin-Luther-Str. B1
Masurenweg C1
Matthäuskirchweg B4
Mauritzsteinpfad D2
Mauritzstr. C2
Maximilianstr. B1C1
Maybachstr. D3
Mecklenbecker Str. A4
Mecklenburger Str. D1
Melchersstr. B1
Meppener Str. C3-D4
Mindener Str. D3
Modersohnweg A4-B3
Moltkestr. B3
Mörserweg A2-A3
Mühlenstr. B2
Münzstr. B2

N

Neubrückenstr. C2
Neutor B2
Niedersachsenring C1-D1
Niels-Stensen-Str. A3
Norbertstr. B4
Nordstr. B1
Nottebohmstr. D3

O

Offenbergstr. A4
Orleans-Ring A1-A2
Ostmarckstr. D2
Oststr. D2-D3
Ottostr. D4
Overbergstr. D2

P

Papenburger Str. D4
Paulstr. B4
Peter-Wust-Str. A1
Pferdegasse B2-B3
Phillippistr. A1
Pieperstiege B4
Piusallee C2-D1
Pluggendorf B4
Potthoffweg D1
Pottkamp A3
Prinz-Eugen-Str. B4
Prinzipalmarkt C2-C3

Q

Querstr. D3-D4

R

Raesfeldstr. B1
Richard-Schirrmann-Weg B4
Ringoldstraße C3
Rishon-Le-Zion-Ring A2-A3
Ritterstr. C2
Rjasanstr. C1
Robert-Koch-Str. A3
Robertstr. C4
Roggenmarkt C2
Röschweg A1
Rosenplatz B2
Rosenstr. B2
Rostockweg D1
Rothenburg B3-C3
Rottendorffweg A2
Rudolfstr. D3
Rudolf-von-Langen-Str. B2-C2

S

Salzburgweg D1
Salzstr. C2-C3
Sauerländer Weg C3-D3

Scharnhorststr. A4-B3
Schaumburgstr. C3-D3
Schillerstr. C3-D4
Schlaunstr. B2
Schleswiger Str. D1
Schloßgarten A2
Schloßplatz B2
Schmale Str. A1-A2
Schnorrenburg D1
Schorlemerstr. C3
Schulstr. B1-B2
Schützenstr. B3
Schwelingstr. D3
Sentruper Str. A3
Sertürner Str. A2-A3
Siverdesstr. C1
Soester Str. C3-D4
Sonnenstr. C2
Sophienstr. D3
Sperlichstr. A4
Spiekerhof B2-C2
St.-Mauritz-Freiheit D2
Staufenstr. D2
Steinfurter Str. A1-B2
Sternstr. D3
Stettiner Str. D1
Stierlinstr. B1
Stiftsherrenstr. C2
Stiftsstr. D2
Stolbergstr. C2-D2
Stralsundweg D1
Stübbenstr. A1-A2
Stubengasse C3
Studtstr. B1-B2
Stühmerweg C1
Südstr. C3-C4
Syndikatsgasse C2

T

Tannenbergstr. C1
Taubenstr. D3
Teichstr. A4-B4

Thomas-Morus-Weg D1
Tibusstr. C2
Tom-Rink-Str. B4-C4
Turmstr. B4

U

Überwasserstr. B2
Ulrichstr. C1
Universitätsstr. B2-B3
Uppenbergstr. B1
Urbanstr. C3

V

Veghestr. A1-A2
Verspoel C3
Vesaliusweg A3
Viktoriastr. C4
Vinzenzweg C1
Vogel-von-Falkenstein-Str. B4
Von-der-Tinnen-Str. D3
Von-Kluck-Str. B3-B4
Von-Lüninck-Str. A4
Von-Stauffenberg-Str. B4
Von-Steuben-Str. C3-C4
Von-Vincke-Str. C3
Von-Witzleben-Str. A4
Voßgasse C2

W

Wagenfeldstr. C1
Wallgasse B3
Warendorfer Str. C2-D2
Wasserstr. C2
Wehrstr. B3

Wemhoffstr. C2
Wermelingstr. C1
Weseler Str. B3-B4
Wevelinghofergasse C2
Wichernstr. B1-C1
Wienburgstr. B1
Wiener Str. D2
Wiengarten D1
Wilhelm-Klemm-Str. A2
Wilhelmstr. A1-B2
Wilmergasse B2
Windthorststr. C3
Winkelstr. C2-C3
Wismarweg D1-D2
Wolbecker Str. C3-D3
Wüllnerstr. B1
Wykstr. C4

Y

York-Ring A1

Z

Zeppelinstr. C2
Zimmerstr. C4
Zuhornstr. C1
Zumbrockstr. C4
Zumsandestr. D3